古代歷史文化研究輯刊

十一編

王明蓀 主編

第3冊

帝國的骨架：地緣與血緣之間
——先秦、秦漢地緣政治結構變遷大勢（下）

蕭映朝 著

國家圖書館出版品預行編目資料

帝國的骨架:地緣與血緣之間——先秦、秦漢地緣政治結構變
遷大勢(下)／蕭映朝 著 — 初版 — 新北市:花木蘭文化出
版社,2014〔民 103〕
目 4+236 面:19×26 公分
(古代歷史文化研究輯刊 十一編:第 3 冊)
ISBN:978-986-322-562-1(精裝)
1. 地緣政治 2. 秦漢
618   103000929

古代歷史文化研究輯刊
十一編 第 三 冊   ISBN:978-986-322-562-1

帝國的骨架:地緣與血緣之間
——先秦、秦漢地緣政治結構變遷大勢(下)

作　　者　蕭映朝
主　　編　王明蓀
總 編 輯　杜潔祥
副總編輯　楊嘉樂
編　　輯　許郁翎
出　　版　花木蘭文化出版社
社　　長　高小娟
聯絡地址　235 新北市中和區中安街七二號十三樓
　　　　　電話:02-2923-1455／傳真:02-2923-1452
網　　址　http://www.huamulan.tw 信箱 hml 810518@gmail.com
印　　刷　普羅文化出版廣告事業
初　　版　2014 年 3 月
定　　價　十一編 24 冊(精裝)新台幣 46,000 元

帝國的骨架：地緣與血緣之間
——先秦、秦漢地緣政治結構變遷大勢（下）

蕭映朝　著

目

次

第四章　西漢的立國形勢及漢初軸線格局的演進

　　楚漢交爭末葉，雖則韓信已然具有東向地軸之齊地，然則在西向以劉邦之勢仍不足以當項羽之楚軍，中分天下之後劉邦受張良之計而東追項羽，楚軍回擊而大破之。正是在如此的困境之下，劉邦不得已而祭出分封之法器，雖則劉邦的分封策略導致了群雄聯合滅項而贏得了楚漢戰爭的勝利，但是斯時關東六國之地幾乎全部控制於諸侯手中，所謂「共天下」的異姓諸侯王成爲斯時劉邦不得不行的一個抉擇。而自劉邦建漢之後，採取各個擊破的策略次第翦滅異姓諸王而確立了「非劉氏而王天下共擊之」的原則，大啓九王，以圖矯秦滅之失而藩輔王室。漢初呂氏之難時，關東諸王尤其是東向地軸之齊王在藩輔王室方面確實發揮了重要的地緣作用，然則垂及文景之世，承平日久而地方經濟發展、戶口繁滋，王侯驕奢亦是日益泛濫，諸王漸成尾大不掉之勢。是以文景時期採取以親製疏與析分王國的策略實現對東方形勢的控馭，東向地軸從建構走向解構而呈現出虛無化傾向。而另一方面，劉邦接受婁敬、張良的建議而定都關中，繼承了秦始皇開創的以西馭東的大關中地緣格局，然則不同的是斯時之關中由於河南地的丟失而殘破，使得漢廷直接處於匈奴的軍事威脅之下。這樣，匈奴問題與王國問題成爲漢初不得不面對的兩大問題，而這兩大問題又時常糾纏不清。在這種情勢之下，漢初實行和親政策而對匈奴採取戰略守勢，而對東方之諸侯國則採取漸次伸展的有限攻勢，待到削奪王國之策出而激起七國之亂，七國亂後漢廷挾戰勝之威而將諸侯王事權之要者收歸中央，王國問題得以初步解決。

4.1 西漢的立國形勢與大關中地緣格局

4.1.1 西漢的立國形勢

　　西漢的立國形勢關聯著兩大背景：一則是秦漢之際群雄聯合滅項之後而造就的關東地區幾乎盡王於諸侯的局面；二則是匈奴的統一與對河南地的重新佔有而導致的縱向地軸再度殘破的地緣現實，這對於定都於關中的漢政權而言自是如芒刺在背。

　　秦漢之際為拉攏諸侯聯合滅項，分封諸侯成為劉邦斯時不得不然的一種選擇，及至漢初舊有諸侯及其新封諸國有臧荼之燕國（高帝五年為盧綰所代）、韓信之韓國、張耳之趙國、韓信之齊（後徙封為楚）、英布之淮南國、彭越之梁國、吳芮之長沙國，加上無諸之閩越國及秦末即自成一體的南越國，戰國時六國之舊疆幾乎皆為諸侯所據，關東廣大地區人口眾多、土地肥沃，其在兵力與財力上遠過於劉邦直轄地區，這對於新造之漢政權構成巨大的威脅。正是在這樣的局勢之下，婁敬方建言劉邦都關中，其所謂「今陛下入關而都，案秦之故地，此亦搤天下之亢而拊其背也。」〔註1〕

　　然則婁敬所言不過是問題的一個方面而已，西漢立國伊始不僅在軍事實力上不能望故秦之項背，而且隨著匈奴的統一和向河南地的滲透，婁敬所謂的「關中四塞」亦不可與昔日相提並論。是以漢政權還不得不面對另外一個巨大的威脅，這就是強大的匈奴政權與縱向地軸殘破的現狀。當秦始皇北擊匈奴奪取河南地之時，匈奴的地緣環境是相當惡劣的：「當是之時，東胡彊而月氏盛。匈奴單于曰頭曼，頭曼不勝秦，北徙。」〔註2〕其南，失去了河南地廣裹而肥沃的土地，其東受制於東胡，其西方則不敵月氏，地域狹小而列強環伺。待到秦末混亂之際，守邊秦軍調入中原之時，匈奴得隙又重新進入河南地：「十餘年而蒙恬死，諸侯畔秦，中國擾亂，諸秦所徙適戍邊者皆復去，於是匈奴得寬，復稍度河南與中國界於故塞。」〔註3〕然而，隨著冒頓的崛起這種於其不利的地緣形勢迅速得到改變：「及冒頓以兵至，擊，大破滅東胡王，而虜其民人及畜產。既歸，西擊走月氏，南并樓煩、白羊河南王，悉復收秦所使蒙恬所奪匈奴地者，與漢關故河南塞，

〔註1〕 《史記‧劉敬叔孫通列傳》，北京：中華書局，1959年，第2716頁。
〔註2〕 《史記‧匈奴列傳》，北京：中華書局，1959年，第2887頁。
〔註3〕 《史記‧匈奴列傳》，北京：中華書局，1959年，第2887頁。

至朝邢、膚施，遂侵燕、代。是時漢兵與項羽相距，中國罷於兵革，以故
冒頓得自彊，控弦之士三十餘萬。」〔註4〕

西漢立國伊始，「諸左方王將居東方，直上谷以往者，東接穢貉、朝鮮；
右方王將居西方，直上郡以西，接月氏、氐、羌；而單于之庭直代、雲中：
各有分地，逐水草移徙。」〔註5〕月氏未破之前，《史記・大宛列傳》載：「始
月氏居敦煌、祁連間，及爲匈奴所敗，乃遠去，過宛，西擊大夏而臣之，遂
都嬀水北，爲王庭。」〔註6〕可見西漢立國之初，匈奴的勢力範圍東達遼東朝
鮮，西至河西走廊、西域，南入河南地，盡有上郡以西秦昭王長城以北黃河
以南的廣袤土地，對關中形成三面包圍之勢。《史記・律書》稱：「高祖有天
下，三邊外畔；大國之王雖稱蕃輔，臣節未盡。」〔註7〕這種險惡的地緣環境
令漢初統治者疲於奔命，晁錯奏文帝曰：「今使胡人數處轉牧行獵於塞下，或
當燕、代，或當上郡、北地、隴西，以候備塞之卒，卒少則入。陛下不救，
則邊民絕望而有降敵之心；救之，少發則不足，多發，遠縣才至，則胡又已
去。聚而不罷，爲費甚大；罷之，則胡復入。」〔註8〕是論道出了漢初的國防
窘境。而東方的諸侯王國問題則時常與匈奴問題糾纏在一起，令漢中央政權
應接不暇。

劉邦在據有了關中的形勢之後而建立了西漢王朝，再次實踐了以關中爲
憑資而一統天下的關中模式。所不同的是一則此時在其北端因丟失了河南地
而失去了完整的地緣形勢；二則一個強大而統一的匈奴出現在西漢的北邊，
使其承受著巨大的國防壓力；其三，秦王朝單級化的郡縣制帝國模式的崩潰
而使得關東地區重新反彈到近似於戰國時期的形勢之中。所以雖則西漢王朝
業已建立，但劉邦卻幾乎無時不刻都在征戰之中。帝國建立伊始，他又馬不
旋踵地解決了異姓王的問題，但是爲了避免重蹈秦朝的覆轍，他不得不給關
東地區一個歷史的緩衝期，而被迫在關東地區實行分封制。陳蘇鎮指出：「在
東西文化尚未充分融合、戰國時代的文化布局依然存在的情況下，劉邦建立
漢家帝業，一方面必須『承秦』，包括承秦之制，另一方面又必須尊重東方社

〔註4〕《史記・匈奴列傳》，北京：中華書局，1959 年，第 2889～2890 頁。
〔註5〕《史記・匈奴列傳》，北京：中華書局，1959 年，第 2891 頁。
〔註6〕月氏爲冒頓所敗當受到重創，但其或在河西保有相當的勢力，其大規模東遷
　　　當在老上單于殺其王之時。《史記・大宛列傳》，北京：中華書局，1959 年，
　　　第 3162 頁。
〔註7〕《史記・律書》，北京：中華書局，1959 年，第 1242 頁。
〔註8〕《漢書・晁錯傳》，北京：中華書局，1962 年，第 2285 頁。

會之習俗，特別是楚、齊、趙之習俗。這是歷史對劉邦的苛刻要求，也是漢初實行郡國並行制的深層原因。」〔註9〕因而，草創之初的漢帝國一則要面對北部的匈奴壓力，二則要面對尚未最終解決的關東王國問題。簡言之，鎔鑄帝國的問題與帝國的國防安全問題兩大有著巨大壓力的艱難命題同時擺在漢帝國初期統治者面前。而對這二者的處置稍有不當，即有可能面對兩線作戰的被動境地。這大抵就是世人所看到的漢初諸帝何以處事處處低調小心的背後隱衷。

4.1.2 漢初關中的地緣形勢與大關中格局

鑒於關東故地諸侯實力的強大，漢初政權不得不據關中以臨東方，而另一個方面，由於河南地喪失而使得狹義之關中倍受匈奴騎兵之侵襲而承受著巨大的軍事壓力。漢初政權是三面受敵的特殊情勢之下，一方面不得不面對河南地喪失而縱向地軸殘破的局面實行戰略防守，另一方面則強化了以大關中以制關東的地緣格局。因而，在漢初呈現出一種矛盾的現象：大關中殘破的現實與大關中意識乃至大關中地緣格局強化的事實同時並存。

4.1.2.1 河南地丟失後關中的地緣壓力

在上一章討論過河南地對於關中政權的地緣意義，河南地收復後，黃河與河北長城構成了對關中政權有力的屏障，而直道作為戰略通道便利於迅即向北部防線輸送力量，關中由於縱向地軸的建立而至為完固。斯時匈奴尚未統一，始皇的戰略遠見沒有邊防衝擊的現實作為印證，在漢初的過秦氛圍之中，北擊匈奴的好大喜功與不恤民力成為秦亡的教訓被反覆提及。雖則早在楚漢相爭的時期，劉邦即非常注重北部的邊防，但是由於新造之漢無力同時抗禦強大而統一的匈奴及關東虎視眈眈的異姓諸王，當平城之敗後，對於匈奴的侵襲，漢廷但依靠秦昭王長城作為屏障而屯重兵加強防守外，並不敢大張旗鼓對匈奴開戰。但是再度佔有河南地的匈奴早已非昔日之弱小部族，其以水草豐美的河南地為園囿時常南下侵擾關中諸郡，而當冒頓擊敗大月氏之後而據有河西之地，關中之西疆亦面對匈奴的衝擊。

劉邦之時，漢匈的角逐主要在燕、代地區，而自呂后始關中披兵日烈，呂后五年，「九月，發河東、上黨騎屯北地。」〔註10〕當是北地有匈奴之非常

〔註 9〕陳蘇鎮：《漢代政治與春秋學》，北京：中國廣播電視出版社，2001 年。
〔註 10〕《漢書‧高后紀》，北京：中華書局，1962 年，第 99 頁。

動向，是以發兩郡兵力以備非常。而此後連續兩年的攻擊皆自關中西部的狄道發起，高后六年六月，「匈奴寇狄道，攻阿陽。」〔註11〕「七年冬十二月，匈奴寇狄道，略二千餘人。」〔註12〕文帝時期是關中地緣壓力最大的一個時期，文帝即位未幾，匈奴即再度來犯，「（文帝三年）五月，匈奴入居北地、河南爲寇。上幸甘泉，遣丞相灌嬰擊匈奴，匈奴去。發中尉材官屬衛將軍，軍長安。」〔註13〕漢廷一方面派丞相親率大軍迎擊，一面加強長安的防守。但是，河南地雖爲匈奴所據，但是在某種意義上這一區域也大抵可以看作是漢匈之間的戰略緩衝地，河南地但凡有非常之舉也會引起漢廷的高度重視。「（文帝）三年夏，匈奴右賢王入居河南地爲寇，於是文帝下詔曰：『漢與匈奴約爲昆弟，無侵害邊境，所以輸遺匈奴甚厚。今右賢王離其國，將眾居河南地，非常故。往來入塞，捕殺吏卒，毆侵上郡保塞蠻夷，令不得居其故。陵轢邊吏，入盜，甚驁無道，非約也。其發邊吏車騎八萬詣高奴，遣丞相灌嬰將擊右賢王。』右賢王走出塞，文帝幸太原。」〔註14〕對於漢帝的責問，匈奴單于給予了回覆：「其明年，單于遺漢書曰：『……漢邊吏侵侮右賢王，右賢王不請，聽後義盧侯難支等計，與漢吏相恨，絕二主之約，離昆弟之親。皇帝讓書再至，發使以書報，不來，漢使不至。漢以其故不和，鄰國不附。今以少吏之敗約，故罰右賢王，使至西方求月氏擊之。以天之福，吏卒良，馬力強，以滅夷月氏，盡斬殺降下定之。樓蘭、烏孫、呼揭及其旁二十六國皆已爲匈奴。諸引弓之民并爲一家，北州以定。願寢兵休士養馬，除前事，復故約，以安邊民，以應古始，使少者得成其長，老者得安其處，世世平樂。未得皇帝之志，故使郎中係虖淺奉書請，獻橐佗一，騎馬二，駕二駟。皇帝即不欲匈奴近塞，則且詔吏民遠舍。使者至，即遣之。』」〔註15〕透過匈奴桀驁的語氣也隱約可見當時漢匈雙方有一個彼此默認的緩衝地帶，匈奴右賢王位高權重，其離開居地而南下河南地自然引起漢廷的戰略猜疑。

　　文帝十一年，匈奴又由西向之狄道入侵，「匈奴寇狄道。」〔註16〕但是由於隴西守軍得力，匈奴的這次侵襲遭受了沉重的打擊，「自高后以來，隴西三

〔註11〕　《漢書・高后紀》，北京：中華書局，1962 年，第 99 頁。
〔註12〕　《漢書・高后紀》，北京：中華書局，1962 年，第 99 頁。
〔註13〕　《漢書・文帝紀》，北京：中華書局，1962 年，第 119 頁。
〔註14〕　《漢書・匈奴傳上》，北京：中華書局，1962 年，第 3756 頁。
〔註15〕　《漢書・匈奴傳上》，北京：中華書局，1962 年，第 3756～3757 頁。
〔註16〕　《漢書・文帝紀》，北京：中華書局，1962 年，第 123 頁。

困於匈奴矣，民氣破傷，亡有勝意。今茲隴西之吏，賴社稷之神靈，奉陛下之明詔，和輯士卒，底厲其節，起破傷之民以當乘勝之匈奴，用少擊眾，殺一王，敗其眾而大有利。」〔註17〕兩年後，老上單于親率大軍再次大舉入侵，「孝文十四年，匈奴單于十四萬騎入朝那蕭關，殺北地都尉印，虜人民畜產甚多，遂至彭陽。使騎兵入燒回中宮，候騎至雍甘泉。」〔註18〕其規模之大超越歷次侵襲，不但北地郡守被殺，而且匈奴前鋒抵達甘泉宮，長安震動。對於這次大規模的入侵，漢廷不敢怠慢而作了認真的部署，甚至一貫以隱忍著稱的文帝也欲親征上前線：「遣三將軍軍隴西、北地、上郡，中尉周舍為衛將軍，郎中令張武為車騎將軍，軍渭北，車千乘，騎卒十萬人。上親勞軍，勒兵，申教令，賜吏卒。自欲征匈奴，群臣諫，不聽。皇太后固要上，乃止。於是以東陽侯張相如為大將軍，建成侯董赫、內史欒布皆為將軍，擊匈奴，匈奴走。」〔註19〕文帝後六年，軍臣單于再次大舉入侵，「軍臣單于立歲餘，匈奴復絕和親，大入上郡、雲中各三萬騎，所殺略甚眾。於是漢使三將軍軍屯北地，代屯句注，趙屯飛狐口，緣邊亦各堅守以備胡寇。又置三將軍，軍長安西細柳、渭北棘門、霸上以備胡。胡騎入代句注邊，烽火通於甘泉、長安。數月，漢兵至邊，匈奴亦遠塞，漢兵亦罷。」〔註20〕匈奴的這次入侵在代北和關中同時展開，給漢室以巨大的壓力，代北部分後有詳述，不論。僅從關中的佈防來看，不僅派軍進抵前線抗擊，還在長安外圍佈防以建立第二重防線而以備不測。景帝時期，漢匈關係相對緩和，對於關中的大規模侵襲非常有限，「自是後，景帝復與匈奴和親，通關市，給遺單于，遣翁主如故約。終景帝世，時時小入盜邊，無大寇。」〔註21〕景帝中元七年，匈奴入上郡掠取苑馬，吏卒戰死二千人即算是較大的一次入侵，「六月，匈奴入雁門，至武泉，入上郡，取苑馬。吏卒戰死者二千人。」〔註22〕武帝時期，匈奴雖亦多次犯邊，但是多在燕、代地區，關中基本上保持平靜。

　　總體言之，河南地丟失後，漢廷被迫由外線作戰的地緣格局轉換成內線

〔註17〕 《漢書‧爰盎晁錯傳》，北京：中華書局，1962年，第2278～2279頁。
〔註18〕 《漢書‧匈奴傳上》，北京：中華書局，1962年，第3761頁。
〔註19〕 《漢書‧文帝紀》，北京：中華書局，1962年，第125～126頁。
〔註20〕 《漢書‧匈奴傳上》，北京：中華書局，1962年，第3764頁。
〔註21〕 《漢書‧匈奴傳上》，北京：中華書局，1962年，第3764～3765頁。
〔註22〕 《漢書‧景帝紀》，北京：中華書局，1962年，第150頁。

作戰的格局，而在內線的防守上僅能依靠秦昭王長城一線以抗擊匈奴，且不論燕代之防務，僅僅就關中而論，西自隴西透長城而至於河，在這漫長的防線上欲防守機動能力極強的匈奴騎兵，可謂疲於奔命。是以從漢軍的防守來看，其一則派軍出擊入侵之敵，二則嚴密佈防長城各要塞，三則以數軍佈防長安外圍，以備非常。

4.1.2.2 大關中意識與殘破中的大關中格局

大關中地緣意識的形成是與秦始皇統一中國而開創的以西馭東的地緣格局密切相關聯的，如前章所論，秦始皇不僅實現了縱向舊地軸與新地軸的合而為一，並且北擊匈奴、南伐百越，實現了縱向地軸的空前完固，在這個合璧的縱向地軸中，西周以來的作為橫向地軸之西端的關中本身也消弭其中。這種地緣格局不僅本身即是地緣國家形成過程中以地力假地利而擴展的結果，同時在帝國階段也自然地成為其控馭帝國尚未充分融貫的東部地區的屏障和基地，這種格局對後世產生了深刻的影響，漢代乃至更早的秦漢之際即對於關中的理解發生了巨大的變化，不但大關中意識在人們的腦海中留下深刻烙印，而且從現實考察，西漢的地緣政治格局中明顯體現並強化著這一特徵。

關於關中、關東、關西、山東、山西的地理範圍及其彼此關係，歷來有諸多的討論，雖有不少有見地的成果，但是總體觀之，論者多從文獻比勘的視角入手，始終未能令人信服地解釋其背後的諸多關聯。這五個不同的地理術語其實關涉著兩大關節點：關與山。山河的切割是形成不同地緣政治區域的自然條件，而山河本身往往成為特定歷史時期不同政治勢力擴展的一個限制，也同時成為其憑險而守屏蔽本地緣單元安全的屏障。關與塞則體現為對山河重要區域實行地緣控制的軍事化管理，山河是地緣政治單位成立的自然基礎，而關塞則是地緣政治單位互動的人文樞紐。河山雖是千年不變，然則不同歷史時期的時勢不同、地緣政治發展的階段不同而關塞則會因之而變遷。但是人們對於變遷中的形勢在意識中的反映卻是極其複雜的，一方面是新的時代特徵必然地反映到時人的認知之中，二則是舊有的認識不會隨著新的形勢變遷而驟然消失，這就體現在文獻中的混合交錯出現的現象。而在現實中，自然地理的界限與區分、地緣實踐的新痕舊迹、區域文化盈縮變遷的範圍這三者彼此的範疇交叉混雜而並非一致，這又勢必大大加劇探討這一問題的複雜程度。

《說文》釋關曰：「以木橫持門戶也。」「關」字超越其初始含義體現為城關，《易・復》謂之：「先王以至日閉關，商旅不行，後不省方」〔註 23〕之「關」即為此意味，這種城關既有商業意味，也有軍事意味，是城邦時期的特點，《周禮・地官・司關》中專門談到司關一職的職責曰：「司關掌國貨之節，以聯門市。」〔註 24〕關隘是地緣交爭的前沿和焦點，在從城邦國家向著地緣意味上的國土國家深刻變遷的過程中，關隘的軍事功能也在發生著深刻的變遷，對於關隘等軍事設施的功能轉換孟子曾有深刻論述：「古之為關也，將以禦暴，今之為關也，將以為暴。」〔註 25〕孟子此論明確地反映出在地緣力量得以充分釋放的戰國爭雄之世，關隘的功能從「禦暴」到「為暴」的時代變遷。「關」字的使用是具有很濃的地緣意味，山川的切割形成了一個個特定的地緣單位，而河流穿切所形成的隘口在軍事上具有重要的意義，關隘由此而生。在覃形閱勢蔚然成風的戰國時期，蘇秦、張儀、范雎等論及秦地形勢皆提到其地理完固的有利條件，但是關中之名卻是始於戰國晚期，黃歇說秦昭王曰：「臣為王慮，莫若善楚。秦、楚合而為一，以臨韓，韓必授首。王襟以山東之險，帶以河曲之利，韓必為關中之侯。」〔註 26〕《漢興以來將相名臣年表第十》載高祖五年事曰：「入都關中。」司馬貞索引注曰：「咸陽也。東函谷，南嶢、武，西散關，北蕭關，在四關之中。」〔註 27〕《項羽本紀》載時人游說項羽辭曰：「關中阻山河四塞，地肥饒，可都以霸。」《集解》引徐廣注曰：「東函谷，南武關，西散關，北蕭關。」〔註 28〕《讀史方輿紀要》卷五十二引潘岳《關中記》曰：「東自函關，西至隴關，二關之間，謂之關中，東西千餘里。」又引《三輔舊事》曰：「西以散關為限，東以函谷為界。」〔註 29〕《資治通鑒》卷八秦紀

〔註 23〕 黃壽祺、張善文：《周易譯注・復卦第二十四》，上海：上海古籍出版社，2004年，第 206 頁。

〔註 24〕 〔清〕孫詒讓：《周禮正義・地官・司關》，北京：中華書局，2008 年，卷二十八，第 1105 頁。

〔註 25〕 焦循：《孟子正義・盡心下》，沈文倬點校，北京：中華書局，1996 年，卷二十八，第 969 頁。

〔註 26〕 諸祖耿：《戰國策集注彙考・秦四》，，南京：鳳凰出版社，2008 年，卷六，第 382 頁。

〔註 27〕 《史記・漢興以來將相名臣年表第十》，北京：中華書局，1959 年，第 1120 頁。

〔註 28〕 《史記・項羽本紀》，北京：中華書局，1959 年，第 315 頁。

〔註 29〕 〔清〕顧祖禹：《讀史方輿紀要・陝西一》，賀次君、施和金點校，北京：中華書局，2008 年，卷五十二，第 2452 頁。

三載懷王與諸將之約曰：「先入定關中者王之。」胡三省注曰：「秦地西有隴關，東有函谷關，南有武關，北有臨晉關，西南有散關：秦地居其中，故謂之關中。」〔註30〕從以上各家注釋觀之，關中的兩關、三關、四關、五關說皆有之，但觀各家之說，函谷關皆列其中而無有異議，其它諸關則有所不同。這似乎在某種程度上反映著東西交爭的格局之下，函谷關首當東西爭奪之要衝，而其它各關的地緣活動展開的程度和意義在戰國乃至於秦漢之際皆次之。正是在這種意味上史念海先生指出「關中的得名自然是和函谷關有關的。」〔註31〕「本來關中的名稱只是表示函谷關以西的地方，但是人們卻往往給它規定著一個範圍。」〔註32〕不是說其它數關不重要，它們皆在不同的方位上顯示出關中的要害所在，而是這些後世看來極為重要的關隘在戰國乃至秦漢之際的地緣實踐尚未充分展開而已，所以從以上注者所處的時代來看，愈是後者愈是明白地注明其確指的關隘名稱，這或帶有以後世觀前世的慣性在其中。而司馬遷在《貨殖列傳》中則有兩個不同的關中概念：「關中自汧、雍以東至河、華，膏壤沃野千里，自虞夏之貢以為上田，而公劉適邠，大王、王季在岐，文王作豐，武王治鎬，故其民猶有先王之遺風，好稼穡，殖五穀，地重，重為邪。及秦文、繆居雍，隙隴蜀之貨物而多賈。獻公徙櫟邑，櫟邑北卻戎翟，東通三晉，亦多大賈。昭治咸陽，因以漢都，長安諸陵，四方輻湊並至而會，地小人眾，故其民益玩巧而事末也。南則巴蜀。巴蜀亦沃野，地饒巵、薑、丹沙、石、銅、鐵、竹、木之器。南御滇僰，僰僮。西近邛笮，笮馬、旄牛。然四塞，棧道千里，無所不通，唯褒斜綰轂其口，以所多易所鮮。天水、隴西、北地、上郡與關中同俗，然西有羌中之利，北有戎翟之畜，畜牧為天下饒。然地亦窮險，唯京師要其道。故關中之地，於天下三分之一，而人眾不過什三；然量其富，什居其六。」〔註33〕首先其秉承

〔註30〕〔宋〕司馬光：《資治通鑑・秦紀三》，〔元〕胡三省音注，北京：中華書局，1995年，卷八，第282頁。

〔註31〕函谷關對於關中的命名的意義不僅體現在戰國和秦漢時期，史念海先生還從唐代設立關內道加以印證，他指出：「關內是和關外相對而言的，指的是函谷關或潼關的內外。它和關中的意義不盡相同，但大致是相當的。……古代所謂關中四關都包括在內（唐關內道不包括函谷關，但潼關實際上和函谷關所起的作用是相同的。）」見史念海：「關中的歷史軍事地理」，《河山集四集》，西安：陝西師範大學出版社，1991年，第146頁。

〔註32〕史念海：「古代的關中」，《河山集》，北京：三聯書店，1978年，第26頁。

〔註33〕《史記・貨殖列傳》，北京：中華書局，1959年，第3261～3262頁。

戰國時期的狹義的關中概念用來指稱關中盆地，其次是其使用了大關中概念來指稱涵蓋巴蜀和秦昭王長城以北的地區，而後者正是秦始皇實現了新舊地軸合璧後所形成的大關中。

這個涵蓋巴蜀地區的大關中在《史記》中還有多處體現，最典型的即是《項羽本紀》關於分封劉邦時項羽與范增的密謀：「項王、范增疑沛公之有天下，業已講解，又惡負約，恐諸侯叛之，乃陰謀曰：『巴、蜀道險，秦之遷人皆居蜀。』乃曰：『巴、蜀亦關中地也。』故立沛公爲漢王，王巴、蜀、漢中，都南鄭。而三分關中，王秦降將以距塞漢王。項王乃立章邯爲雍王，王咸陽以西，都廢丘。長史欣者，故爲櫟陽獄掾，嘗有德於項梁；都尉董翳者，本勸章邯降楚。故立司馬欣爲塞王，王咸陽以東至河，都櫟陽；立董翳爲翟王，王上郡，都高奴。」〔註34〕這段材料中反映出兩個不同的關中，三分關中之董翳王上郡本身亦是超越了狹義之關中盆地，而《秦楚之際月表》則更清晰地反映出大關中的輪廓，前 206 年十二月，「羽倍約，分關中爲四國。」《索引》注曰：「漢、雍、塞、翟。」〔註35〕王子今、劉華祝先生據此指出：「其實，所謂『巴蜀亦關中地也』，並不完全是強辯之辭。」〔註36〕這裡的關中意識大抵反映的是秦蜀地緣聯合體建立之後到秦昭王長城建成前後的情形，但問題還不止於此。秦始皇北擊匈奴而修建新的帝國長城並將國境線拓展到陰山以北的地緣實踐轍痕亦在人們的頭腦中留下深刻的印痕。如前所論，關中的地緣價值隨著商鞅變法後秦國國力日漸強盛而得以凸顯，蘇秦入秦游說秦惠王曰：「秦四塞之國，被山帶渭，東有關河，西有漢中，南有巴蜀，北有代馬，此天府也。以秦士民之眾，兵法之教，可以吞天下，稱帝而治。」〔註37〕而後范睢亦曰：「大王之國，四塞以爲固，北有甘泉、谷口，南帶涇、渭，右隴、蜀，左關、阪，奮擊百萬，戰車千乘，利則出攻，不利則入守，此王者之地也。」〔註38〕到了秦漢之際，論者的注意力發生了一些細微的變化，韓生說項羽曰：「關中，阻山帶河，四塞之地，地肥饒，可都以霸。」〔註39〕稍

〔註34〕《史記·項羽本紀》，北京：中華書局，1959 年，第 316 頁。

〔註35〕《史記·秦楚之際月表第四》，北京：中華書局，1959 年，第 775 頁。

〔註36〕王子今、劉華祝：「說張家山漢簡《二年律令·津關令》所見五關」，《中國歷史文物》，2003 年第 1 期，第 48 頁。

〔註37〕《史記·蘇秦列傳》，北京：中華書局，1959 年，第 2242 頁。

〔註38〕《史記·范睢蔡澤列傳》，北京：中華書局，1959 年，第 2408 頁。

〔註39〕《漢書·陳勝項藉傳》，北京：中華書局，1962 年，第 1808 頁。

後，劉邦統一天下之後在選擇都城之際，婁敬建議曰：「且夫秦地被山帶河，四塞以爲固，卒然有急，百萬之眾可具也。因秦之故，資甚美膏腴之地，此所謂天府者也。陛下入關而都之，山東雖亂，秦之故地可全而有也。夫與人鬥，不搤其亢，拊其背，未能全其勝也。今陛下入關而都，案秦之故地，此亦搤天下之亢而拊其背也。」〔註40〕文帝時，賈誼亦謂之：「秦地被山帶河以爲固，四塞之國也。」〔註41〕秦國的土地肥沃、形勢四塞等有利的地緣條件在被一再強調之外，一個細小的變化就是論者的著眼點從「渭」到「河」的擴展，從「被山帶渭」到「被山帶河」這中間最大的變化就是注意力的北移而到達今天的河套地區。這中間很大程度上跟秦朝的北逐匈奴將國防線擴展到陰山一線從而完整具有地緣形勢有關聯，這一地緣實踐也成爲新的帝國形態下的帝國控制模式。

　　這種大關中的意識由於漢初特殊的地緣形勢而加強，並與漢初定都關中的地緣戰略次序是緊密相關的，張良在談到都關中之利時說：「夫關中左殽函，右隴蜀，沃野千里，南有巴蜀之饒，北有胡苑之利，阻三面而守，獨以一面東制諸侯。諸侯安定，河渭漕輓天下，西給京師；諸侯有變，順流而下，足以委輸。此所謂金城千里，天府之國也，劉敬說是也。」〔註42〕「阻三面而守，獨以一面東制諸侯」乃是漢廷首要的地緣考慮，正是在這種地緣戰略的指導下，西漢政權在立國伊始即實行了嚴格的津關法令來強化大關中格局，新出土的《張家山漢簡・二年律令・津關令》反映出漢初的大關中格局：「制詔御史：其令扞關、鄖關、武關、函谷、臨晉關，及諸其塞之河津，禁毋出黃金、諸奠黃金器及銅，有犯令 492（F58）」〔註43〕「□議：禁民毋得私買馬以出扞關、鄖關、函谷、武關及諸河塞津關。其買騎、輕車馬、吏乘、置傳馬者，縣各以所買 506（C208）名匹數告買所內史、郡守，內史、郡守各以馬所補名爲久久馬，爲致告津關，津關謹以籍、久案閱出。諸乘私馬入而復以出，若出而當復入者，507（C207）出，它如律令。御史以聞，請：許，及諸乘私馬出，馬當復入而死亡，自言在縣官，縣官診及獄訊，審死亡，

〔註40〕《史記・劉敬叔孫通列傳》，北京：中華書局，1959 年，第 2716 頁。
〔註41〕賈誼：《新語校注・過秦下》，閻振益、鍾夏校注，北京：中華書局，2000 年，第 16 頁。
〔註42〕《史記・留侯世家》，北京：中華書局，1959 年，第 2044 頁。
〔註43〕《張家山漢墓竹簡・二年律令・津關令》，北京：文物出版社，2006 年，第 83 頁。

皆津關。制曰：可。508（C203）」〔註44〕關於五關的位置，整理小組注曰：「扞關即江關，《漢書・地理志》巴郡魚復縣有江關都尉，在今四川奉節東。」「鄖關，《漢書・地理志》漢中郡長利縣有鄖關，在今湖北鄖縣東北。」「武關，《漢書・地理志》弘農郡商縣有武關。商縣在今陝西商州東，關在東南。」「臨晉關，屬左馮翊臨晉縣，在今陝西大荔東朝邑鎮東北。」〔註45〕以上兩處材料皆是五關並稱，引起了王子今、劉華祝與辛德勇等先生的注意，王子今、劉華祝先生認爲「以『扞關、鄖關、武關、函谷、臨晉關』劃定界限的『關中』，是包括了『天水、隴西、北地、上郡』地方，也包括了『巴、蜀、漢中』地方的。」〔註46〕二位先生並進一步指出：「《二年律令・津關令》所見『扞關、鄖關、武關、函谷、臨晉關』，除臨晉關稍偏西以外，其餘四關由北向南，恰好構成一條大致端正的南北軸線。這五座關的位置，竟然都在東經110°和111°之間。」〔註47〕辛德勇先生亦曰：「張家山漢簡《津關令》所記臨晉關、函谷關、武關、鄖關、扞關（扞關）諸關隘，便是當時限隔大關中與關東的關隘。」〔註48〕除卻武關與函谷關，鄖關位於漢水谷地，扞關則當東出南郡的要津，皆是大關中以限東西的例證，臨晉關似乎很難解釋新舊地軸合璧之後何以在二者之間設關以爲限，但是仔細考察張家山漢簡所涉及的呂后二年的政治形勢則似乎可以找到一些線索。劉邦去世之前，代北地區不僅屢次遭匈奴入侵，發生了劉喜棄國、韓信叛漢、陳豨之亂，而且平城之戰劉邦所統率的漢軍幾不自出，一旦匈奴逾越勾注嶺而南進，關中與汾水谷地之間僅有一黃河相隔，這種地緣形勢之下，漢初關中政權強化臨晉關的防守更多的意味在於屏蔽關中的側翼。這從後世文帝時期一旦漢匈戰火燃起則重兵佈防勾注塞的情形可窺見一斑，後有代北專節論述，不贅述。這種形勢到武帝收復河南地之後而廣關之於常山之東可見漢廷是將舊地軸全部是

〔註44〕《張家山漢墓竹簡・二年律令・津關令》，北京：文物出版社，2006 年，第 85 頁。

〔註45〕《張家山漢墓竹簡・二年律令・津關令》，北京：文物出版社，2006 年，第 83～84 頁。

〔註46〕王子今、劉華祝：「說張家山漢簡《二年律令・津關令》所見五關」，《中國歷史文物》，2003 年第 1 期，第 49 頁。

〔註47〕王子今、劉華祝：「說張家山漢簡《二年律令・津關令》所見五關」，《中國歷史文物》，2003 年第 1 期，第 50 頁。

〔註48〕辛德勇：「兩漢州制新考」，《秦漢政區與邊界地理研究》，北京：中華書局，2009 年，第 114 頁。

視爲一體的。成帝時期的材料則很清晰地反映了這一變化：「秋，關東大水，流民欲入函谷、天井、壺口、五阮關者，勿苛留。遣諫大夫博士分行視。」〔註49〕應劭注曰：「天井在上黨高都。壺口在壺關。五阮在代郡。」此三關皆在舊地軸之北向，反映了武帝以後大關中回覆並東向擴展後的情形。

　　大關中地緣格局不僅只是體現爲一個地理的界限，而是關內外實行判然兩分的政策。通過對津關令的考察我們發現，漢廷嚴格限制馬匹、金、銅器等戰略物資流入關東地區，甚至連「有事關中（不幸死）」〔註50〕者亦不例外皆實行嚴格的檢查制度。除此之外，漢廷還嚴格限制人員自由出入津關，尤其是對擅自脫關外逃者予以嚴厲的處置：「御史言：越塞闌關，論未有□，請闌出入塞之津關，黥爲城旦春；越塞，斬左止爲城旦；吏卒主者弗得，贖耐；令、488（F122）丞、令史罰金四兩。知其情而出入之，及假予人符傳，令以闌出入者，與同罪。非其所□爲□而擅爲傳出入津關，以489（F51）傳令闌令論，及所爲傳者。縣邑傳塞，及備塞都尉、關吏官屬、軍吏卒乘塞者□其□□□□□日□□牧□□490（F69）塞郵、門亭行書者得以符出入。制曰：可。491（F71）」〔註51〕而對於人口逃亡的限制與《亡律》〔註52〕的相關規定交相爲用，成爲鎖定編戶齊民的嚴密法網。囿於漢初關中殘破而關東地方勢力強大的現實，西漢初年，婁敬建言繼續實行秦代的移民實關中政策，「劉敬從匈奴來，因言『匈奴河南白羊、樓煩王，去長安近者七百里，輕騎一日一夜可以至秦中。秦中新破，少民，地肥饒，可益實。夫諸侯初起時，非齊諸田，楚昭、屈、景莫能興。今陛下雖都關中，實少人。北近胡寇，東有六國之族，宗彊，一日有變，陛下亦未得高枕而臥也。臣原陛下徙齊諸田，楚昭、屈、景，燕、趙、韓、魏後，及豪桀名家居關中。無事，可以備胡；諸侯有變，亦足率以東伐。此彊本弱末之術也』。上曰：『善。』乃使劉敬徙所言關中十餘萬口。」〔註53〕《高祖本紀》亦記其事：「九年，……是歲，徙貴族楚昭、屈、景、懷、齊田氏關

〔註49〕　《漢書・成帝紀》，北京：中華書局，1962 年，第 313 頁。
〔註50〕　《張家山漢墓竹簡・二年律令・津關令》，北京：文物出版社，2006 年，第85 頁。
〔註51〕　《張家山漢墓竹簡・二年律令・津關令》，北京：文物出版社，2006 年，第83 頁。
〔註52〕　相關律令參見《張家山漢墓竹簡・二年律令・亡律》，北京：文物出版社，2006年，第 30～32 頁。
〔註53〕　《史記・劉敬叔孫通列傳》，北京：中華書局，1959 年，第 2719～2720 頁。

中。」〔註 54〕移民實關中不僅可以加強關中對匈奴的邊防，而且可以使關東豪強脫離本土而削弱東方的反對勢力，還可以彌補關中人口數量上的不足。西漢在移民實關中的同時形成了獨特的陵縣制度，據葛劍雄研究，「高祖十年（前 197 年）太上皇崩後葬櫟陽北原，因在櫟陽城內設萬年縣，已開了因陵設縣的先河。但正式設置陵縣則始於漢高祖的長陵，此後遂成爲定制。」〔註 55〕關於陵縣設立的地緣功能，劉慶柱先生指出：「西漢初年的長陵邑和安陵邑的居民，以遷徙關東大族爲主，這是由於當時朝廷要加強對發達的關東地區的政治控制。西漢中期諸陵邑的居民，則以遷徙高貲富人、豪傑兼併之家爲主，這是朝廷爲了保證在經濟上控制全國，分化、瓦解高貲富人和豪傑兼併勢力採取的一個措施。」〔註 56〕

關中本身的地理範圍有一個隨著地緣活動而擴展的歷史過程，與之相關的「山」亦然有一個動態發展的過程。這種歷史變遷使得新舊觀念混雜其中而變得異常複雜，而圍繞著這種歷史變遷所形成的爭論也很多。明晰了特定時期的「山」爲何者，其又是如何因時而遷轉的就可以確知山東與山西爲何者。顧炎武曰：「古之所謂山西，即今關中。《史記‧太史公自序》：蕭何填撫山西。《方言》：自山而東，五國之郊。郭璞解曰：六國惟秦在山西。王伯厚《地理通釋》曰：秦、漢之間，稱山北、山南、山東、山西者，皆指太行，以其在天下之中，故指此山以表地勢。《正義》以爲華山之西，非也。」〔註 57〕但是其於「山東河內」條又曰：「古所謂山東者，華山以東。」〔註 58〕顧氏所謂之山似乎也沒有定論。關於山東、山西的問題，王鳴盛曰：「河北之山莫大於太行，故謂太行以東爲山東。」其又據《後漢書‧鄧禹傳》曰：「漢河東、太原、上黨諸郡皆在太行之西，即今山西省太原、平陽、蒲州、潞安、汾州、澤州等府，自漢以來名稱不易，近儒乃謂惟河東一郡在山西，殊非。」〔註 59〕王氏

〔註 54〕《史記‧高祖本紀》，北京：中華書局，1959 年，第 386 頁。

〔註 55〕葛劍雄：《西漢人口地理》，北京：人民出版社，1986 年，第 137 頁。

〔註 56〕劉慶柱、李毓芳：《西漢十一陵》，西安：陝西人民出版社，1987 年，第 225頁。

〔註 57〕〔清〕顧炎武：《日知錄集釋‧河東山西》，〔清〕黃汝成集釋，欒保群、呂宗力校點，石家莊：花山文藝出版社，1991 年，卷三十一，第 1355 頁。

〔註 58〕〔清〕顧炎武：《日知錄集釋‧河東山西》，〔清〕黃汝成集釋，欒保群、呂宗力校點，石家莊：花山文藝出版社，1991 年，卷三十一，第 1357 頁。

〔註 59〕〔清〕王鳴盛：《十七史商榷‧山東山西》，黃曙輝點校，，上海：上海書店出版社，2005 年，卷三十五，第 242 頁。

又據《陳元傳》、《寇恂傳》而謂之山東「指陝山以東。」〔註60〕王鳴盛的主張則遊移於太行山與陝山之間亦無定見，而對於王氏的陝山說，邢義田先生指出：「漢之陝縣即今河南陝縣，陝原在陝縣西南二十五里，按之地圖，實即殽山之一部，地近秦之函谷關。漢代人所說的山東和山西很可能是繼承了這個傳統，但是他們觀念裏的山似乎並不是陝山。秦漢兩代甚至沒有陝山一名。」〔註61〕顧、王二人的論述皆無一定之論而呈現出首鼠兩端之狀，而要弄清楚這個問題時間是個很關鍵的東西，地緣活動的展開是以時間為階段而留下印痕的。「山東」一詞最早出現於《管子‧輕重》：「桓公問於管子曰：『楚者，山東之強國也，其人民習戰鬥之道。舉兵伐之，恐力不能過，兵弊於楚，功不成於周。為之奈何？』」〔註62〕《管子‧輕重》馬非百先生認為是西漢一代和王莽時期的作品〔註63〕，邢義田〔註64〕、胡家聰〔註65〕先生則認為是戰國晚期的作品，後者更為學界所接受。楚國被認為是山東之國當與秦人進佔巴蜀的地緣活動有關。此後，《戰國策》大量出現「山東」一詞，多是縱橫家用以指稱東方六國，邢義田先生皆有所論，不贅述。而《史記》中首次出現「山東」一詞在《商君列傳》：「其明年，衛鞅說孝公曰：『秦之與魏，譬若人之有腹心疾，非魏并秦，秦即并魏。何者？魏居領阨之西，都安邑，與秦界河而獨擅山東之利。利則西侵秦，病則東收地。今以君之賢聖，國賴以盛。而魏往年大破於齊，諸侯畔之，可因此時伐魏。魏不支秦，必東徙。東徙，秦據河山之固，東鄉以制諸侯，此帝王之業也。』孝公以為然，使衛鞅將而伐魏。」〔註66〕這是秦人尚未完全具有爾後的關中形勢之前的情形，這裏所謂的「獨擅山東之利」邢義田先生解讀為華山之東應該是沒有問題的。斯後秦人渡河而開始對舊地軸的蠶食，但是秦人完整據有舊地軸之時基本上就是秦滅六國之時，因而太行山不足以成為戰國時人指稱山東的坐標。總體言之，戰國時

〔註60〕〔清〕王鳴盛：《十七史商榷‧山東山西》，黃曙輝點校，，上海：上海書店出版社，2005年，卷三十五，第243頁。
〔註61〕邢義田：「試釋漢代的關東、關西與山東、山西」，《秦漢史論稿》，臺北：東大圖書股份有限公司，1987年，第90頁。
〔註62〕黎翔鳳：《管子校注‧輕重戊第八十四》，梁運華整理，北京：中華書局，2006年，第1521頁。
〔註63〕馬非百：《管子輕重篇新詮》，北京：中華書局，2006年，第3頁。
〔註64〕邢義田：「試釋漢代的關東、關西與山東、山西」，《秦漢史論稿》，臺北：東大圖書股份有限公司，1987年，第91頁。
〔註65〕胡家聰：「管子‧輕重作於戰國考」，《中國史研究》，1981年第1期。
〔註66〕《史記‧商君列傳》，北京：中華書局，1959年，第2232頁。

期秦人與東方六國的較量多矚目於函谷關，斯時之關與山當是函谷關與華山沒有疑問。但是這一情況在秦統一之後而隨著其一系列的強化大關中舉措的展開，始皇二十九年巡遊謂之「遂之琅邪，道上黨入。」〔註 67〕已然有將太行山以西看作關中一體的意味，秦漢之際關中的概念發生了深刻的變化，雖則如此，秦祚短暫，秦人的地緣印痕深刻但表現在界限上卻並不清晰。在武帝廣關之前，談及地域之山東大抵如同傳樂成、邢義田先生所論，在界限上也依然不明晰。

關東與關西是否就等同於山東與山西呢？放在一定的時間之內似乎成立，因為關多是隨山而設，這在戰國時期沒有什麼問題，那時候東西交爭是以函谷關為主體而展開的，斯時說關西即是山西，山西即是關中，問題並不大。但是隨著秦人折天下之脊而據有舊地軸，並實現了縱向地軸的合璧而形成了大關中地緣格局之後，這種情況就發生了很大的變化。因為昔日所謂的「關」已經不再只是一個函谷關了，而是隨著大關中的形成而擴展成了一系列的關。這些關也不僅僅只是散佈於一個山脈之上，不但山延長了，關也增多了。針對這種歷史的變遷勞榦先生對於關東、關西的理解已經提出了疑問：「其實，崤函為關東和關西的分界線，是不容否定的。但如其加以詳覈，那就崤函以北以什麼為東西之界，崤函以南又以什麼為東西之界？關東和關西，其北界和南界又到了什麼地方？北方邊郡和荊揚二州及其南方是不是也算在內？」〔註 68〕這種質疑反映的是秦蜀地緣聯合體的建立及縱向地軸拓展而形成的變化，這種質疑傳樂成先生給出了漢代時期的答案，他說：「漢代的『山東』、『山西』，又稱『關東』、『關西』，乃是指華山和函谷關東西之地。山東主要包括今河北、河南、山東、山西、江蘇、安徽、以及湖南、湖北諸省；山西主要包括今陝西、甘肅、四川三省。這兩個地區，從商周時期起，在種族和文化上即截然不同。但國人的東西地緣觀念的成立，卻晚在戰國後期。」〔註 69〕傳先生的說法反映出縱向地軸拓展的變遷，對於關東地區從地域上給出了相對正確的答案，但是這個答案還是有瑕疵的，首先其將山東、山西和關東、關西混同，華山何以別楚地為東？在傳先生的答案中關與山的

〔註 67〕《史記・秦始皇本紀》，北京：中華書局，1959 年，第 250 頁。

〔註 68〕勞榦：「關於「關東」及「關西」的討論」，《古代中國的歷史與文化》（上冊），北京：中華書局，2006 年，第 131 頁。

〔註 69〕傳樂成：「漢代的山東與山西」，《漢唐史論集》，，臺北：聯經出版事業公司，1977 年，第 65 頁。

有限性與東西地域廣大之間的矛盾非常突出。其二，傅先生再次將山和關限定爲華山和函谷關則只是反映了戰國時期的情形而顯然不能反映漢代的地緣現狀的。而邢義田先生則在傅先生的論斷上更近了一步，他指出：「因爲隨著秦漢帝國的擴張，新地區的開發，這些名詞意涵的範圍也發生變化。不過漢人有時仍固守舊的觀念，用這些名詞涉舊的地域範圍。因此同樣的名詞在漢代代表的意義就並不一致。」〔註70〕邢先生看出了秦漢帝國地域擴張帶來的變化，也指出了新舊觀念混雜帶來的解讀的複雜性，已經把握住了解決這一問題必須持有的動態觀察的鑰匙。他基於這種認識再次肯定了「所謂的山東七州應當包括荊揚。」〔註71〕但是邢先生在這個問題上又走過了，他據《漢書·地理志》〔註72〕所載指出：「漢武帝時開疆拓土，關中的範圍爲之擴大。不但武帝新闢的河西四郡和在西南夷地區所置的郡可以算在關中之內……」〔註73〕爾後，他又以《漢書·趙充國辛慶忌傳》〔註74〕贊相佐證。這裡就有一個問題了，班固使用「秦地」這一概念是用來指稱漢代的疆域狀況，秦地是否即是山西之地？而關中是否就是山西呢？山西是否是可以無限放大的呢？這是值得商榷的。至少隨著武帝在西疆的拓展而認爲關中在西部也隨之而擴大是有問題的，「關中四塞」也好，「披山帶河」也好，關中的擴大皆是以形勢完固而著稱的，而河西之地固然重要，但是其在地緣功能上不過是經

〔註70〕 邢義田：「試釋漢代的關東、關西與山東、山西」，《秦漢史論稿》，臺北：東大圖書股份有限公司，1987年，第105～106頁。

〔註71〕 邢義田：「試釋漢代的關東、關西與山東、山西」，《秦漢史論稿》，臺北：東大圖書股份有限公司，1987年，第108頁。

〔註72〕 「秦地，於天官東井、輿鬼之分野也。其界自弘農故關以西，京兆、撫風、馮翊、北地、上郡、西河、安定、天水、隴西，南有巴、蜀、廣漢、犍爲、武都，西有金城、武威、張掖、酒泉、敦煌，又西南有牂柯、越巂、益州，皆宜屬焉。……故秦地天下三分之一，而人眾不過什三，然量其富居什六。」《漢書·地理志》，北京：中華書局，1962年，第1641頁。

〔註73〕 邢義田：「試釋漢代的關東、關西與山東、山西」，《秦漢史論稿》，臺北：東大圖書股份有限公司，1987年，第110頁。

〔註74〕 「贊曰：秦、漢已來，山東出相，山西出將。秦時將軍白起，郿人；王翦，頻陽人。漢興，郁郅王圍、甘延壽，義渠公孫賀、傅介子，成紀李廣、李蔡，杜陵蘇建、蘇武，上邽上宮桀、趙充國，襄武廉褒，狄道辛武賢、慶忌，皆以勇武顯聞。蘇、辛父子著節，此其可稱列者也，其餘不可勝數。何則？山西天水、隴西、安定、北地處勢迫近羌胡，民俗修習戰備，高上勇力鞍馬騎射。故《秦詩》曰：『王於興師，修我甲兵，與子皆行。』其風聲氣俗自古而然，今之歌謠慷慨，風流猶存耳。」《漢書·趙充國辛慶忌傳》，北京：中華書局，1962年，第2998頁。

略西域的戰略走廊，其地緣性質大異於關中諸地。且班固雖以秦地來稱述漢代疆域狀況，但並未說秦地即是關中，邢義田先生此論過於牽強。

總體言之，隨著地緣活動的展開與深入發展，伴隨著秦的崛起尤其是秦帝國的建立，大關中格局形成，漢承秦祚而繼承了這一格局。關與山隨之而發展。關由戰國時期的函谷關判然東西到了帝國時期變成了沿著舊地軸分佈的一系列關隘；而山也隨著秦佔據了關中形勢之後長期角逐於華山附近崤函地區而強化了華山的印痕，隨著秦帝國一統局面的出現新舊地軸合而爲一，太行山分別東西成爲新的時代印記，然而秦祚短暫，大關中與大關東的地域印象皆保留下來，但是界限卻並不清晰，直到武帝廣關以後太行山才正式成爲分別東西的地緣界限。

4.1.3 匈奴與王國問題的地緣糾結及漢初對匈政策

4.1.3.1 漢初匈奴與王國問題的地緣糾結

西漢的匈奴問題王國問題並非彼此孤立的兩個問題，而是時常彼此糾纏於一起，呈現出極其複雜的形勢來。從具體的情形來看，首先是緣邊異姓王國多與匈奴建立聯繫，當其引起漢廷猜疑之時或引匈奴以相抗、或遁匈奴以自存；其二，內地王國在對抗漢中央政權的時候也引匈奴爲奧援；其三，漢廷在受到匈奴侵襲而在軍事調動上發生變化時，諸侯國趁機起兵。

從第一種情況來看，主要體現爲緣邊的代、燕二國。首先處於代地的諸侯王是由韓地徙封的韓信，「明年春，上以韓信材武，所王北近鞏、洛，南迫宛、葉，東有淮陽，皆天下勁兵處，乃詔徙韓王信王太原以北，備禦胡，都晉陽。信上書曰：『國被邊，匈奴數入，晉陽去塞遠，請治馬邑。』上許之，信乃徙治馬邑。秋，匈奴冒頓大圍信，信數使使胡求和解。漢發兵救之，疑信數間使，有二心，使人責讓信。信恐誅，因與匈奴約共攻漢，反，以馬邑降胡，擊太原。」﹝註75﹞從上述材料來看，劉邦之所以將韓信徙封代地不僅是因爲其故封之地「皆天下勁兵處」，「備禦胡」方是其另外一重意圖，就是利用韓信的力量阻擋匈奴南進的衝擊，這樣既可以保存漢室的實力，又可以讓異姓王的韓信與匈奴勢力彼此削弱，收到借匈奴之手以弱異姓王和借異姓王韓信之力以抗匈奴的雙重效果。在這種情勢之下，韓信不得不主動聯絡匈奴以求自存，這樣又必然引起了劉邦的猜忌，而韓

﹝註75﹞ 《史記·韓信盧綰列傳》，北京：中華書局，1959 年，第 2633 頁。

信的降匈奴也是由此而發生。韓信的降匈奴使得匈奴的勢力得以深入代地而望太原盆地，而勾注嶺乃是漢廷在舊地軸上的戰略底線，一旦匈奴逾越勾注嶺沿汾水河谷建瓴而下，其與關中之間僅一水之隔了，是以劉邦親率大軍抵達平城，平城之圍雖則有驚無險，但是亦反映出漢初漢匈雙方的實力對比漢軍占下風。既然無力徹底解決代地的安全問題，就必須再建緩衝屏障，在代王劉喜棄國事件發生後，劉邦立愛子如意爲代王，遴選爲劉邦所重的陳豨爲代相以專趙、代邊兵。陳豨赴任之前即與韓信有謀，是以廣結賓客，「豨常告歸過趙，趙相周昌見豨賓客隨之者千餘乘，邯鄲官舍皆滿。豨所以待賓客布衣交，皆出客下。豨還之代，周昌乃求入見。見上，具言豨賓客盛甚，擅兵於外數歲，恐有變。上乃令人覆案豨客居代者財物諸不法事，多連引豨。豨恐，陰令客通使王黃、曼丘臣所。及高祖十年七月，太上皇崩，使人召豨，豨稱病甚。九月，遂與王黃等反，自立爲代王，劫略趙、代。」〔註76〕陳豨的異動引起了劉邦的警惕，陳豨懼誅開始聯絡投靠匈奴的韓信勢力起兵「劫略趙、代」，一時間聲勢浩大，劉邦採用了收買與軍事進攻交相爲用的手段方才將陳豨之亂弭定。

　　除了代地之外，燕王盧綰也以是援引匈奴勢力以自存。盧綰本是劉邦世交摯友，其受親信之程度在劉邦諸臣中幾乎無人出其右：「盧綰親與高祖太上皇相愛，及生男，高祖、盧綰同日生，里中持羊酒賀兩家。及高祖、盧綰壯，俱學書，又相愛也。里中嘉兩家親相愛，生子同日，壯又相愛，復賀兩家羊酒。高祖爲布衣時，有吏事辟匿，盧綰常隨出入上下。及高祖初起沛，盧綰以客從，入漢中爲將軍，常侍中。從東擊項籍，以太尉常從，出入臥內，衣被飲食賞賜，群臣莫敢望，雖蕭曹等，特以事見禮，至其親幸，莫及盧綰。」〔註77〕燕地本是臧荼所王之地，「（高祖五年）十月，燕王臧荼反，攻下代地。高祖自將擊之，得燕王臧荼。」〔註78〕燕地僻遠近胡，斯時東方所封諸王多爲異姓王，這些異姓王大多是假實力而得封而並非出自劉邦創業集團的核心，爲了紓解群臣封王之望又同時能鎮定燕地，倍受親信的盧綰實在是再合適不過的人選：「高祖已定天下，諸侯非劉氏而王者七人。欲王盧綰，爲群臣觖望。及虜臧荼，乃下詔諸將相列侯，擇群臣有功者以爲燕王。群臣知上欲王盧綰，皆言曰：『太尉長安侯盧綰常從平定天下，功最多，可王燕。』詔許

〔註76〕《史記・韓信盧綰列傳》，北京：中華書局，1959年，第2640頁。
〔註77〕《史記・韓信盧綰列傳》，北京：中華書局，1959年，第2637頁。
〔註78〕《史記・高祖本紀》，北京：中華書局，1959年，第381頁。

之。漢五年八月，迺立盧綰爲燕王。諸侯王得幸莫如燕王。」〔註 79〕初封伊始，盧綰也確實在拱衛漢廷上頗爲積極，「漢十一年秋，陳豨反代地，高祖如邯鄲擊豨兵，燕王綰亦擊其東北。」〔註 80〕盧綰在對漢廷的協助上採取消極態度始於張勝使匈奴，「當是時，陳豨使王黃求救匈奴。燕王綰亦使其臣張勝於匈奴，言豨等軍破。張勝至胡，故燕王臧荼子衍出亡在胡，見張勝曰：『公所以重於燕者，以習胡事也。燕所以久存者，以諸侯數反，兵連不決也。今公爲燕欲急滅豨等，豨等已盡，次亦至燕，公等亦且爲虜矣。公何不令燕且緩陳豨而與胡和？事寬，得長王燕；即有漢急，可以安國。』張勝以爲然，迺私令匈奴助豨等擊燕。燕王綰疑張勝與胡反，上書請族張勝。勝還，具道所以爲者。燕王寤，迺詐論它人，脫勝家屬，使得爲匈奴間，而陰使范齊之陳豨所，欲令久亡，連兵勿決。」〔註 81〕盧綰的執兩端的態度隨著陳豨兵破而漸漸浮出水面，「漢十二年，東擊黥布，豨常將兵居代，漢使樊噲擊斬豨。其裨將降，言燕王綰使范齊通計謀於豨所。高祖使使召盧綰，綰稱病。上又使辟陽侯審食其、御史大夫趙堯往迎燕王，因驗問左右。」〔註 82〕其時異姓諸王已被次第翦滅，形勢使然，盧綰對於劉邦的迎接深爲忌憚，其謂幸臣曰：「非劉氏而王，獨我與長沙耳。往年春，漢族淮陰，夏，誅彭越，皆呂后計。今上病，屬任呂后。呂后婦人，專欲以事誅異姓王者及大功臣。」〔註 83〕盧綰的畏懼不行更加強化了劉邦的猜疑，「其左右皆亡匿。語頗泄，辟陽侯聞之，歸具報上，上益怒。又得匈奴降者，降者言張勝亡在匈奴，爲燕使。於是上曰：『盧綰果反矣！』使樊噲擊燕。」〔註 84〕盧綰起初尚有赴漢請罪之念，沒想到劉邦崩殂，遂亡入匈奴：「燕王綰悉將其宮人家屬騎數千居長城下，侯伺，幸上病愈，自入謝。四月，高祖崩，盧綰遂將其眾亡入匈奴，匈奴以爲東胡盧王。」〔註 85〕燕、代亂後，劉邦開始著手以皇子代替異姓王，是以封劉恒於代、劉建於燕，後有詳論，不贅述。

處於北部邊地的燕、代二國次第而反的現象引起了美國學者拉鐵摩爾的注意，拉鐵摩爾指出：「雖然漢朝剛剛建立不久，中國及草原之間的制衡問題

〔註 79〕《史記・韓信盧綰列傳》，北京：中華書局，1959 年，第 2637 頁。
〔註 80〕《史記・韓信盧綰列傳》，北京：中華書局，1959 年，第 2638 頁。
〔註 81〕《史記・韓信盧綰列傳》，北京：中華書局，1959 年，第 2638 頁。
〔註 82〕《史記・韓信盧綰列傳》，北京：中華書局，1959 年，第 2638 頁。
〔註 83〕《史記・韓信盧綰列傳》，北京：中華書局，1959 年，第 2638～2639 頁。
〔註 84〕《史記・韓信盧綰列傳》，北京：中華書局，1959 年，第 2639 頁。
〔註 85〕《史記・韓信盧綰列傳》，北京：中華書局，1959 年，第 2639 頁。

便已提到日程。問題已經不再是部落民族或漢人佔領了長城過渡地帶的某一部分，而是當地的『要人』，或鄰近與他們有關係的『要人』，向草原或中國內地尋求他們的地位與權力。這時已經有了草原生活特徵的規範，及中國生活特徵的規範。但是草原游牧制度與中國農業制度，都不能完全阻止草原邊緣上的過渡地帶從這個規範退化下去。在這種地區，游牧與農業都不是絕對的，而是有選擇的。」〔註86〕拉鐵摩爾透過緣邊的諸侯國反叛的現象發現了其背後的農耕文明與游牧文明兩種不同的生產方式之間的交互作用的深刻原因，而有意思的是關於燕代地區的生產生活特徵司馬遷在《貨殖列傳》裏有顯明的記載：「種、代，石北也，地邊胡，數被寇。人民矜懻忮，好氣，任俠爲姦，不事農商。然迫近北夷，師旅亟往，中國委輸時有奇羨。其民羯羠不均，自全晉之時固已患其僄悍，而武靈王益厲之，其謠俗猶有趙之風也。……夫燕亦勃、碣之間一都會也。南通齊、趙，東北邊胡。上谷至遼東，地踔遠，人民希，數被寇，大與趙、代俗相類，而民雕捍少慮，有魚鹽棗栗之饒。北鄰烏桓、夫餘，東綰穢貉、朝鮮、眞番之利。」〔註87〕燕、代地區風俗與經濟狀況「相類」，都是屬於農耕經濟與游牧經濟混合的過渡地帶，林甘泉先生根據太史公《貨殖列傳》的記載將秦漢時期的經濟區分爲山西、山東、江南和龍門、碣石北四大地區，而燕、代區則位於所謂的「龍門、碣石北經濟區」，關於代地的經濟形式，林先生認爲「這一地區的經濟形式或以牧業爲主，或是半農半牧。」〔註88〕而關於燕地的經濟形式，他認爲「大抵是半農半牧區。」〔註89〕雖則在燕代之北長城透迤而過以分割農耕文明區與游牧區，但是這並不能造成事實上的判然兩分而消解掉過渡地區的性質，關於這一點拉鐵摩爾有深刻的認識，他說：「如果草原邊緣是一個『無限發展的邊疆』，像長江以南地區一樣，它就可以眞正實行中國農業經濟及社會的原則，這些原則是成熟的，明確的。但困難的是，既不能與長城之外非中國式的生活完全隔絕，又不能像同化長江流域少數民族那樣同化草原少數民族。草原邊緣並

〔註86〕　〔美〕拉鐵摩爾：《中國的亞洲內陸邊疆》，唐曉峰譯，南京：江蘇人民出版社，2008年，第329頁。
〔註87〕　《史記・貨殖列傳》，北京：中華書局，1959年，第3263～3265頁。
〔註88〕　林甘泉主編：《中國經濟通史・秦漢經濟卷》上冊，北京：經濟日報出版社，1999年，第52頁。
〔註89〕　林甘泉主編：《中國經濟通史・秦漢經濟卷》上冊，北京：經濟日報出版社，1999年，第52頁。

不是斷然清晰的，它是一個模糊地帶。在不同程度上，既有草原部落趨向中國規範的趨勢，也有漢族邊民脫離中國規範的趨勢。」〔註90〕

如果說緣邊的諸侯國的這種叛離現象或者在漢匈之間首鼠兩端的態度是有其不得不然的深刻經濟原因，那麼問題是王國問題與匈奴問題的地緣糾結遠不止於此。從第二種情況來看，西漢時期諸侯王在與漢廷對抗中多援引匈奴以為奧援。文帝六年，遠在淮南的淮南王劉長反叛時亦引匈奴為奧援：「六年，令男子但等七十人與棘蒲侯柴武太子奇謀，以輦車四十乘反谷口，令人使閩越、匈奴。」〔註91〕七國之亂前，「趙王遂亦陰使匈奴與連兵。」〔註92〕劉濞告諸侯王書更是赫然宣稱：「燕王、趙王固與胡王有約，燕王北定代、雲中，摶胡眾入蕭關，走長安，匡正天子，以安高廟。」〔註93〕從匈奴方面觀之，其雖與諸侯國約定攻漢，但在實際上卻是靜觀其變，並未冒然深入漢邊，「吳、楚敗於梁，不能西。匈奴聞之，亦止，不肯入漢邊。」〔註94〕劉濞的檄書雖然不無虛張聲勢以自壯的意味，但是從其實際行動來看，確實不能不為漢廷所警醒。是以景帝三年盡收代國邊郡直屬漢廷，這種地緣舉措進而擴展到整個北疆。周振鶴據《史記・諸侯王年表》推測「景帝三年以後燕國之上谷、漁陽、右北平、遼東、遼西等五邊郡屬漢所有。」〔註95〕從而徹底斬斷了諸侯王同匈奴聯繫的可能性。

從第三種情況來看，漢廷與匈奴發生軍事互動之時往往會給有異志的諸侯王以伺機反叛的機會。諸呂之亂時朱虛侯劉章與東牟侯興居皆大力推舉其兄齊哀王為帝，「朱虛侯章以呂祿女為婦，知其謀，乃使人陰出告其兄齊王，欲令發兵西，朱虛侯、東牟侯為內應，以誅諸呂，因立齊王為帝。」〔註96〕但是實力強大的齊哀王稱帝即位為功臣集團所忌憚，最後大臣選擇了「仁孝寬厚」的代王劉恒，「大臣皆曰：『呂氏以外家惡而幾危宗廟，亂功臣今齊王母家駟，駟鈞，惡人也。即立齊王，則復為呂氏。』欲立淮南王，以為少，母家又惡。乃曰：『代王方今高帝見子，最長，仁孝寬厚。太后家薄氏謹良。

〔註90〕 〔美〕拉鐵摩爾：《中國的亞洲內陸邊疆》，唐曉峰譯，南京：江蘇人民出版社，2008年，第331頁。

〔註91〕 《史記・淮南衡山列傳》，北京：中華書局，1959年，第3076頁。

〔註92〕 《漢書・荊燕吳傳》，北京：中華書局，1962年，第1909頁。

〔註93〕 《史記吳王濞列傳》，北京：中華書局，1959年，第2828頁。

〔註94〕 《史記・楚元王世家》，北京：中華書局，1959年，第1990頁。

〔註95〕 周振鶴：《西漢政區地理》，北京：人民出版社，1987年，第69頁。

〔註96〕 《史記・齊悼惠王世家》，北京：中華書局，1959年，第2001頁。

且立長故順，以仁孝聞於天下，便。』乃相與共陰使人召代王。」〔註97〕文帝即位後對於大力謀劃齊哀王即位的朱虛侯與東牟侯皆「黜其功」，最初僅賜「朱虛侯劉章、襄平侯通、東牟侯劉興居邑各二千戶，金千斤。」〔註98〕這就招致了劉章兄弟對文帝的忌恨，「始誅諸呂時，朱虛侯章功尤大，大臣許盡以趙地王章，盡以梁地王興居。及文帝立，聞朱虛、東牟之初欲立齊王，故黜其功。二年，王諸子，乃割齊二郡以王章、興居。章、興居意自以失職奪功。歲餘，章薨，而匈奴大入邊，漢多兵發，丞相灌嬰將擊之，文帝親幸太原。興居以爲天子自擊胡，遂發兵反，上聞之，罷兵歸長安，使棘蒲侯柴將軍擊破，虜濟北王。王自殺，國除。」〔註99〕值得注意的是濟北王興居這次發兵反叛正好是利用了匈奴大舉入侵而「天子自擊胡」的機會。

　　漢初諸侯王的屢次反叛皆引匈奴爲奧援的現象更深刻的一個原因乃是因爲匈奴的崛起而在當時的東亞形成了一種漢匈兩極對抗的地緣格局，這大大不同於既往的華夏爲主導的地緣政治格局。國際關係學者孫力舟在談到秦漢時期的東亞國際關係體系特點時說：「秦漢時期的東亞大陸是一個相對封閉的地區性國際體系，東到大海，西到費爾干納谷地，南到中南半島北部，北到西伯利亞南部。當時的東亞國際體系行爲體的種類遠比今天的國際體系簡單，只存在在某些方面類似於今天主權國家的政治行爲體，跨國聯繫很少。」〔註100〕而在漢初，這種兩極格局形成後相當長的時間裏保持相對穩定的狀態，究其原因論，孫力舟認爲主要由於「匈奴基本滿足於漢朝在和親中的贈與和在邊境貿易中的獲利及在邊境地區的掠奪所得，而沒有入主中原的意圖。」〔註101〕以及「匈奴的主要戰略方向在西方」〔註102〕這兩個原因。正是這種兩極對抗的大局所在，是以漢廷欲解決東部的諸侯國問題時，匈奴也自然成爲諸侯王尋求借力的對象，這就大大增加了西漢王朝解決王國問題的複雜性。

〔註97〕《史記·呂太后本紀》，北京：中華書局，1959年，第410～411頁。

〔註98〕《史記·文帝本紀》，北京：中華書局，1959年，第418頁。

〔註99〕《漢書·高五王傳》，北京：中華書局，1962年，第1797頁。

〔註100〕孫力舟：「西漢時期東亞國際體系的兩極格局分析——基於漢朝與匈奴兩大政治行爲體的考察」，《世界經濟與政治》，2007年第8期，第18頁。

〔註101〕孫力舟「西漢時期東亞國際體系的兩極格局分析——基於漢朝與匈奴兩大政治行爲體的考察」，《世界經濟與政治》，2007年第8期，第23頁。

〔註102〕孫力舟「西漢時期東亞國際體系的兩極格局分析——基於漢朝與匈奴兩大政治行爲體的考察」，《世界經濟與政治》，2007年第8期，第24頁。

4.1.3.2 西漢初年的對匈政策

正是由於如前所論的兩極格局的存在，劉邦在平城之敗後不得不放棄以武力一舉解決匈奴問題的努力而改弦更張實行和親政策。首倡和親政策的是婁敬，「高帝罷平城歸，韓王信亡入胡。當是時，冒頓為單于，兵彊，控弦三十萬，數苦北邊。上患之，問劉敬。劉敬曰：『天下初定，士卒罷於兵，未可以武服也。冒頓殺父代立，妻群母，以力為威，未可以仁義說也。獨可以計久遠子孫為臣耳，然恐陛下不能為。』上曰：『誠可，何為不能！顧為奈何？』劉敬對曰：『陛下誠能以適長公主妻之，厚奉遺之，彼知漢適女送厚，蠻夷必慕以為閼氏，生子必為太子。代單于。何者？貪漢重幣。陛下以歲時漢所餘彼所鮮數問遺，因使辯士風諭以禮節。冒頓在，固為子婿；死，則外孫為單于。豈嘗聞外孫敢與大父抗禮者哉？兵可無戰以漸臣也。若陛下不能遣長公主，而令宗室及後宮詐稱公主，彼亦知，不肯貴近，無益也。』高帝曰：『善。』……上竟不能遣長公主，而取家人子名為長公主，妻單于。使劉敬往結和親約。」〔註103〕對於這次和親，美國學者狄宇宙指出：「公元前 198 年簽訂的『和親』協約標誌著漢朝接受了與匈奴平等的外交地位，也拉開了兩極世界秩序的帷幕。雙方平等地位的確立依賴於兩個因素：（1）兩個王室之間簽訂的軍事聯盟合約；（2）漢朝同意每年送給許多絲織品、布匹、穀物和其他貴重物品。」〔註104〕關於和親的效果，《史記·匈奴列傳》載：「高帝乃使劉敬奉宗室女公主為單于閼氏，歲奉匈奴絮繒酒米食物各有數，約為昆弟以和親，冒頓乃少止。」〔註105〕呂后時期，冒頓單于致書呂后以相辱，漢廷鑒於形勢之故而採取隱忍繼續和親政策：「冒頓乃為書遺高后，妄言。高后欲擊之，諸將曰：『以高帝賢武，然尚困於平城。』於是高后乃止，復與匈奴和親。」〔註106〕「至孝文即位，復修和親。」〔註107〕茲後由於匈奴右賢王進入河南地事件發生後，漢廷圍繞著對匈政策展開了一次討論，「書至，漢議擊與和親孰便。公卿皆曰：『單于新破月氏，乘勝，不可擊。且得匈奴地，澤鹵，非可居也。和親甚便。』

〔註103〕《史記·劉敬叔孫通列傳》，北京：中華書局，1959 年，第 2719 頁。

〔註104〕〔美〕狄宇宙：《古代中國與其強鄰：東亞歷史上游牧力量的興起》，高書文譯，北京：中國社會科學出版社，2010 年，第 222 頁。

〔註105〕《史記·匈奴列傳》，北京：中華書局，1959 年，第 2895 頁。

〔註106〕《史記·匈奴列傳》，北京：中華書局，1959 年，第 2895 頁。

〔註107〕《漢書·匈奴傳上》，北京：中華書局，1962 年，第 3756 頁。

漢許之。」〔註108〕雖然文帝時期一再堅持和親政策，但是匈奴爲害之烈於文帝朝尤過之，亦如文帝致匈奴單于詔書所謂：「背約離兄弟之親者，常在匈奴。」〔註109〕但是，儘管如此，文帝時期多數時候漢匈雙方仍然堅持著和親政策，孝文帝十四年，老上單于率軍大舉入侵，漢廷一方面嚴陣以待，一方面重新與匈奴修和親政策，「漢甚患之，乃使使遺匈奴書，單于亦使當戶報謝，復言和親事。」〔註110〕軍臣單于立未久又撕毀合約再次大舉進犯，茲後亦當是重修合約。景帝之世和親政策對於穩定漢匈關係發揮著重要的作用，「景帝復與匈奴和親，通關市，給遺單于，遣翁主如故約。終景帝世，時時小入盜邊，無大寇。」〔註111〕這種情況到了武帝初年已然造成了匈奴內部普遍親漢的效果：「武帝即位，明和親約束，厚遇關市，饒給之。匈奴自單于以下皆親漢，往來長城下。」〔註112〕在實行和親政策的同時，漢廷還在邊境嚴密佈防，大抵以守禦爲主，並不主動出擊。

　　狄宇宙在評述漢初實行的和親政策時說到：「……這些因素使得漢朝的軍隊與匈奴的軍隊相比，客觀上處於劣勢。這種情勢迫使漢高祖採取安撫的態度，以使漢朝最終能贏得時間建功立業立起強有力的經濟基礎和一支『現代化』的軍隊，以保證漢朝取得最後的勝利。新娘和賄賂都沒有能夠阻礙得住匈奴在邊境地區發動搶掠和進行迅猛的進攻，他們還在不厭其煩地要求漢朝增加貢品。但是，這種政策使得邊境地區的平衡得到了基本的保證，與大規模的戰爭相比，其給國家財政造成的負擔還是比較輕的。因此，和親政策是保存經濟力量和維護復興的大漢帝國領土完整的必不可少的條件。」〔註113〕而漢初政權通過和親政策所贏得的邊境相對和平的環境是其能騰出手來解決東部王國問題的重要保證，其不但有效地避免了兩線作戰的危險，反而利用這種漢匈相對的和平狀態得以集中精力各個擊破而實現了中央政權勢力向關東地區的伸展。

〔註108〕　《史記・匈奴列傳》，北京：中華書局，1959 年，第 2896 頁。
〔註109〕　《漢書・匈奴傳上》，北京：中華書局，1962 年，第 3758 頁。
〔註110〕　《漢書・匈奴傳上》，北京：中華書局，1962 年，第 3762 頁。
〔註111〕　《漢書・匈奴傳上》，北京：中華書局，1962 年，第 3764～3765 頁。
〔註112〕　《漢書・匈奴傳上》，北京：中華書局，1962 年，第 3765 頁。
〔註113〕　〔美〕狄宇宙：《古代中國與其強鄰：東亞歷史上游牧力量的興起》，高書文
　　　　　譯，北京：中國社會科學出版社，2010 年，第 223 頁。

4.2 河南地收復前代北的地緣形勢與地緣功能

4.2.1 河南地收復前匈奴入侵方向考論

前 127 年衛青收河南地前，匈奴屢次犯邊，據《史記》、《漢書》有明確地域記載的入侵方向統計如下：

4.2.1.1 入侵代北諸郡：

侵雲中：

前 158 年：「後六年冬，匈奴三萬人入上郡，三萬人入雲中。」〔註 114〕

前 144 年：「六月，匈奴入雁門，至武泉，入上郡，取苑馬，吏卒戰死者二千人。」〔註 115〕（按：武泉，雲中郡屬縣。見周振鶴著《西漢政區地理》第 75 頁「代國所屬郡縣沿革表」。〔註 116〕）

前 134 年：「元光元年冬十一月……衛尉李廣爲驍騎將軍，屯雲中，中尉程不識爲車騎將軍，屯雁門。六月罷。」〔註 117〕（按：程不識、李廣兩大名將同時陳兵代北，斯時匈奴於此二地當有非常之舉。）

侵雁門：

前 201 年：「秋九月，匈奴圍韓王信於馬邑，信降匈奴。」〔註 118〕（按：馬邑，雁門郡屬縣。見周振鶴著《西漢政區地理》第 75 頁「代國所屬郡縣沿革表」。）

前 200 年：「七年冬十月，上自將擊韓王信於銅鞮，斬其將。信亡走匈奴，其將曼丘臣、王黃共立故趙後趙利爲王，收信散兵，與匈奴共距漢。上從晉陽連戰，乘勝逐北，至樓煩，會大寒，士卒墮指者什二三。遂至平城，爲匈奴所圍，七日，用陳平秘計得出。」〔註 119〕（按：平城，《集解》引徐廣曰：在雁門。斯時漢匈均大舉用兵，兵禍亦當延及代地等邊郡。）

前 144 年：「六月，匈奴入雁門，至武泉，入上郡，取苑馬，吏卒戰死

〔註 114〕《史記·孝文本紀》，北京：中華書局，1959 年，第 431 頁。
〔註 115〕《漢書·景帝紀》，北京：中華書局，1962 年，第 150 頁。
〔註 116〕周振鶴：《西漢政區地理》，北京：人民出版社，1987 年，第 75 頁。
〔註 117〕《漢書·武帝紀》，北京：中華書局，1962 年，第 150 頁。
〔註 118〕《漢書·高帝紀》，北京：中華書局，1962 年，第 63 頁。
〔註 119〕《漢書·高帝紀》，北京：中華書局，1962 年，第 63 頁。

者二千人。」（前注）

前 142 年：「春，匈奴入雁門，太守馮敬與戰，死。發車騎、材官屯。」
〔註 120〕

前 134 年：「元光元年冬十一月……衛尉李廣爲驍騎將軍，屯雲中，中尉程不識爲車騎將軍，屯雁門。六月罷。」（前注）

前 133 年：「夏六月，御史大夫韓安國爲護軍將軍，衛尉李廣爲驍騎將軍，太僕公孫賀爲輕車將軍，大行王恢爲將屯將軍，太中大夫李息爲材官將軍，將三十萬眾屯馬邑谷中，誘致單于，欲襲擊之。單于入塞，覺之，走出。」〔註 121〕

前 128 年：「秋，匈奴入遼西，殺太守；入漁陽、雁門，敗都尉，殺略三千餘人。遣將軍衛青出雁門，將軍李息出代，獲首虜數千級。」
〔註 122〕

侵代：

「是後韓信爲匈奴將，及趙利、王黃等數背約，侵盜代、雁門、雲中。」
〔註 123〕

「是時，匈奴以漢將數率眾往降，故冒頓常往來侵盜代地。」（同上）

（按：此兩條史料當指同一史實的不同兩個方面，韓信本爲代地邊將，熟知代地形勢，故而屢次入侵代北諸郡；而冒頓則因漢降將之便而屢次侵犯代北。然其侵略次數之頻繁則可以顯見。）

前 176 年：「孝文四年，安丘侯張說爲將軍，擊胡，出代。」〔註 124〕

（按：《漢書・文帝紀》班固贊曰：「與匈奴結和親，後而背約入盜，令邊備守，不發兵深入，恐煩百姓。」觀文帝世歷次構兵於匈奴皆爲不得已爲之，是以張說此次出代擊胡亦當與匈奴犯邊有關。）

前 147 年：「景帝中三年秋，蝗。先是匈奴寇邊，中尉不害將車騎材官士屯代高柳。」〔註 125〕（按：漢軍屯高柳，當是斯時匈奴寇邊之方向。）

〔註 120〕　《漢書・景帝紀》，北京：中華書局，1962 年，第 151 頁。
〔註 121〕　《漢書・武帝紀》，北京：中華書局，1962 年，第 162～163 頁。
〔註 122〕　《漢書・武帝紀》，北京：中華書局，1962 年，第 169 頁。
〔註 123〕　《漢書・匈奴傳上》，北京：中華書局，1962 年，第 3754 頁。
〔註 124〕　《史記・漢興以來將相名臣年表》，北京：中華書局，1959 年，第 946 頁。
〔註 125〕　《漢書・五行志》，北京：中華書局，1962 年，第 1434 頁。

4.2.1.2 入侵關中諸郡：

侵上郡

前 177 年：「其發邊吏騎八萬五千詣高奴，遣丞相潁陰侯灌嬰擊匈奴。」
〔註 126〕（按：是役即是文帝三年匈奴右賢王居河南地爲寇之時，高奴，師古曰：上郡之縣。從文帝發重兵「詣高奴」可見當時上郡是匈奴攻擊的重點方向。）

前 158 年：「後六年冬，匈奴三萬人入上郡，三萬人入雲中。」（前注）

前 144 年：「八月，匈奴入上郡。」〔註 127〕

前 144 年：「六月，匈奴入雁門，至武泉，入上郡，取苑馬，吏卒戰死者二千人。」（前注）

侵北地

前 177 年：「五月，匈奴入北地，居河南爲寇。」〔註 128〕

前 166 年：「十四年冬，匈奴謀入邊爲寇，攻朝那塞，殺北地都尉卬。」
〔註 129〕

侵隴西

前 182 年：「六月……匈奴寇狄道，攻河陽。」〔註 130〕

前 181 年：「七年冬十二月，匈奴寇狄道，略二千餘人。」（同上）

前 169 年：「夏六月，匈奴寇狄道。」〔註 131〕（按：《漢書‧晁錯傳》云：「自高后以來，隴西三困於匈奴。」可能即是指此三次寇狄道。）

4.2.1.3 入侵燕地諸郡：

前 148 年：「中二年二月，匈奴入燕，遂不和親。」〔註 132〕

前 129 年：「春，……匈奴入上谷，殺略吏民。遣車騎將軍衛青出上谷，騎將軍公孫敖出代，輕車將軍公孫賀出雲中，驍騎將軍李廣出雁門。」（前注）

〔註 126〕《史記‧孝文本紀》，北京：中華書局，1959 年，第 425 頁。
〔註 127〕《史記‧孝文本紀》，北京：中華書局，1959 年，第 446 頁。
〔註 128〕《史記‧孝文本紀》，北京：中華書局，1959 年，第 425 頁。
〔註 129〕《史記‧孝文本紀》，北京：中華書局，1959 年，第 428 頁。
〔註 130〕《漢書‧高后紀》，北京：中華書局，1962 年，第 99 頁。
〔註 131〕《漢書‧文帝紀》，北京：中華書局，1962 年，第 123 頁。
〔註 132〕《史記‧孝景本紀》，北京：中華書局，1959 年，第 444 頁。

前 129 年：「秋，匈奴盜邊，遣將軍韓安國屯漁陽。」〔註133〕（按：
韓安國駐屯方向當是匈奴攻擊的方向。）

前 128 年：「秋，匈奴入遼西，殺太守；入漁陽、雁門，敗都尉，殺略
三千餘人。遣將軍衛青出雁門，將軍李息出代，獲首虜數千級。」（前
注）

前 127 年：「春正月，……匈奴入上谷、漁陽，殺略吏民千餘人。遣將
軍衛青、李息出雲中，至高闕，遂西至符離，獲首虜數千級。收河南
地，置朔方、五原郡。」〔註134〕

從統計數字上看，有明確入侵時間地點的，代北諸郡 11 次；關中諸郡 9
次；燕地諸郡 7 次。其中不包括韓信叛漢後所謂的「冒頓則因漢降降之便而
屢次侵犯代北」條。從這組數字可以看到一個現象：關中數郡幾面當敵受攻
擊的次數反不及代北諸郡，代北諸郡成為匈奴攻擊的焦點。這一現象《史記》
裏尚有明確記載，文帝十四年匈奴大舉入侵之後，「匈奴日已驕，歲入邊，殺
略人民畜產甚多，雲中、遼東最甚，至代郡萬餘人。」〔註135〕而從上面的數
據分析中，我們也清晰地看到儘管燕地也成為匈奴重要的攻擊方向，但是在
燕地被侵略的地點中半數以上卻是毗鄰代北的上谷、漁陽二地。如此則清晰
可見以代北諸郡為中心的地區成為匈奴攻擊的重點。那麼對於漢廷而言，代
北在其地緣戰略體系中又是一個什麼位置呢？

4.2.2 漢廷在代北的戰略舉措

漢廷對於代北的重視由來已久，早在劉邦初定關中之時，即開始籌劃北
部邊防。「二年（前 205 年），……繕治河上塞。」〔註136〕晉灼曰：「晁錯傳秦
北攻胡，築河上塞。」（注同前）這就牽涉到漢初雲中郡北界與趙武靈王長城
遺址的複雜問題。關於趙武靈王長城北端的路徑，張維華先生的結論是：「此
長城東接大青山主幹之長城，而西循烏拉前山以行，直至盡處為止，其意甚
確。」〔註137〕關於這一問題辛德勇先生在《陰山高闕與陽山高闕辨析》一文
中詳細考辨諸家觀點，進而作出了翔實的論證，最後指出：「沿今烏拉前山和

〔註133〕《漢書·武帝紀》，北京：中華書局，1962 年，第 166 頁。
〔註134〕《漢書·武帝紀》，北京：中華書局，1962 年，第 170 頁。
〔註135〕《史記·匈奴列傳》，北京：中華書局，1959 年，第 2901 頁。
〔註136〕《史記·高祖本紀》，北京：中華書局，1959 年，第 369 頁。
〔註137〕張維華：《中國長城建置考》，北京：中華書局，1979 年，第 109 頁。

大青山南坡，或在半山腰，或在山腳下，總體上是陰山山脊之下而更靠近山麓的位置上，分佈著一道以夯土累築爲主的古長城遺迹，正與《史記·匈奴列傳》趙武靈王『并陰山下』的記載相吻合；結合相關文物和上述歷史記載，完全可以肯定，這就是戰國趙武靈王長城的遺存。」〔註138〕辛德勇先生的這一結論得到了出土簡牘《張家山漢簡·秩律》所載地名的有力證實，此點周振鶴先生亦有專文論述〔註139〕。概括諸家意見，秦人在撤去了陽山一線的長城防線以後，並未放棄從大青山到烏拉前山一線的防衛，這就是《史記·匈奴列傳》裏所說的「因故塞」在黃河以北的具體位置〔註140〕。可見，劉邦修繕的「河上塞」正是趙長城北向的這一段。大抵在修繕河上塞的同時，高祖即開始恢復北部邊防：「（前205年）六月，興關內卒乘塞。」〔註141〕而在劉邦的國防體系中代北的地位尤其重要，「（前204年）漢王以蒼爲代相，備邊寇。」〔註142〕故而趙地甫定，劉邦即派重臣張蒼出任代相以防禦匈奴穩定北疆形勢。

對於代北地區的地緣格局的高度重視還體現在一旦代北有事，帝王即數次親征；慎選賢能邊將與王族近支鎮守；政治地圖的反覆變遷；重兵把守等諸多層面。

4.2.2.1 帝王數次親征

代北有事，漢廷的戰略反應異常敏銳。「（前202年）十月，燕王臧荼反，攻下代地。高祖自將擊之，得燕王臧荼。」〔註143〕「前201年：秋九月，匈奴圍韓王信於馬邑，信降匈奴。」〔註144〕對於韓信的叛胡事件，劉邦迅速作出反應，「漢七年，韓王信反，高帝自往擊之。至晉陽，聞信與匈奴欲共擊漢，上大怒，使人使匈奴。匈奴匿其壯士肥牛馬，但見老弱及羸

〔註138〕辛德勇：「陰山高闕與陽山高闕辨析」，《秦漢政區與邊界地理研究》，北京：中華書局，2009年，第199頁。

〔註139〕周振鶴：「《二年律令·秩律》的歷史地理意義」，《學術月刊》，2003年第1期。

〔註140〕辛德勇指出：「秦朝末年，在爲應付內亂而兵力吃緊的情況下，秦王朝也始終沒有放棄據守陰山長城防線。漢朝初年，在這一地區，繼承的正是這一邊界。」見氏撰：「張家山漢簡所示漢初西北隅邊境解析」，《秦漢政區與邊界地理研究》，北京：中華書局，2009年，第264頁。

〔註141〕《史記·高祖本紀》，北京：中華書局，1959年，第372頁。

〔註142〕《史記·張丞相列傳》，北京：中華書局，1959年，第2675頁。

〔註143〕《史記·高祖本紀》，北京：中華書局，1959年，第369頁。

〔註144〕《漢書·高帝紀》，北京：中華書局，1962年，第63頁。

畜。使者十輩來，皆言匈奴可擊。上使劉敬復往使匈奴，還報曰：『兩國相擊，此宜夸矜見所長。今臣往，徒見羸瘠老弱，此必欲見短，伏奇兵以爭利。愚以爲匈奴不可擊也。』是時漢兵已踰句注，二十餘萬兵已業行。上怒，罵劉敬曰：『齊虜！以口舌得官，今迺妄言沮吾軍。』械繫敬廣武。遂往，至平城，匈奴果出奇兵圍高帝白登，七日然後得解。」〔註145〕從這段材料來看，韓信反後，劉邦迅速發重兵前往，可謂高度重視這一事件；從其兩次派人出匈奴窺探也看出他對在代北用兵還是相當審慎的；從其以帝王之尊親征韓信與匈奴聯軍來看足見其在代北問題上的果敢。關於陳豨反代地，有兩則材料可以見其對於代地的重視：「（前197年）八月，趙相國陳豨反代地。上曰：『豨嘗爲吾使，甚有信。代地吾所急也，故封豨爲列侯，以相國守代，今乃與王黃等劫掠代地！代地吏民非有罪也，其赦代吏民。』」〔註146〕從劉邦的語氣可以看出在得知陳豨之反而爲之切齒的憤怒狀態，另外，高祖直呼「代地吾所急」更可見其重要的戰略地位。「漢十一年秋，陳豨反代地，高祖如邯鄲擊豨兵，燕王綰亦擊其東北。」〔註147〕從這則材料可以看到高祖此次又親臨平亂前線。如果說高祖起自戎馬戰陣之中不足爲怪的話，那麼這種親臨前線的現象在文帝時候依然出現，則足可印證漢廷對於代北的重視不只是個別帝王喜好的特例，「（前177年）五月，匈奴入北地，居河南爲寇。」（前註）這次首披兵鋒的則是上郡，然則「帝自甘泉之高奴，因幸太原，見故群臣，皆賜之。舉功行賞，諸民里賜牛酒。復晉陽中都民三歲。留游太原十餘日。」〔註148〕從這則材料看，文帝此次入晉不只是勞軍性質，且其「遊太原十餘日」或有檢閱措置防務的成分在其中。而《風俗通義》則更明確記載了文帝親臨代北的事情：「是時大發興材官、騎士十餘萬軍長安，帝遣丞相灌嬰擊匈奴，文帝自勞兵至太原、代郡。」〔註149〕

4.2.2.2 慎選皇族近支或賢能邊將鎮守

高祖六年（前201年），「壬子，以雲中、雁門、代郡五十三縣立兄宜信

〔註145〕《史記・劉敬叔孫通列傳》，北京：中華書局，1959年，第2718頁。
〔註146〕《史記・高祖本紀》，北京：中華書局，1959年，第387頁。
〔註147〕《史記・韓信盧綰列傳》，北京：中華書局，1959年，第2638頁。
〔註148〕《史記・孝文本紀》，北京：中華書局，1959年，第425頁。
〔註149〕〔東漢〕應劭：《風俗通義校釋・孝文帝》，吳樹平校釋，天津：天津人民出版社，1980年，第72頁。

侯喜爲代王。」〔註150〕據周振鶴考證：「高帝六年之封劉喜於代，不過遙領
而已，直至七年，噲定代地，劉仲才之國爲王，而不旋踵，又棄國亡洛陽。」
〔註151〕雖則如此，可見在劉邦的意識之中對於代北形勝之地一開始就不想
託付於外人的。這樣，韓王信因披邊患而都馬邑實乃時勢異變使然，是以韓
信反胡，劉邦則舉國以爭代地。此後，《漢書・高帝紀》載：「七年，……立
子如意爲代王。」此後如意徙趙，代地屬趙。劉邦以陳豨相代，「及高祖七年
冬，韓王信反，入匈奴，上至平城還，乃封豨爲列侯，以趙相國將監趙、代
邊兵，邊兵皆屬焉。」〔註152〕如意爲劉邦最鍾愛的兒子，幾欲立爲太子，封
之入代或有因其「類我」的雄武性格在其中；而陳豨雖則後來反叛漢廷，但
是他終究是隨劉邦經歷過平城戰火洗禮的舊人，可以想見其必然治才非凡，
是以劉邦將趙、代二地的邊兵盡皆託付於他。陳豨亂後，高帝十一年（前196
年），「分趙山北，立子恒以爲代王，都晉陽。」〔註153〕而從燕王綰、相國何
等三十三人的推舉來看，「子恒賢知溫良」〔註154〕亦可反映出對於代王人選的
素質要求來。文帝由代地而入主漢廷，對於代北的形勢自然了然於心，於是
以子劉武爲代王，劉參爲太原王以壯其形勢，其後劉武徙淮陽，代國、太原
國合爲一體，爲新代國。觀乎代北諸郡太守，雲中太守孟舒（事見《史記・
田叔列傳》）、魏尚（事見《史記・馮唐列傳》）皆有聲名，而任雲中太守的李
廣更是號爲「飛將軍」的一代名將；郅都爲雁門太守，威名至於死後：「景帝
乃使使即拜都爲雁門太守，便道之官，得以便宜從事。匈奴素聞郅都節，舉
邊爲引兵去，竟都死不近雁門。匈奴至爲偶人象都，令騎馳射，莫能中，其
見憚如此。匈奴患之。」〔註155〕其前陳豨得專趙、代之兵，而此處郅都亦有
「便宜行事」的權力，代北之重不言而喻。

4.2.2.3 政治地圖的反覆措置

代北地緣形勢特別，漢廷對於代北政治地圖亦是隨時勢變遷而反覆措
置。關於代國的政區沿革，周振鶴在《西漢政區地理》代國部分有詳細考證，
不在此作重複，但就其沿革的時勢作一簡單說明。起先以雲中、雁門、代三

〔註150〕《漢書・高帝紀》，北京：中華書局，1962年，第61頁。
〔註151〕周振鶴：《西漢政區地理》，北京：人民出版社，1987年，第72頁。
〔註152〕《史記・韓信盧綰列傳》，北京：中華書局，1959年，第2639頁。
〔註153〕《史記・高祖本紀》，北京：中華書局，1959年，第389頁。
〔註154〕《史記・高祖本紀》，北京：中華書局，1959年，第389頁。
〔註155〕《漢書・酷吏傳》，北京：中華書局，1962年，第3648頁。

郡王劉喜，初步顯露出劉邦不欲以形勝之地予外人，斯時代地未寧，韓信封國反成為事實上的邊地；韓信反後，繼之以陳豨之反，「居無幾何，陳豨反，又與韓信合謀擊代。漢使樊噲往擊之，復拔代、雁門、雲中郡縣，不出塞。」〔註156〕至此代北三郡形勢始為完整。劉如意封代國未久旋即徙趙，代地屬趙，而其時陳豨專趙、代兵，如意年幼且身處邯鄲不能即時預與代北形勢，終至陳豨之亂。有鑑於這次變故，劉邦在平定陳豨亂後，旋即「分趙山北，立子恒以為代王，都晉陽。」此後劉邦頒詔曰：「代地居常山之北，與夷狄邊，趙乃從山南有之，遠，數有胡寇，難以為國。頗取山南太原之地益屬代，代之雲中以西為雲中郡，則代受邊寇益少矣。」〔註157〕對於這點，周振鶴論曰：「說明高帝十一年將雲中郡分成兩半，雲中縣以西部分為新雲中郡，屬漢；東部則屬劉恒代國，當置為定襄郡。」〔註158〕對於這一地緣處置，辛德勇的理解是：「在使代國減少邊寇侵擾這樣冠冕堂皇的言辭之下，漢高祖劉邦潛藏的真實意圖，其實是利用這一時機，把控制著黃河渡口兩岸地區的原雲中郡西部這一戰略要地，重新掌握在朝廷的直接控制之下，使之與九原郡相互依恃，進一步強化其軍事地位，更好地起到拱衛關中和控御關東的作用。」〔註159〕這一說法看似有理，然則細思之則很不充分，雲中郡作為漢郡孤懸河外，其東則為諸侯國之代國，其南阻隔黃河，於漢廷直轄郡而言無異於一塊飛地。一旦代國有事勢必聯絡匈奴，形勢與前無異；且東方隔著代國何來控御關東之說？辛氏此說成立的基礎是代國必須確保無反叛之虞。當然這從反面證實了本書前節所論之「慎選皇族近支」之說。文帝深諳代北形勢，一則須有相當之實力以當匈奴之犯，二則又須適度控制這一形勝之地，不能令諸侯王坐大。文帝二年，又分代為太原、代二國。斯時之代國僅有代、雁門、定襄三郡，為有漢以來最小的疆域，是以賈誼謂之：「代北邊匈奴，與強敵為鄰，能自完則足矣。」〔註160〕加之斯時東方諸侯國形勢洶洶然，為藩輔關中防患於未然，文帝四年「徙代王為淮陽王。以代盡與太原王，號曰代王。」〔註161〕此舉不但加強了直接屏蔽關中的梁國的形勢，同時加強了代國攝制匈奴和

〔註156〕《史記・匈奴列傳》，北京：中華書局，1959年，第2895頁。

〔註157〕《漢書・高祖紀》，北京：中華書局，1962年，第70頁。

〔註158〕周振鶴：《西漢政區地理》，北京：人民出版社，1987年，第73頁。

〔註159〕辛德勇：「張家山漢簡所示漢初西北隅邊境解析」，《秦漢政區與邊界地理研究》，北京：中華書局，2009年，第282頁。

〔註160〕《漢書・賈誼傳》，北京：中華書局，1962年，第2260頁。

〔註161〕《史記・梁孝王世家》，北京：中華書局，1959年，第2081頁。

燕趙的形勢。然則打擊諸侯王成爲大勢所趨，景帝三年，代國邊郡雁門、定襄、代盡皆收歸漢廷直轄，此時方凸顯出辛德勇所謂的「控御關東的作用」。

4.2.2.4 重兵把守

重兵把守代北已爲顧祖禹所顯見：「漢都長安，而太原、雲中、定襄皆屯重兵，所以鎮撫北方也。」〔註162〕觀乎韓信叛漢，「二十餘萬兵已業行」，而平城之圍漢軍至三十二萬，而劉邦大舉進兵代北不可能不顧及關中安全，可見代北、太原一帶必駐有重兵。而從漢初匈奴幾次大的入侵的反應來看，亦可證實代北駐軍之眾。「（前 158 年）後六年冬，匈奴三萬人入上郡，三萬人入雲中。以中大夫令勉爲車騎將軍，軍飛狐；故楚相蘇意爲將軍，軍句注；將軍張武屯北地；河內守周亞夫爲將軍，居細柳；宗正劉禮爲將軍，居霸上；祝茲侯軍棘門：以備胡。」從中可以看出代北的戰備狀態與畿輔諸郡等同，設若臨時出兵前往，而代北山河阻隔必難保不虞，亦可知代北平素駐軍之重。

此外，漢廷還很重視代北諸郡的軍事工事的修繕工作，從劉邦初定關中即修繕河上塞開始，到武帝時期依然如此，「（前 130 年）夏，……又發卒萬人治雁門阻險。」〔註163〕其間邊患嚴重的文帝時期想必更是如此。凡此種種足見代北獨特的地緣戰略價值。

4.2.3 漢初代北地區的地緣政治功能

漢廷何以對代北地區如此重視呢？這還得說到河南地的得失與漢初的立國形勢。漢初在定都問題上曾展開一場大討論，最後婁敬建言、張良支持而確定於關中定都。張良的理由是：「夫關中左殽函，右隴蜀，沃野千里，南有巴蜀之饒，北有胡苑之利，阻三面而守，獨以一面東制諸侯。諸侯安定，河渭漕輓天下，西給京師；諸侯有變，順流而下，足以委輸。」張良的建言歷來爲言及關中形勝者所樂道，然則現實形勢卻非如此，張良所謂的形勢不過是基於對歷史的記憶而言的，當戰國之秋、秦皇之時，關中的地緣優勢誠如所言，反觀秦人的歷史，在漢初一片過秦的洶洶輿論之中，大多指責秦皇奪

〔註162〕〔清〕顧祖禹：《讀史方輿紀要·山西方輿紀要序》，賀次君、施和金點校，北京：中華書局，2005 年，第 1775 頁。

〔註163〕《漢書·武帝紀》，北京：中華書局，1962 年，第 164 頁。

取河南地純屬好大喜功，似乎不奪取此地也與關中安全無礙。甚至著名的地緣政治學家拉鐵摩爾也持此種觀點：「當時並沒有受草原攻擊的危險，所有對內陸邊疆上蠻族的戰爭都是掃蕩戰，以調整新的長城的走向。長城雖極堅固，但當時並沒有眞正的邊疆危機。」〔註164〕然而，現實中一個很大的不同則是：漢初統治者要面對了一個強大而統一的匈奴勢力。這卻不是歷史的記憶，而是時代的新問題。丟失掉河南地之後，匈奴在漫長的國境線上縱橫馳騁，漢疆屢披戰火，而作爲統治核心的關中地區無時不在一種巨大的地緣壓力之下。當是之時，黃河以南漢廷憑藉秦昭王長城透迤北進的東部狹長地帶與東部的山西地區互爲依恃，代北則以趙武靈王長城爲屏障同太行餘脈、燕山山脈渾然一體，構成了北向的屏障，以翼蔽關東。而代北正好在山西與燕北的結合部上，而如前所論，代北地區剛好又當匈奴單于庭，其南下自然首披兵鋒，是以代北地區戰火連綿，冠於它地。

4.2.3.1 藩輔關中的屏障

代北地區遠離關中，且有山河阻隔，何以成爲關中的屏障呢？這就不能不談到山西與關中緊密的地緣聯繫。顧祖禹論及山西形勢與關中的地緣關聯曰：「且夫越臨晉、泝龍門，則涇、渭之間可折箠而下也。」〔註165〕正是因爲這種緊密的地緣關聯，龍門、臨晉兩處戰略要津在秦時屬內史，在漢則屬左馮翊，而左馮翊即漢初的河上郡〔註166〕，可見對於關中政權而言，由來是將山西視爲關中一體的。今山西境內大抵分爲三個不同的地理單元：北部爲大同盆地，中部爲太原盆地，南部則爲汾河谷地。論及代北形勢顧祖禹謂之「其東則太行爲之屏障，其西則大河爲之襟帶，於北則大漠、陰山爲之外蔽，而句注、雁門爲之內險」〔註167〕，大同盆地與太原盆地之間的句注嶺成爲進入關中的戰略要衝，素來被視爲抗擊北方勢力的第二道防線。一旦代北有事，

〔註164〕〔美〕拉鐵摩爾：《中國的亞洲內陸邊疆》，唐曉峰譯，南京：江蘇人民出版社，2008年，第303頁。

〔註165〕〔清〕顧祖禹：《讀史方輿紀要·山西方輿紀要序》，賀次君、施和金點校，北京：中華書局，2005年，第1774頁。

〔註166〕《漢書·地理志》第1545頁載：「左馮翊，故秦内史，高帝元年屬塞國，二年更名河上郡，九年罷，復爲内史。武帝建元六年分爲左内史，太初元年更名左馮翊。」亦參見譚其驤主編《中國歷史地圖集》第二冊第5～6頁、15～16頁，中國地圖出版社1982年。

〔註167〕〔清〕顧祖禹：《讀史方輿紀要·山西六》，賀次君、施和金點校，北京：中華書局，2005年，第1774頁。

漢廷莫不緊張地備戰句注，平城險後未暇，「（夏侯嬰）復以太僕從擊胡騎句注北，大破之。」〔註168〕「（前158年）後六年冬，匈奴三萬人入上郡，三萬人入雲中。」（前注）文帝以「故楚相蘇意爲將軍，軍句注。」〔註169〕

4.2.3.2 攝制燕趙的基地

顧祖禹論及代北對於燕趙的戰略攝制作用曰：「（大同）府東連上谷，南達并、恒，西界黃河，北控沙漠，居邊隅之要害，爲京師之藩屏。」〔註170〕雖則顧祖禹論及代北是著眼於明代定都北京的地緣格局的，但是論對於漢代攝製燕趙的地緣意義亦可謂不移之論。早在楚漢相爭之時，酈食其就建言劉邦：「願足下急復進兵，收取榮陽，據敖倉之粟，塞成皋之險，杜大行之道，距蜚狐之口，守白馬之津，以示諸侯效實形制之勢，則天下知所歸矣。」〔註171〕代北的飛狐口對於攝制東方的意味已經很明晰。饒勝文謂之：「兩漢時期，飛狐口已成爲山西、河北之間的一條重要通道，兩漢都曾遣將屯兵，治飛狐道，以防匈奴對河北的滲透。」〔註172〕前158年匈奴大舉進犯之時，「漢使三將軍軍屯北地，代屯勾注，趙屯飛狐口，緣邊亦各堅守以備胡寇。」〔註173〕可見代北的戰略意味不僅在於經由勾注塞南下直接威脅到關中的安全，更有對於匈奴勢力經由飛狐口滲透燕趙的焦慮在其中。而事實上，有力地控制了代北地區，對於控馭東方燕趙形勢是具有舉足輕重的戰略意義的。「燕王臧荼反，高祖往擊之。蒼以代相從攻臧荼有功，以六年中封爲北平侯，食邑千二百戶。」〔註174〕蒼本爲備北寇而命爲代相，當燕地亂時，亦自代勘亂，其攝製燕地的功能顯然。前有所論，陳豨反時，盧綰自燕地擊其東，反之，劉邦使樊噲擊燕，代亦當是其重要的基地。

4.2.3.3 出擊匈奴的前哨

河南地收復之前，漢廷尚未經略河西，而燕地迂遠，不當匈奴之主力，是以漢軍出擊匈奴的最重要的基地皆在代北。「前129年：春，⋯⋯匈奴入上

〔註168〕《史記·樊酈滕灌列傳》，北京：中華書局，1959年，第2666頁。
〔註169〕《史記·孝文本紀》，北京：中華書局，1959年，第432頁。
〔註170〕〔清〕顧祖禹：《讀史方輿紀要·山西六》，賀次君、施和金點校，北京：中華書局，2005年，第1992頁。
〔註171〕《史記·酈生列傳》，北京：中華書局，1959年，第2694頁。
〔註172〕饒勝文：《布局天下》，北京：解放軍出版社，2006年，第146頁。
〔註173〕《史記·匈奴列傳》，北京：中華書局，1959年，第2904頁。
〔註174〕《史記·張丞相列傳》，北京：中華書局，1959年，第2675頁。

谷，殺略吏民。遣車騎將軍衛青出上谷，騎將軍公孫敖出代，輕車將軍公孫賀出雲中，驍騎將軍李廣出雁門。」（前注）「前 128 年：秋，匈奴入遼西，殺太守；入漁陽、雁門，敗都尉，殺略三千餘人。遣將軍衛青出雁門，將軍李息出代，獲首虜數千級。」（前注）「前 127 年：春正月，……匈奴入上谷、漁陽，殺略吏民千餘人。遣將軍衛青、李息出雲中，至高闕，遂西至符離，獲首虜數千級。收河南地，置朔方、五原郡。」（前注）這三次大的軍事活動，除了代北諸郡作爲基地以外，相關的上谷、漁陽亦是毗鄰代北的地區。這種情況隨著漢廷經略河西、西域，東取朝鮮而「斷匈奴之左臂」的軍事活動次第展開，逐漸有一個西移的趨勢，這種西移的趨勢在《史記・匈奴列傳》裏有明確的記載：「烏維單于立十歲而死，子烏師廬立爲單于。年少，號爲兒單于。是歲元封六年也。自此之後，單于益西北，左方兵直云中，右方直酒泉、敦煌郡。」〔註 175〕雖則如此，直至昭、宣之世，代北諸郡一直都是漢軍出擊匈奴的重要基地。

4.2.3.4 屏蔽匈奴與諸侯王聯繫的防火牆

如前所論，西漢時期諸侯王在與漢廷對抗中多引匈奴以爲奧援。代北的韓信、陳豨如此，甚至遠在淮南的淮南王劉長亦「令人使閩越、匈奴」，而七國之亂時毗鄰代地的趙國亦如此。七國之亂前，「趙王遂亦陰使匈奴與連兵。」種種情況所在而確實不能不爲漢廷所警醒。是以景帝三年盡收代國邊郡直屬漢廷，這種地緣舉措進而擴展到整個北疆，從而徹底斬斷了諸侯王同匈奴聯繫的可能性，在這種大勢之下，代北自然擔負著阻斷匈奴與諸侯王聯繫的防火牆的功能。

西漢王朝建立伊始，由於丟失了河南地而面對一個強大而統一的匈奴帝國，在西起遼東，東至河西的漫長邊境線上承受著巨大的地緣壓力。而在這個地緣格局之中，代北諸郡不僅關聯著關中的安危，更關係著關東尤其是燕趙地區的地緣形勢，是以代北地區爲西漢政區高度重視。河南地的收復成爲這一地區地緣格局變遷的關鍵，河南地收復後代北攝制燕趙的地緣功能猶存，屏蔽關中安全的地緣作用則漸漸降低，而作爲漢軍北擊匈奴的前出基地的功能又因之而上昇。如果說河南地得失成爲漢匈對抗的一個關鍵點，而代北諸郡地緣戰略價值的諸多體現則是失去河南地背景下的凸顯。此之謂河南地收復前漢初代北地區地緣意義之大概。

〔註 175〕《史記・匈奴列傳》，北京：中華書局，1959 年，第 2914 頁。

4.3 漢初分封的演化與關東地緣形勢的嬗變

4.3.1 漢初分封理念的變遷與關東地緣形勢的發展

漢初的分封演變本身即折射出關東地區地緣政治演進的歷史過程，通過地理的手段逐步解決不同歷史時期的王國問題成爲西漢政權地緣政治的一個顯著的特點，這一特點爲周振鶴先生所注意，他指出「以西漢一代爲例，最能說明政治過程對於政治區域與行政區劃的深刻影響。」〔註176〕關於漢初分封的演進對於地緣政治的影響，他指出：「諸侯王國封域被削奪，直接體現在地理空間的縮小，同時又間接反映在人口數量與兵源的減少，財力的削弱方面，與此同時，中央集權的數目與領域不斷增大，到西漢中期，中央集權勢力已經大大超過諸侯王國潛在的割據勢力。而且還有另一種地理上的變化：在漢初，十個諸侯王國封域連成一片的格局，到了景帝初年已成爲插花局面，亦即在諸侯王國之間已經插著許多漢郡，政治地理態勢發生了很大的變遷。」〔註177〕正是從這個角度考察，西漢的分封演變過程正是王國問題的地緣政治變遷過程。

4.3.1.1 從「共天下」到「非劉氏而王天下共擊之」

劉邦建漢前後所封的異姓諸王乃是項羽實行的軍功封王的繼續，這種局面也是秦漢之際實力不足以滅項的劉邦借力於諸侯爾後對其政治地位的一種承認，關於這種共王天下的格局其背後的政治哲學，諸侯共尊劉邦爲帝的一段對話足可見其奧妙：「正月，諸侯及將相相與共請尊漢王爲皇帝。漢王曰：『吾聞帝賢者有也，空言虛語，非所守也，吾不敢當帝位。』群臣皆曰：『大王起微細，誅暴逆，平定四海，有功者輒裂地而封爲王侯。大王不尊號，皆疑不信。臣等以死守之。』漢王三讓，不得已，曰：『諸君必以爲便，便國家。』」〔註178〕在這段君臣對話中，傳統的「德」的理念不復見到，群臣尊其爲帝的理由有二：其一乃是「誅暴逆，平定四海」；其二則是「有功者輒裂地而封爲王侯」。而且是「大王不尊號，皆疑不信」，也就是說劉邦之帝也是因「功」

〔註176〕周振鶴：「建構中國歷史政治地理學的設想」，《歷史地理》第十五輯，上海：上海人民出版社，1999年，第14頁。

〔註177〕周振鶴：「中國歷史上兩種基本政治地理格局的分析」，《歷史地理》第二十輯，上海：上海人民出版社，2004年，第15頁。

〔註178〕《史記·高祖本紀》，北京：中華書局，1959年，第379頁。

而獲，其稱帝乃是諸侯稱王的保證，由此構成了一個由「功」而自上而下一以貫之的帝——王——侯體系，這個體系本身也就是因功而分享權力「共天下」的模式，這就是大者帝、次者王、復次者侯的功勞等級。而「共天下」之說的由來正是當楚漢膠著之際張良獻分封策而來，體現爲劉邦借力於諸侯以倒項的現實，「五年冬十月，漢王追項羽至陽夏南，止軍，與齊王信、魏相國越期會擊楚。至固陵，不會。楚擊漢軍，大破之，漢王復入壁，深壍而守。謂張良曰：『諸侯不從，奈何？』良對曰：『楚兵且破，未有分地，其不至固宜。君王能與共天下，可立致也⋯⋯』」〔註179〕

　　正是有鑒於漢初的這種平民帝、王、侯的局面，班固大爲感慨：「昔《詩》、《書》述虞、夏之際，舜、禹受禪，積德累功，治於百姓，攝位行政，孝之於天，經數十年，然後在位。殷、周之王，乃繇卨、稷，修仁行義，歷十餘世，至於湯、武，然後放殺。秦起襄公，章文、繆、獻、孝、昭、嚴，稍蠶食六國，百有餘載，至始皇，乃併天下。以德若彼，用力如此其艱難也。」〔註180〕關於劉邦即帝位的場景《漢書》裏則有細微的變化：「於是諸侯上疏曰：『楚王韓信、韓王信、淮南王英布、梁王彭越、故衡山王吳芮、趙王張敖、燕王臧荼昧死再拜言，大王陛下：先時，秦爲亡道，天下誅之。大王先得秦王，定關中，於天下功最多。存亡定危，救敗繼絕，以安萬民，功盛德厚。又加惠於諸侯王有功者，使得立社稷。地分已定，而位號比儗，亡上下之分，大王功德之著，於後世不宣。昧死再拜上皇帝尊號。』漢王曰：『寡人聞帝者賢者有也，虛言亡實之名，非所取也。今諸侯王皆推高寡人，將何以處之哉？』諸侯王皆曰：『大王起於細微，滅亂秦，威動海內。又以辟陋之地，自漢中行威德，誅不義，立有功，平定海內，功臣皆受地食邑，非私之也。大王德施四海，諸侯王不足以道之，居帝位甚實宜，願大王以幸天下。』漢王曰：『諸侯王幸以爲便於天下之民，則可矣。』」〔註181〕在《漢書》裏雖然依然強調了劉邦「大王先得秦王，定關中，於天下功最多」，但是在「功」之外強調了「德」：「存亡定危，救敗繼絕，以安萬民，功盛德厚。」上帝號也是因爲「地分已定，而位號比儗，亡上下之分，大王功德之著，於後世不宣」之故；此外，與德相對應的是強調了對「民」的責任與義務，「功盛德厚」是因爲「安萬民」之故，而劉邦對諸侯的答覆也不再是「便國家」而是變成了「便天下之民」。

〔註179〕《漢書·高帝紀下》，北京：中華書局，1962年，第49頁。
〔註180〕《漢書·異姓諸侯王表》，北京：中華書局，1962年，第363頁。
〔註181〕《漢書·高帝紀下》，北京：中華書局，1962年，第52頁。

班固乃東漢人，斯時漢代社會已經經歷了一個儒家化的過程，在班固的筆下政治哲學有一個回歸傳統的「敬天愛民」之「德」的趨勢。德的古老內涵在《尚書》裏多處論及：「德惟善政，政在養民。……正德、利用、厚生惟和。」〔註182〕禹對於德的內涵作了明確的闡釋，德在於善政，善政即爲養民，正己之德、盡物之用、寬厚民生的根本則在於造就和諧的政治環境。「皇祖有訓，民可近，不可下，民惟邦本，本固邦寧。」〔註183〕民乃是國家的根本，民安則國安。「惟天地萬物父母，惟人萬物之靈。亶聰明，作元后，元后作民父母。」〔註184〕「天子作民父母，以爲天下王。」〔註185〕「天矜於民，民之所欲，天必從之。」〔註186〕在天、王、民三者關係中，天乃萬物之父母，人民乃是萬物之靈，王代表天爲民之父母，必須敬天，而敬天則在於愛民，愛民則必從民之所欲。從司馬遷到班固正好體現了漢初布衣帝王侯將相的功利哲學到儒家化之後向德回歸的歷程。

關於漢初的異姓諸侯王的格局，李開元指出：「項羽所主盟的列國眾王期之十九王國已變爲九國，其中，除燕國外，皆爲漢所分封。此時之天下大局，彷彿又回到了陳涉所主盟的復國建王的時代，除敵國楚被分爲楚河淮南、衡山三國外，戰國七國之格局又大體恢復。」〔註187〕在這種格局下，劉邦的皇權並非一種行於四海的絕對皇權，「而是一種新型的相對性的有限皇權。」〔註188〕這種局面是劉邦所不希望長期存在的，是以當其即帝位之後即著手解決東方潛在的地緣威脅。首先即是徙封處於東向地軸之上的韓信於楚，進而執韓信回關中，從而消除其最大的隱患；對於當關中門戶的韓信則徙之於代北；對於橫亙於齊秦之間的梁國王彭越亦先執而後殺之；張敖之

〔註182〕李學勤主編：《十三經注疏‧尚書正義》，北京：北京大學出版社，1999年，第88頁。

〔註183〕李學勤主編：《十三經注疏‧尚書正義》，北京：北京大學出版社，1999年，第177頁。

〔註184〕李學勤主編：《十三經注疏‧尚書正義》，北京：北京大學出版社，1999年，第271頁。

〔註185〕李學勤主編：《十三經注疏‧尚書正義》，北京：北京大學出版社，1999年，第312頁。

〔註186〕李學勤主編：《十三經注疏‧尚書正義》，北京：北京大學出版社，1999年，第274頁。

〔註187〕李開元：《漢帝國的建立與劉邦集團：軍功受益階層研究》，北京：三聯書店，2000年，第87頁。

〔註188〕李開元：《漢帝國的建立與劉邦集團：軍功受益階層研究》，北京：三聯書店，2000年，第143頁。

趙國則借貫高事件而貶之爲侯；淮南之英布與燕國之臧荼、盧綰亦先後破滅，
到高祖十二年，「漢興之初，海內新定，同姓寡少，懲戒亡秦孤立之敗，於是
剖裂疆土，立二等之爵。功臣侯者百有餘邑，尊王子弟，大啓九國。自雁門
以東，盡遼陽，爲燕、代。常山以南，太行左轉，度河、濟，漸於海，爲齊、
趙。谷、泗以往，奄有龜、蒙，爲梁、楚。東帶江、湖，薄會稽，爲荊、吳。
北界淮瀕，略廬、衡，爲淮南。波漢之陽，互九嶷，爲長沙。諸侯比境，周
匝三垂，外接胡、越。天子自有三河、東郡、潁川、南陽，自江陵以西至巴、
蜀，北自云中至隴西，與京師內史凡十五郡，公主、列侯頗邑其中。」〔註189〕
高祖末年在解決了異姓諸王的問題的同時確立起一個原則，這就是所謂的白
馬之盟，關於白馬之盟《呂太后本紀》與《絳侯周勃世家》皆有記載，然後
者所載較爲全面：亞夫謂景帝曰：「高皇帝約『非劉氏不得王，非有功不得侯。
不如約，天下共擊之』。」〔註190〕這個約定包含兩個方面的內容：首先是確定
了劉氏方能稱王的血緣法則；其二則是將因功受封的層級限定於侯一級，而
且限定了侯必獲其功的原則。這條約定雖則內容簡單，但是意蘊卻很深遠，
它不但確定了劉氏政權以血緣的方式實行地緣擴張滲透的法理原則，而且它
還限制了因功獲封的層級。一則確保了劉氏家天下的大原則，而是有限度地
肯定了軍功階層的既得利益，同時在法理上切斷了軍功階層得侯望王實現其
政治野心的可能。而這種可能不是沒有迹象的，李開元敏銳地注意到從「共
天下」走向「非劉氏而王天下共擊之」過程中一個重要的環節，那就是盧綰
受封是以「因親封王」對「因功封王」原則的顛覆。李開元說：「在劉邦集團
中，盧綰之軍功，不但完全無法與韓信彭越相提並論，就是與韓信『羞與爲
伍』的樊噲，以及曹參、周勃、酈商等相比，也差別甚大。因此之故，封盧
綰爲王的事，有違於論功行賞的原則，當然招致了功臣們的不滿。劉邦最終
以個人意願曲撓功臣，得以分封盧綰爲燕王，其王國分封制度雖然沒有變化，
漢之王國封建原則卻有了微妙的變化，開始了由因功封王向因親封王的轉
變。」〔註191〕而這正是走向全面實行因血緣封王重要的一步。劉邦在解決掉
異姓諸王之後沒有立即實行全面的郡縣制歷來爲學者所非，但是對於劉邦而
言，軍功階層是其統治的基礎，必須確保其既得利益方能穩定漢政權的統治，

〔註189〕《漢書·諸侯王表》，北京：中華書局，1962 年，第 393～394 頁。
〔註190〕《史記·絳侯周勃世家》，北京：中華書局，1959 年，第 2077 頁。
〔註191〕李開元：《漢帝國的建立與劉邦集團：軍功受益階層研究》，北京：三聯書店，
　　　　 2000 年，第 110～111 頁。

但是如果不限制因功受封的範圍，勢必在軍功階層中又重新出現新的韓信、彭越，是以劉邦對軍功階層本身是心存忌憚的。正是如此，白馬之盟可謂是一柄雙刃劍，一則對於關中的漢中央政權而言，大關中的有利形勢與軍事優勢可以對關東的諸侯國形成威懾，「非功不侯」依然可以有效激勵對無論來自內外的一切敢於挑戰中央政權的勢力的鎮壓和打擊；而另一方面，「非劉氏而王天下共擊之」的原則及關東遍王的格局則有效地威懾著關中的軍功勢力，這樣雙方彼此鉗制。劉邦身前所能做的只能如此而已，王國問題的徹底解決則留待後人。

4.3.1.2「磐石之宗」與同姓諸王

劉邦一手擘畫的關東地緣格局中，除了吳芮的長沙國以外盡皆劉氏諸王，周振鶴先生考證高祖末年同姓諸王的封域情形如下〔註192〕：

國 名	王 名	王 都	封　　域	始封年月
楚	劉交	彭城	彭城、東海、薛郡	漢高帝六年正月
齊	劉肥	臨淄	臨淄、膠東、膠西、濟北、博陽、城陽、琅琊	六年正月
趙	劉如意	邯鄲	邯鄲、常山、中山、鉅鹿、河間、清河	九年正月
代	劉恒	晉陽	太原、雁門、代郡、定襄	十一年正月
梁	劉恢	定陶	碭郡、東郡	十一年三月
淮陽	劉友	陳縣	陳郡、汝南、潁川	十一年三月
淮南	劉長	壽春	九江、衡山、廬江、豫章	十一年七月
吳	劉濞	廣陵	東陽、吳郡、鄣郡	六年正月荊國，十二年十月更封
燕	劉建	薊縣	廣陽、上谷、漁陽、右北平、遼西、遼東	十二年二月

在所封諸國中，位於舊地軸之上的唯有劉恒之代國，經由韓信、陳豨之亂後，劉邦「頗取山南太原之地益屬代」〔註193〕以固其形勢；東向地軸之齊王劉肥則據有七十餘城，劉恢之梁國則當出入關中的門戶，當南郡而近關中的又有劉友之淮陽國；東南則有劉濞之吳國與劉長之淮南國；劉建之燕國則盡有燕地六郡之地。正是這種形勢之下，呂氏之亂關中諸呂皆懾於形勢而未至不可收拾，而軍功階層亦不敢自專事權，是以太史公謂之：「而藩國大者誇

〔註192〕周振鶴：《西漢政區地理》，北京：人民出版社，1987年，第10頁。
〔註193〕《漢書·高帝紀下》，北京：中華書局，1962年，第70頁。

州兼郡，連城數十，宮室百官同制京師，可謂矯枉過其正矣。雖然，高祖創業，日不暇給，孝惠享國又淺，高后女主攝位，而海內晏加，亡狂狡之憂，卒折諸呂之難，成太宗之業者，亦賴之於諸侯也。」〔註194〕呂氏亂後，代王劉恒逡巡莫敢入，中尉宋昌分析天下形勢而謂之曰：「群臣之議皆非也。夫秦失其政，豪傑並起，人人自以為得之者以萬數，然卒踐天子位者，劉氏也，天下絕望，一矣。高帝王子弟，地犬牙相制，所謂磐石之宗也，天下服其強，二矣。漢興，除秦煩苛，約法令，施德惠，人人自安，難動搖，三矣。夫以呂太后之嚴，立諸呂為三王，擅權專制，然而太尉以一節入北軍，一呼士皆祖左，為劉氏，畔諸呂，卒以滅之。此乃天授，非人力也。今大臣雖欲為變，百姓弗為使，其黨寧能專一邪？內有朱虛、東牟之親，外畏吳、楚、淮南、琅邪、齊、代之強。方今高帝子獨淮南王與大王，大王又長，賢聖仁孝聞於天下，故大臣因天下之心而欲迎立大王，大王勿疑也。」〔註195〕在宋昌的分析中，除了漢興以來實行與民休息的政策深入人心之外，「高帝王子弟，地犬牙相制，所謂磐石之宗也，天下服其強」乃是根本原因，所以宋昌謂之「今大臣雖欲為變，百姓弗為使，其黨寧能專一邪？內有朱虛、東牟之親，外畏吳、楚、淮南、琅邪、齊、代之強。」這種犬牙交錯而劉氏王國遍佈關東的局面乃是文帝順利繼承帝位的重要原因。

4.3.1.3 異姓王假外戚而短暫復蘇

惠帝沒後，呂后臨朝稱制，斯時懾於功臣勢力強大，遂立后族子弟為王以壯其勢。《漢書・外戚傳》載其事曰：「太后發喪，哭而泣不下。留侯子張辟彊為侍中，年十五，謂丞相陳平曰：『太后獨有帝，今哭而不悲，君知其解未？』陳平曰：『何解？』辟彊曰：『帝無壯子，太后畏君等。今請拜呂台、呂產為將，將兵居南北軍，及諸呂皆官，居中用事。如此則太后心安，君等幸脫禍矣！』丞相如辟彊計請之，太后說，其哭乃哀。呂氏權由此起。乃立孝惠後宮子為帝，太后臨朝稱制。復殺高祖子趙幽王友、共王恢及燕王建子。遂立周呂侯子台為呂王，台弟產為梁王，建城侯釋之子祿為趙王，台子通為燕王，又封諸呂凡六人皆為列侯，追尊父呂公為呂宣王，兄周呂侯為悼武王。」〔註196〕呂后稱制乃是非常狀態，其雖乃劉邦之后，然女主臨朝稱制終究於秦

〔註194〕《漢書・諸侯王表》，北京：中華書局，1962 年，第 394 頁。
〔註195〕《漢書・文帝紀》，北京：中華書局，1962 年，第 106 頁。
〔註196〕《漢書・外戚傳上》，北京：中華書局，1962 年，第 3938～3939 頁。

建帝制以來所沒有的先例，其於功臣階層、關東劉氏諸王而言均存忌憚而深感下層基礎不穩固，呂后大封呂氏子弟即是這種情勢下建立自己專政的政治基礎的一種表現。但是呂后並沒有全面廢除劉邦所訂立的分封劉氏諸王的分封政策，而在呂后期間分封的劉氏諸王也達七位之多。李開元指出：「很清楚，呂后稱制當政期間，在繼續分封劉氏皇族為王的同時，也開始分割齊、楚、趙國以分封呂氏親戚為王。然而，呂后期間，漢之王國制度，漢和諸侯王國間的領土和相互關係等，並無變化。有所變化者，只是呂后在王國分封上，將血緣封王的原則，由皇室劉氏擴大到皇后家之呂氏。」〔註 197〕李開元考證呂后期之王國及王表〔註 198〕如下：

國　名	王　名	階　層	身　份	始	終
楚　楚	元王劉交	皇族	劉邦弟	高六	文元死
魯	張晏	后族	趙王張敖子	呂六	文元廢為侯
吳	劉濞	皇族	劉邦兄子	高十一年	景三殺
淮南	厲王劉長	皇族	劉邦子	高十一年	文六遷死
長沙	哀王吳回	王族	吳臣子吳回子	惠二	呂元死
	共王吳若	王族	吳臣子吳回子	呂二　繼	文元死
齊　齊	哀王劉襄	皇族	劉肥子	惠七	文元死
琅邪	劉澤	皇族	劉氏疏屬	呂七	文元徙為燕王
呂	肅王呂台	后族	呂后兄子	呂元	呂二死
	呂嘉	后族	呂台子	呂三	呂六廢
	呂產	后族	呂台弟	呂六	呂七徙為梁王
	劉太	皇族	惠帝子	呂七	呂七更名濟川
	呂產	后族	呂台弟	呂七由梁更名	呂八殺
（濟川）	劉太	皇族	惠帝子	呂七由呂更名	呂八殺
趙　趙	幽王劉友	皇族	劉邦子	惠元由淮陽王徙	呂七自殺
	共王劉恢	皇族	劉邦子	呂七由梁王徙	呂七自殺
	呂祿	后族	呂台兄子	呂七	呂八殺
常山	哀王不疑	皇族	惠帝子	呂元	呂二殺

〔註 197〕李開元：《漢帝國的建立與劉邦集團：軍功受益階層研究》，北京：三聯書店，2000 年，第 94 頁。

〔註 198〕李開元：《漢帝國的建立與劉邦集團：軍功受益階層研究》，北京：三聯書店，2000 年，第 93 頁。

		劉義	皇族	惠帝子	呂二	呂四爲帝
		劉朝	皇族	惠帝子	呂四	呂八殺
	代	劉恒	皇族	劉邦子	高十一	呂八爲帝
燕	燕	靈王劉建	皇族	劉邦子	高十二	呂七死無繼
		呂通	后族	呂台子	呂八	呂八殺
韓	淮陽	懷王劉強	皇族	惠帝子	呂元	呂五死無繼
		劉武	皇族	惠帝子	呂六	呂八殺
魏	梁	劉恢	皇族	劉邦子	高十一	呂七徙爲趙王
		呂產	后族	呂台弟	呂七	呂七更梁爲呂
		劉太	皇族	惠帝子	呂八由濟川徙	呂八殺

　　通過對上述表格的考察我們發現，呂后所封的七位劉氏皇族有六位乃是惠帝之子（後宮子），而另一位劉氏疏屬劉澤乃是呂后用以平衡功臣不平的一顆棋子﹝註 199﹞；而封爲魯王的張偃本是呂后之外孫，而張偃本是張敖之後，張敖因貫高事件而被劉邦奪侯，雖背離了後來劉邦所確立的白馬之盟，然復其爲王也有其淵源所在。至於呂后所封的諸呂四國十三王都是高祖時候的功臣侯之後，「（呂后）兄二人皆爲列將，從征伐。長兄澤爲周呂侯，次兄釋之爲建成侯，逮高祖而侯者三人。」﹝註 200﹞所不同的是他們兼具有功臣侯與外戚的雙重身份，而呂后稱制雖則是非常之事，然亦乃一國之主，是以其分封諸呂亦去白馬之盟的意味未遠，因其本身不違背「非功不侯」的原則，因呂后稱制雖非經制，然至少在臨時意味上同與劉氏稱帝，劉氏專有帝位乃是「非劉氏不王」的邏輯起點，呂后因之而拔擢作爲軍功侯的呂氏後人爲王，從理論上尚有說得過去的地方。更爲有意味的是呂后期間同劉氏皇族之間的聯姻進一步擴大，朱虛侯劉章、趙幽王劉友、趙共王劉恢、琅邪王劉澤皆尚諸呂女，后族與皇族的聯姻是后族勢力向劉氏皇族的伸展，當然這種努力效果並不明顯，朱虛侯後來成了誅殺諸呂的急先鋒，琅邪王劉澤也汲汲於倒呂的活

﹝註 199﹞「太后朝，因問大臣。大臣請立呂產爲呂王。太后賜張卿千斤金，張卿以其半與田生。田生弗受，因說之曰：『呂產王也，諸大臣未大服。今營陵侯澤，諸劉，爲大將軍，獨此尚觖望。今卿言太后，列十餘縣王之，彼得王，喜去，諸呂王益固矣。』張卿入言，太后然之。乃以營陵侯劉澤爲琅邪王。」《史記·荊燕世家》，北京：中華書局，1959 年，第 1996 頁。而《史記·呂太后本紀》載曰：「太后女弟呂嬃有女爲營陵侯劉澤妻，澤爲大將軍。太后王諸呂，恐即崩後劉將軍爲害，乃以劉澤爲琅邪王，以慰其心。」北京：中華書局，1959 年，第 404 頁。

﹝註 200﹞《漢書·外戚傳上》，北京：中華書局，1962 年，第 3937 頁。

動，趙幽王劉友對於這樁政治婚姻並不領情而另有新歡，最後被幽禁而死，趙共王劉恢因不滿呂氏女驕滋而自殺。淮南厲王「早失母，常附呂后，孝惠、呂后時以故得幸無患」〔註201〕；在軍功階層中樊噲一開始即因爲尙呂后女弟呂須而地位特殊，「孝惠六年，噲薨，諡曰武侯，子伉嗣。而伉母呂須亦爲臨光侯，高后時用事顓權，大臣盡畏之。」〔註202〕對於其他的軍功階層，呂后也大加籠絡，「二年春，詔曰：『高皇帝匡飭天下，諸有功者皆受分弟爲列侯，萬民大安，莫不受休德。朕思念至於久遠而功名不著，亡以尊大誼，施後世。今欲差次列侯功以定朝位，臧於高廟，世世勿絕，嗣子各襲其功位。其與列侯議定奏之。』丞相臣平言：『謹與絳侯臣勃、曲周侯臣商、潁陰侯臣嬰、安國侯臣陵等議：列侯幸得賜餐錢奉邑，陛下加惠，以功次定朝位，臣請臧高廟。』奏可。」〔註203〕總體言之，呂后稱制時期的分封雖然繼續堅持了皇族分封的制度，但是也因現實政治的需要而將這一制度作了修正而擴大爲后族封王，同時又通過與皇族劉氏諸王的聯姻以實現后族勢力向皇族的伸展，同時以申明保障軍功群臣的列侯地位「世世勿絕」以相籠絡，從而以圖達到鞏固擴大其統治基礎的目的。從這種角度看，呂后階段的西漢政權乃是后族、皇族、軍功階層聯合專政的一個特殊時期，而呂后本人則是這個政治聯合體最重要的紐帶，而當呂后去世後，其苦心經營的聯姻紐帶則很快隨之而土崩瓦解。

具體從地緣的角度觀察，擁有七十餘城而獨擅東向地軸的齊國自然成爲呂后眼中的目標，早在孝惠帝二年之時，呂后即借劉肥失君臣之禮而欲殺之，「於是齊王獻城陽郡以尊公主爲王太后。呂太后喜而許之。乃置酒齊邸，樂飲，遣王歸國。」〔註204〕呂后稱制後繼續在這一東向地軸上做文章，「元年，以其兄子酈侯呂台爲呂王，割齊之濟南郡爲呂王奉邑。明年，哀王弟章入宿衛於漢，高后封爲朱虛侯，以呂祿女妻之。後四年，封章弟興居爲東牟侯，皆宿衛長安。高后七年，割齊琅邪郡，立營陵侯劉澤爲琅邪王。」〔註205〕對於齊國呂后實行肢解與拉攏並用的手法，以消解東疆獨大的齊國的地緣力量同時又力圖將其納入到可控制的範圍之中。除此之外，還析分楚之薛郡封張

〔註201〕《漢書·淮南衡山列傳》，北京：中華書局，1962 年，第 2136 頁。
〔註202〕《漢書·樊酈滕灌傳靳周傳》，北京：中華書局，1962 年，第 2073 頁。
〔註203〕《漢書·高后紀》，北京：中華書局，1962 年，第 96 頁。
〔註204〕《漢書·高五王傳》，北京：中華書局，1962 年，第 1988 頁。
〔註205〕《漢書·高五王傳》，北京：中華書局，1962 年，第 1991 頁。

晏爲魯王，這樣，在呂后的謀劃中，尙呂氏之女的琅琊王劉澤與呂台的呂國加上地近齊國的魯國足可夾峙齊國而對其構成必要的威懾，而與此同時魯國與琅琊國同時可以起到控馭南方劉氏諸國的戰略效果。茲後，呂國成爲呂氏勢力在東向地軸上的重要據點，呂台身後，歷呂嘉、呂產、惠帝子劉太而牢牢將其控制在手中。自關中貫通東向地軸的紐帶則爲梁國，「十六年，趙幽王死，呂后徙恢王趙」〔註206〕，而封呂產爲梁王，呂后八年又以劉太繼之，亦是有力控制了這一關東戰略樞紐地帶。淮陽地當河南，是進入關中的戰略要衝，呂后元年，「立孝惠後宮子強爲淮陽王」〔註207〕，至此，整個東向地軸皆在呂氏勢力的控制之下。除此之外，呂氏的勢力主要在北方伸展，一則是趙地，劉友、劉恢在呂后聯姻政策失利之後次第而亡，呂后七年，以呂祿爲趙王，常山國則通過劉不疑、劉義、劉朝等惠帝子爲王而將整個趙地控制在手。燕靈王十五年（前181年），「十五年薨，有美人子，太后使人殺之，絕後。」〔註208〕呂后八年（前180年）封呂通於燕地，燕趙二地在握，關東河北即爲呂氏所控制。如前所謂，隨著呂后的去世，其在關東苦心經營的地緣網絡隨之而渙散，西漢的分封制又開始了一個回歸到「劉氏而王」的局面。

4.3.1.4 以親制疏與析分王國

　　高祖所開創的「非劉氏不得爲王」的模式對於漢初拱衛中央確實發揮了重要的作用，但是這種制度當文帝之時即已然顯現出其弊端來，關東諸王封域遼闊、經濟實力強大而人口眾多，對於漢中央政權而言終究是一個隱患，馬端臨曾謂之：「今日之疏本前日之親，今日之親又他日之疏也。不以德義相維，而專以親戚相制，豈得爲萬世良策乎？親以寵逼則又如之何？高皇帝立諸子一傳文帝，而高帝諸子已足爲文帝憂，帝又專以大城名都畀子孫，將不復爲後人憂乎？」〔註209〕文帝以外藩入主而根基未穩，是以文帝初年爲了穩定關東劉氏諸王而鞏固政權，重新確立了「非劉氏不王」的原則，並還原呂后之前的諸侯國封地。文帝元年，呂后所立的呂、魯、琅琊、常山四國皆被廢除，呂后析出的土地皆退還齊、楚、趙國，「十二月，

〔註206〕《漢書·高五王傳》，北京：中華書局，1962年，第1990頁。

〔註207〕《漢書·高后紀》，北京：中華書局，1962年，第96頁。

〔註208〕《漢書·高五王傳》，北京：中華書局，1962年，第1991頁。

〔註209〕〔元〕馬端臨：《文獻通考·封建六》，北京：中華書局，1986年，卷265，第2101頁。

立趙幽王子遂爲趙王，徙琅邪王澤爲燕王。呂氏所奪齊、楚地皆歸之。」
〔註210〕淮陽國與梁國因絕嗣而收爲漢郡，代國仍由文帝自領，此時，大體
恢復到高帝、惠帝時期的封域狀況。文帝二年開始對於諸王的封地作了一
些細微的調整，「三月，有司請立皇子爲諸侯王。詔曰：『前趙幽王幽死，
朕甚憐之，已立其太子遂爲趙王。遂弟辟彊及齊悼惠王子朱虛侯章、東牟
侯興居有功，可王。』乃立辟彊爲河間王，章爲城陽王，興居爲濟北王。
因立皇子武爲代王，參爲太原王，揖爲梁王。」〔註211〕這次分封是由分封
皇子而起，文帝將自領的代國一分爲二，分王皇子劉武和劉參爲代王和太
原王，而對於諸呂之亂中齊國一系的劉章和劉興居則從齊國析出城陽和濟
北分王之，從趙國析出河間以王劉闢彊，恢復梁國以王皇子劉揖。總體變
化並不太大，恢復梁國以王皇子是爲了加強齊國與關中之間的衝要之地的
形勢，而從齊國析出兩郡分王劉章和劉興居則是爲了抑制在諸呂之亂中對
於帝位躍躍欲試的強有力的競爭者齊國。如前所論，這種分封招致了濟北
王的不滿，並引發了劉興居的叛亂，文帝在壓服濟北王的叛亂後趁機將濟
北國收爲漢郡。文帝即位伊始而處事低調，甚至在立太子之事上還謹愼地
作出姿態，故而代國一分爲二並王其兩子實則出於初登帝位而採取的韜晦
之策，而代國之擴大乃是高祖劉邦基於其當北邊的地緣形勢而作出的決
定，是以文帝四年重新將太原國與代國合併爲代國，劉參仍王代國。這種
考慮如前所論不僅是因爲其近匈奴之故，更可以以之控馭燕趙。同時文帝
開始考慮加強拱衛關中的力量，而將劉武徙爲淮陽王。文帝十二年梁王劉
揖墜馬而亡，乃徙封劉武爲梁王，而進一步厚其形勢，後有詳論，不贅述。
這就是文帝的以親制疏以處置關東形勢的地緣策略，這種策略其實在呂后
時期即已然開始，所不同的是當時其利用呂氏子弟與惠帝子來實現對關東
的地緣控制的。

而析分王國在呂后時期業已實行，前有所論，文帝前期設立濟北、城陽、
河間諸國已然開始了析分王國的策略。分封雖則能以血緣爲紐帶維繫劉氏爲
王的局面而在一定時期起到拱衛漢廷的作用，但是隨著時間的流逝，先封的
諸王與後繼的帝王之間的血緣紐帶日漸淡漠，而初封之國本著控馭關東的目
的皆封域遼闊，這樣一方面是血緣紐帶漸漸鬆弛，一方面卻是隨著戰後經濟

〔註210〕《漢書・文帝紀》，北京：中華書局，1962 年，第頁 110。
〔註211〕《漢書・文帝紀》，北京：中華書局，1962 年，第 117 頁。

的復蘇而王國勢力日大，勢必嚴重地威脅到中央政權的安全。對於這種局面，賈誼大聲疾呼：「天下之勢方病大瘇。一脛之大幾如要，一指之大幾如股，平居不可屈信，一二指搐，身慮亡聊。失今不治，必爲錮疾，後雖有扁鵲，不能爲已。病非徒瘇也，又苦跖戾。元王之子，帝之從弟也；今之王者，從弟之子也。惠王，親兄子也；今之王者，兄子之子也。親者或亡分地以安天下，疏者或制大權以偪天子，臣故曰非徒病瘇也，又苦跖戾。可痛哭者，此病是也。」〔註212〕是以到了文帝晚期賈誼洞見當時關東諸王隱然爲患的嚴重局面，力諫文帝屬行析分王國的策略，這就是所謂的「眾建諸侯而少其力」，文帝接受了賈誼的建議而將齊國析分爲齊、淄川、濟南、濟北、膠東、膠西六國，將淮南國分爲淮南、衡山、廬江三國。雖然如此，如同李開元所說：「就整個文帝期間而言，不管漢朝如何苦心調整，也不管王國數量如何增減，漢朝和諸侯王國的領土都相對穩定不變，各諸侯王之王系也基本穩定不變，同時，漢和諸侯王國之間的關係、漢之諸侯王國制度，也是穩定不變的。」〔註213〕但是儘管如此，文帝在不動刀兵的情況下已然做到了最大可能地有利於漢廷的疆域措置，這種地緣安排爲日後景帝進一步解決王國問題打下了基礎。總體說來文帝時期的析分王國大都在仁德的外衣之下利用諸侯王去世或獲罪等機會不動聲色的進行的，對此點岳慶平先生指出：「文帝的統治權術至爲高明，其許多加強中央集權的措施往往是在寬厚、仁慈的名義下實行。」〔註214〕在原則上並未違背高祖所訂立的「非劉氏而王」原則，故而在政治上並未產生大的震蕩。

景帝初年繼續貫徹和親政策，其時漢匈關係相對和緩，在晁錯的建議下開始加大解決王國問題的力度。在著手於對削奪王國支郡之前，景帝本著「以親制疏」的原則先以分封皇子爲契機對關東的政治地圖作了一次新的調整。景帝二年，「春三月，立皇子德爲河間王，閼爲臨江王，餘爲淮陽王，非爲汝南王，彭祖爲廣川王，發爲長沙王。」〔註215〕這次分封的基礎是以文帝七年長沙王吳著死而無後與文帝十五年河間王劉福死而無後除國之長沙國、河間國，而汝南國則析分自故淮陽國（文帝十二年廢，劉武徙

〔註212〕《漢書‧賈誼傳》，北京：中華書局，1962年，第2239頁。
〔註213〕李開元：《漢帝國的建立與劉邦集團：軍功受益階層研究》，北京：三聯書店，2000年，第99～100頁。
〔註214〕岳慶平：「西漢削藩的兩個問題」，載於《山西大學學報》1981年第1期第59頁。
〔註215〕《漢書‧景帝紀》，北京：中華書局，1962年，第141頁。

為梁王），廣川國析分自河間國，唯有臨江國析自南郡〔註 216〕，這次分封除了堅持了「以親制疏」的原則之外，在封域上對諸侯王並無侵奪，所以並沒有出現震盪。然而，有學者注意到景帝時期一個特殊的難題，那就是皇子達到十四人之多，除去太子之外，已封的六人，尚有七人未封，張福運說：「按先帝之法諸侯王平均領三郡計，中央至少要拿出二十一郡才能將景帝其餘七子分封到位。而當時中央直接控制者僅十五郡，且這十五郡既是中央政府的主要財政來源，也包括皇后、公主的封邑，故不能隨意予人。當景帝面臨不冊封無以安內，要封土又無機動指標的兩難選擇時，自然要在先帝冊封的諸侯王國上打主意。」〔註 217〕這個說法放在現實情形來看雖不無道理，但是純然這麼看則是有問題的，似乎將景帝時期解決王國問題簡單化為為解決皇子封地而行的權宜之計，準確的說景帝皇子眾多而不得封確實是加大解決王國問題的一個誘因。而在具體路徑上「以親制疏」依然是景帝初期所堅持的一個原則，但是析分王國則變為借機削奪王國，景帝三年，「及景帝即位，錯為御史大夫，說上曰：『昔高帝初定天下，昆弟少，諸子弱，大封同姓，故孽子悼惠王王齊七十二城，庶弟元王王楚四十城，兄子王吳五十餘城。封三庶孽，分天下半。今吳王前有太子之隙，詐稱病不朝，於古法當誅。文帝不忍，因賜几杖，德至厚也。不改過自新，乃益驕恣，公即山鑄錢，煮海為鹽，誘天下亡人謀作亂逆。今削之亦反，不削亦反。削之，其反亟，禍小；不削之，其反遲，禍大。』三年冬，楚王來朝，錯因言楚王戊往年為薄太后服，私姦服舍，請誅之。詔赦，削東海郡。及前二年，趙王有罪，削其常山郡。膠西王卬以賣爵事有姦，削其六縣。」〔註 218〕這裡尤其值得注意的是對趙國常山郡的削奪，北向地軸的重要關隘常山關與井陘關皆在其境內，七國之亂中趙國所以沒有太大的作為不能說與此無關。下一個目標即是實力強大的吳國，然則景帝這次實行的是直接的削奪支郡的政策，諸侯人人自危，此舉如同激水過山，反叛在所難免：「諸侯既新削罰，震恐，多怨錯。及削吳會稽、豫章郡書至，則吳

〔註 216〕參見：李開元：《漢帝國的建立與劉邦集團：軍功收益階層研究》95～102 頁，北京：三聯書店，2000 年。周振鶴：《西漢政區地理》淮陽國、長沙國、趙國諸條，北京：人民出版社，1987 年，第 41 頁、第 76 頁、第 119 頁。
〔註 217〕張福運：「西漢吳、楚七國之亂原因辨析」，《人文雜誌》，2003 年第 5 期，第 122 頁。
〔註 218〕《漢書・荊燕吳傳》，北京：中華書局，1962 年，第 1906 頁。

王先起兵，誅漢吏二千石以下。膠西、膠東、菑川、濟南、楚、趙亦皆反，發兵西。」〔註219〕鎮壓了七國之亂後，景帝開始了大規模的封域調整，首先是對東向地軸之齊地作了調整，七國之亂後，「齊孝王懼，飲藥自殺。而膠東、膠西、濟南、菑川王皆伏誅，國除。獨濟北王在。」〔註220〕景帝即分別封皇子劉端、劉徹爲膠西王和膠東王〔註221〕。徙濟北王劉志王淄川，對此周振鶴指出：「七國之亂，濟北王未參與其事，不便削其版圖，遂徙其王淄川，小其國。」〔註222〕「齊孝王之自殺也，景帝聞之，以爲齊首善，以迫劫有謀，非其罪也，召立孝王太子壽，是爲懿王。」〔註223〕濟南國除爲漢郡，濟北之平原也析出爲漢郡，對於這種處置由來，周振鶴的解釋是：「景帝四年，徙衡山王勃王濟北，表面原因是酬其不反，但並不予其濟北全郡，而是趁機分濟北置平原郡屬漢，以縮小了的濟北郡王之。」〔註224〕這樣，齊系勢力在東向地軸上大爲消減，而景帝之兩皇子並王齊地，平原、濟南則爲漢郡，齊地的威脅至此得以解決。

　　吳、楚二國是七國之亂的首惡，吳、楚敗亡後，吳國被除，「以吳郡屬漢，以東陽、鄣二郡置江都國，徙汝南王非爲江都王。」〔註225〕楚國在反前析出東海郡，七國之亂後，「景帝乃立宗正平陸侯禮爲楚王，奉元王後，是爲文王。」〔註226〕以楚故薛郡復爲魯國，徙淮陽王劉餘爲魯恭王。關於趙國的情況，周振鶴指出：「三年，趙王反，收趙之鉅鹿、清河郡，分常山郡置中山國。四年冬，趙國除爲邯鄲郡。至此，加上文帝時已屬漢之渤海郡，故趙地已分成八個郡國。」〔註227〕吳、楚、趙的情形大抵同於齊地，皆是漢郡、皇子封國與其他劉氏諸王彼此混雜而呈現犬牙交錯的局面，並且經過景帝的削奪之後，各王國封域大幅減小，周振鶴統計景帝中元六年的情形曰：「由於王國支郡悉屬於漢，使漢郡總數激增，與景中六年二十五國並存的漢郡達四十三之多。」

〔註219〕《漢書・荊燕吳傳》，北京：中華書局，1962年，第1909頁。
〔註220〕《漢書・高五王傳》，北京：中華書局，1962年，第1998頁。
〔註221〕據周振鶴考證：「景帝七年，膠東王爲太子，國除。中元二年復置膠東國，以子寄爲膠東康王。」見周振鶴：《西漢政區地理》，北京：人民出版社，1987年，第115頁。
〔註222〕周振鶴：《西漢政區地理》，北京：人民出版社，1987年，第105頁。
〔註223〕《漢書・高五王傳》，北京：中華書局，1962年，第1999頁。
〔註224〕周振鶴：《西漢政區地理》，北京：人民出版社，1987年，第105頁。
〔註225〕周振鶴：《西漢政區地理》，北京：人民出版社，1987年，第37頁。
〔註226〕《漢書・楚元王傳》，北京：中華書局，1962年，第1925頁。
〔註227〕周振鶴：《西漢政區地理》，北京：人民出版社，1987年，第78頁。

〔註228〕茲後，景帝又利用梁孝王劉武病故之契機將梁國析分爲五，後有詳論，不贅述。此外，景帝還從制度上杜絕王國擅權而起的可能，「景帝中五年令諸侯王不得復治國，天子爲置吏，改丞相曰相，省御史大夫、廷尉、少府、宗正、博士官，大夫、謁者、郎諸官長丞皆損其員。」〔註229〕這就將王國問題的解決向前推進了一大步。

總體觀之，高祖在分封異姓王的同時首先將齊地收歸己有，從而在東方打入一根楔子，進而次第翦滅了除長沙王之外的異姓諸王，而代之以同姓九王，並確立其「非劉氏而王天下共擊之」的原則；但是高祖的這種處置很快在文帝時候就形成了新的威脅，日益疏遠的同姓王又成爲漢廷不得不面對的新挑戰，文帝在仁德的外衣之下利用諸侯王死亡或謀反等時機開始析分王國以弱其力，並加強皇子的封國形勢，以起到以親制疏的戰略效果，是以文帝時期並未觸及到不同王系的勢力，漢郡與諸侯國之間的疆域面積也沒有大的變化，他實行的是溫和隱秘的手段；到景帝時由於實行更爲嚴厲的直接削奪的方式，終於激起了七國的聯合反叛，景帝在鎮壓了七國之亂後，大力調整封域，一則是繼續貫徹以親制疏的策略，大封皇子，還大幅削奪各國支郡收爲漢郡，在封域布局上亦是實行漢郡、皇子封國、其他劉氏諸侯國犬牙交錯的原則，不僅如此還從制度上限制著王國威脅中央而再起反叛的可能，但是，儘管如此，各個王國仍然擁有一郡的疆域，王國總的面積仍然遼闊，剩下的問題則留待後世君主來解決。這大抵是西漢自武帝以前王國地緣政治之概貌。

附錄李開元考證所得景帝四年後之王國及王表〔註230〕如下：

國　名	王　名	階　層	身　份	始	終
楚　楚	文王劉禮	皇族	劉交子	景四	景六死
	安王劉道	皇族	劉禮子	景七	武元光六死
淮南	劉安	皇族	劉長子	文十六	武元狩元自殺
衡山	劉賜	皇族	劉長子	景四由廬江王徙	武元狩二殺
臨江	劉閼	皇族	景帝子	景二	景四死無嗣

〔註228〕周振鶴：《西漢政區地理》，北京：人民出版社，1987年，第15頁。
〔註229〕《漢書・百官公卿表》，北京：中華書局，1962年，第741頁。
〔註230〕李開元：《漢帝國的建立與劉邦集團：軍功受益階層研究》，北京：三聯書店，2000年，第102頁。

		閔王劉榮	皇族	景帝子	景七	景中元三自殺
	江都	易王劉非	皇族	景帝子	景四由汝南王徙	武元朔元死
	魯	劉餘	皇族	景帝子	景三由淮陽王徙	武元光六死
	長沙	定王劉發	皇族	景帝子	景二	武元光六死
齊	齊	懿王劉壽	皇族	劉將閭子	景四	武元光三死
	城陽	劉喜	皇族	劉章子	文十六由淮南王徙	景中元六死
	濟北	貞王劉勃	皇族	劉長子	景四由衡山王徙	景五死
		武王劉胡	皇族	劉勃子	景六	武天漢三死
	淄川	懿王劉志	皇族	劉肥子	景三由濟北徙	武元光五死
	膠西	於王劉端	皇族	景帝子	景三	武元封三死無後
	膠東	劉徹	皇族	景帝子	景四	景七爲太子
趙	趙	敬肅王劉彭祖	皇族	景帝子	景五由廣川王徙	武泰始四死
	河間	獻王劉德	皇族	景帝子	景二	武元光五死
	廣川	劉彭祖	皇族	景帝子	景二	景五徙爲趙王
	中山	靖王劉勝	皇族	景帝子	景三	武元鼎四死
	代	恭王劉登	皇族	劉參子	文後三	武元光二死
燕	燕	康王劉嘉	皇族	劉澤子	文三	景五死
		劉定國	皇族	劉嘉子	景六	武元朔元自殺
魏	梁	孝王劉武	皇族	文帝子	文十二由淮陽王徙	景中六死

4.3.2 東向地軸的重構與解構

　　東向地軸之成立始於西周之分封，春秋戰國時期齊地發揮著重要的地緣功能，進入秦帝國之後雖則秦始皇亦高度重視齊地的地緣意義，但是在尚不成熟的郡縣制形態下東向地軸有一個虛無化的傾向。秦漢之際，齊地一開始就獨立於陳勝的張楚政權體系之外，發揮著重要的地緣功能，楚漢交爭的關鍵時期更是發揮著舉足輕重的地緣作用。漢初郡國並行，齊地歷經異姓諸王、齊悼惠王至文帝之析分、景帝之調整的幾個不同的時期，東向地軸也經歷著從重構到解構的歷史過程。

4.3.2.1 東西秦之說與「非親子弟不封」

　　韓信下趙地而請封張耳爲趙王劉邦並無異議，然則待到韓信定齊之後而欲求一假王，劉邦則大爲惱怒，劉邦斯時王齊實則不得已而爲之。劉邦登基

之前最爲急迫的兩件事情皆與韓信之齊有關，一則是奪其軍，二則是徙封韓信於楚。「漢王還至定陶，馳入齊王信壁，奪其軍。……下令曰：『楚地已定，義帝亡後，欲存恤楚眾，以定其主。齊王信習楚風俗，更立爲楚王，王淮北，都下邳。……』」〔註231〕此時的劉邦據有了韓信故封之齊地，觀察周振鶴所繪「漢高帝五年七異姓諸侯封域示意圖」可以清晰地看見自關中歷河南、東郡至於齊地有一條清晰的軸線將河北之燕、趙二國與南部的梁、楚、韓、淮南、長沙切爲兩段，東向地軸再次浮出水面。儘管如此，對於驍勇多謀的韓信王於毗鄰齊地之楚劉邦依然是不放心，必欲除之而後快。「（高祖六年）十二月，人有上變事告楚王信謀反，上問左右，左右爭欲擊之。用陳平計，乃僞遊雲夢，會諸侯於陳，楚王信迎，即因執之。是日，大赦天下。」〔註232〕此時距離徙封韓信爲楚王不到一年，劉邦對於臨近齊地的韓信之楚的關注程度可以想見，而從劉邦抓獲韓信的當日即「大赦天下」足見消除了這一東向地軸之隱患後定是龍顏大悅。從田肯的賀辭中更可見得其中的奧妙：「田肯賀，因說高祖曰：『陛下得韓信，又治秦中。秦，形勝之國，帶河山之險，縣隔千里，持戟百萬，秦得百二焉。地勢便利，其以下兵於諸侯，譬猶居高屋之上建瓴水也。夫齊，東有琅邪、即墨之饒，南有泰山之固，西有濁河之限，北有勃海之利。地方二千里，持戟百萬，縣隔千里之外，齊得十二焉。故此東西秦也。非親子弟，莫可使王齊矣。』高祖曰：『善。』賜黃金五百斤。」〔註233〕田肯當是齊人，對於齊地的形勢自是瞭如指掌，田肯以「十二」比齊地在關東之形勝，而尤其是以關中相比況而譽之以「東秦」，並建言劉邦於齊地「非親子弟不封」，可謂道出了劉邦未言之心聲。更爲值得揣測的是明明韓信王楚而田肯卻賀劉邦據有「東西秦」，是以捕獲韓信之意圖正是爲這「東秦」之安全計。

關於「百二」與「十二」之說，應劭曰：「齊得十之二耳，故愍王稱東帝，後復歸之，卒爲秦所滅者，利鈍之勢異也。」李斐曰：「齊有山河之限，地方二千里，是與天下懸隔也。設有執戟百萬之眾，齊得十中之二焉。百萬十分之二，亦二十萬也。但文相避，故言東西秦。」蘇林曰：「十二，得十中之二，二十萬人當百萬。言齊雖固，不如秦二萬乃當百萬也。」晉灼曰：「案文考義，蘇說是也。」師古曰：「蘇、晉之釋得其意也。秦得百二者，二萬人當諸侯百

〔註231〕《漢書・高帝紀》，北京：中華書局，1962 年，第 50～51 頁。
〔註232〕《漢書・高帝紀》，北京：中華書局，1962 年，第 59 頁。
〔註233〕《漢書・高帝紀》，北京：中華書局，1962 年，第 59 頁。

萬人也。齊得十二者，二十萬人當諸侯百萬也。所以言懸隔千里之外者，除去秦地，而齊乃與諸侯計利便也。」〔註234〕顧炎武提出了新的解釋：「古人謂倍爲二，秦得百二，言百倍也。齊得十二，言十倍也。」〔註235〕讓我們回到史料本身，田肯這番話是爲了賀劉邦解決了東向地軸以隱憂而稱譽齊地之地緣價值的，首先是從地利的角度比況關中之地，進而詳談齊地之幅員、山河之險、物資豐饒、兵員富足，兼及地利與地力二者，這與其稱譽齊地之事正好符合，是以田肯此處所謂的「百二」與「十二」皆是首要著眼點在於地利層面，於齊地則順帶談到其相關的地緣要素。從這種意味上講，應劭所言「齊得十之二」當比況「秦得百之二」方可說得通，然而「齊得十之二」反倒亡於「秦得百之二」，前後不通。李斐所言亦是落入軍隊數量，於所論之形勢不通。蘇林、晉灼、師古之說當符合田肯之意。只是因田肯論及齊地之地緣優勢時其涵蓋的地緣因素較之於言秦地豐富，而在理解上令蘇、晉、顏三人之說似乎有言之未盡之感。可能由於這個原因，顧炎武試圖從百倍與十倍之別來進行彌縫。辛德勇則認爲「二」爲「上」之訛，並將百二與十二分別釋爲百里挑一與十里挑一〔註236〕，亦算是另闢蹊徑的一種努力，可備一說。但是不管是蘇、晉、顏三人之說，還是顧炎武、辛德勇之論皆是注意到了齊地在關東獨特的地緣優勢的。

對於如此形勝之地，劉邦在除掉韓信之楚國後方開始在此二地封建，這與當時韓信之楚在側，形勢尚不穩定有關，所以當韓信之楚國被劉邦據有之後，立即展開分封：「後十餘日，封韓信爲淮陰侯，分其地爲二國。高祖曰將軍劉賈數有功，以爲荊王，王淮東。弟交爲楚王，王淮西。子肥爲齊王，王七十餘城，民能齊言者皆屬齊。」〔註237〕在這個分封方案中，韓信故楚剖分爲二，關於劉邦之弟劉交之封域，《漢書・楚元王傳》謂之：「漢六年，既廢楚王信，分其地爲二國，立賈爲荊王，交爲楚王，王薛郡、東海、彭城三十六縣，先有功也。」〔註238〕對於這次分封，《史記・荊燕世家》的記載是：「漢

〔註234〕《漢書・高帝紀》，北京：中華書局，1962 年，第 60 頁。

〔註235〕〔清〕顧炎武：《日知錄集釋・史記注》，〔清〕黃汝成集釋，欒保群、呂宗力
　　　　校點，石家莊：花山文藝出版社，1990 年，卷二十七。

〔註236〕辛德勇：「釋百二」，唐曉峰、辛德勇、李孝聰主編：《九州》（第二輯），北京：
　　　　商務印書館，1999 年，第 175 頁。

〔註237〕《史記・高祖本紀》，北京：中華書局，1959 年，第 384 頁。

〔註238〕《漢書・楚元王傳》，北京：中華書局，1962 年，第 1922 頁。

六年春，會諸侯於陳，廢楚王信，囚之，分其地爲二國。當是時也，高祖子幼，昆弟少，又不賢，欲王同姓以鎮天下，乃詔曰：『將軍劉賈有功，及擇子弟可以爲王者。』群臣皆曰：『立劉賈爲荊王，王淮東五十二城；高祖弟交爲楚王，王淮西三十六城。』因立子肥爲齊王。始王昆弟劉氏也。」〔註239〕劉交的後封與少封乃是與其母爲劉邦所怨恨有關，「親子弟」長子劉肥則獨擅東地軸之齊地而據有七十餘城，一枝獨大，控馭意味不言而喻。值得注意的是正是這個「非親子弟不封」開啓了「非劉氏而王天下共擊之」的大門，所不同的是在異姓諸王尚在的情形之下，只能在形勝之地方可如此大張旗鼓地分封，但是此門一開，無論是在地緣層面還是在法理層面上，異姓諸王消滅之日已然不遠了。

4.3.2.2 呂氏之亂與七國之亂中齊地地緣作用

漢初齊地的地緣作用在呂氏之亂與七國之亂中體現得最爲充分，所不同的是兩次的地緣功能剛好相反，一則是齊地及齊系勢力發揮著拱衛劉氏政權的功能，而七國之亂之時的齊地則發揮著反叛漢中央政權的功能。另外一種相異之處乃是前者之時的齊地形勢完固，而後者之時的齊地則已然被析分而破碎，齊系諸王步調不一而最終導致無所作爲而被次第窮滅。

從呂氏之亂觀之，如前所論，齊地的疆域歷經惠帝、呂后時期已然有了較大的變化，首先是齊悼惠王爲了自存之故將城陽郡獻給魯元公主作爲封邑，呂后元年又割齊之濟南郡爲呂台的奉邑，呂后七年，割齊琅邪郡封呂氏姻親營陵侯劉澤爲琅邪王。這樣，齊悼惠王時期的封域有了大幅度的縮減，而與此同時呂氏勢力伸展到東向地軸之上，在毗鄰齊地之南尚有張晏的魯國，這是呂氏之亂前齊國的地緣形勢。但是，如前所論，呂后對齊地採取的是削弱與拉攏交相爲用的手段，呂后以呂祿之女妻朱虛侯劉章而與齊系勢力聯姻，劉章與劉興居也同時宿衛長安頗爲呂后所親。但是劉章卻並不承情於呂后而是「忿劉氏不得職」，其利用宮廷宴會行酒令之機殺掉諸呂之醉酒者，從而在漢廷大臣中樹立了威望，「自是之後，諸呂憚朱虛侯，雖大臣皆依朱虛侯，劉氏爲益彊。」〔註240〕這樣，齊系勢力不僅在地方上勢力猶存，而且還在漢中央頗有影響力，呂后八年而崩，諸呂蠢蠢然欲爲變，朱虛侯派密使入齊力圖請哀王發兵西入長安，內外合應以剷除諸呂勢力而擁立齊哀王爲

〔註239〕《史記‧荊燕世家》，北京：中華書局，1959年，第1994頁。
〔註240〕《史記‧齊悼惠王世家》，北京：中華書局，1959年，第2001頁。

帝。「齊王既聞此計，乃與其舅父駟鈞、郎中令祝午、中尉魏勃陰謀發兵。」
〔註241〕然而，齊國欲發兵西向首先就必須突破齊相之限，漢制諸侯王發兵
必須以漢虎符未驗，「齊相召平聞之，乃發卒衛王宮。」〔註242〕中尉魏勃詐
稱替召平將兵衛王而一舉奪取兵權：「魏勃紿召平曰：『王欲發兵，非有漢虎
符驗也。而相君圍王，固善。勃請爲君將兵衛衛王。』召平信之，乃使魏勃
將兵圍王宮。勃既將兵，使圍相府。召平曰：『嗟乎！道家之言『當斷不斷，
反受其亂』，乃是也。』遂自殺。於是齊王以駟鈞爲相，魏勃爲將軍，祝午爲
內史，悉發國中兵。」〔註243〕

　　而斯時另外一個不確定性的因素就是琅邪王劉澤，劉澤雖是劉氏之王，
然則同時也是呂氏姻親，已經獲取兵權的齊王一方面陳兵以待，一方面派祝
午出使琅邪國試探虛實。「使祝午東詐琅邪王曰：『呂氏作亂，齊王發兵欲西
誅之。齊王自以兒子，年少，不習兵革之事，原舉國委大王。大王自高帝將
也，習戰事。齊王不敢離兵，使臣請大王幸之臨菑見齊王計事，並將齊兵以
西平關中之亂。』琅邪王信之，以爲然，馳見齊王。齊王與魏勃等因留琅邪
王，而使祝午盡發琅邪國而並將其兵。」〔註244〕祝午此行不僅確定了劉澤的
政治態度，更爲重要的是他還成功誆騙劉澤如齊而趁機據有了琅邪國，這對
於呂后在齊地的地緣擘畫是一個重大的突破。並將二國之兵的齊王此時擁有
強大的實力，下一個目標就是對準了當齊王西進門戶的呂國，「琅邪王既行，
齊遂舉兵西攻呂國之濟南。」〔註245〕齊國周圍的地緣羈絆已除，齊王方才公
然打出了誅「不當王者」之旗號以號召諸王，其曰：「高帝平定天下，王諸子
弟，悼惠王於齊。悼惠王薨，惠帝使留侯張良立臣爲齊王。惠帝崩，高后用
事，春秋高，聽諸呂擅廢高帝所立，又殺三趙王，滅梁、燕、趙以王諸呂，
分齊國爲四。忠臣進諫，上惑亂不聽。今高后崩，皇帝春秋富，未能治天下，
固恃大臣諸。今諸呂又擅自尊官，聚兵嚴威，劫列侯忠臣，矯制以令天下，
宗廟所以危。今寡人率兵入誅不當爲王者。」〔註246〕對於關東大國齊國的起
兵諸呂迅速作出了反應，「漢聞齊發兵而西，相國呂產乃遣大將軍灌嬰東擊

〔註241〕《史記·齊悼惠王世家》，北京：中華書局，1959年，第2001頁。
〔註242〕《史記·齊悼惠王世家》，北京：中華書局，1959年，第2001頁。
〔註243〕《史記·齊悼惠王世家》，北京：中華書局，1959年，第2001頁。
〔註244〕《史記·齊悼惠王世家》，北京：中華書局，1959年，第2002頁。
〔註245〕《史記·齊悼惠王世家》，北京：中華書局，1959年，第2002頁。
〔註246〕《史記·齊悼惠王世家》，北京：中華書局，1959年，第2002頁。

之。」〔註247〕但是諸呂對齊國的軍事打擊並非漢廷軍功階層所樂見的，「灌嬰至滎陽，乃謀曰：『諸呂將兵居關中，欲危劉氏而自立。我今破齊還報，是益呂氏資也。』乃留兵屯滎陽，使使喻齊王及諸侯，與連和，以待呂氏之變而共誅之。齊王聞之，乃西取其故濟南郡，亦屯兵於齊西界以待約。」〔註248〕值得注意的是斯時灌嬰之漢軍與齊哀王之齊軍雖宣稱連和卻並未合併一處西向關中，這固然與當時北軍尚在諸呂勢力手中有關，但是從此後的形勢發展來看也反映出軍功階層對於東向強藩齊國的忌憚之心，漢軍與齊軍在關東的和平相持至少扼殺了齊國入主關中先聲奪人的時機。待到諸呂盡誅之時，大臣們終於迎立了寬厚仁德的代王劉恒爲帝。在諸呂之亂中爲齊哀王奪國的劉澤道出了軍功階層共同心聲：「齊王母家駟鈞，惡戾，虎而冠者也。方以呂氏故幾亂天下，今又立齊王，是欲復爲呂氏也。代王母家薄氏，君子長者；且代王又親高帝子，於今見在，且最爲長。以子則順，以善人則大臣安。」〔註249〕劉澤的擁立代王的理由有二：「以子則順」與「以善人則大臣安」，而關鍵之處正在於「以善人則大臣安」。從諸呂之亂各諸侯王的反應來看，除了劉澤一開始就捲入這場漩渦之中態度明晰以外，其他諸王多是靜觀其變並無明顯的態度。這既是齊地在諸呂之亂中的地緣力量的反映，也是其爲軍功大臣們所忌憚的原因，正因爲此，作爲第三方力量的軍功階層雖然會同齊王聯合滅呂，然則最終還是打亂了齊國稱帝的如意算盤。

代王劉恒意外成爲齊國與軍功階層博弈的勝利者，但是其於二者而言皆爲忌憚，尤其是對諸呂之亂中齊國的地緣實力印象深刻，如前所論，文帝即位伊始不得不先穩定局勢，是以文帝元年將呂后剝奪齊國的封地盡數返還於齊。但是機會很快就來了，同年齊哀王劉襄死，文帝二年，文帝趁機析分齊國之城陽和濟北以王在諸呂之亂中功勞頗大的朱虛侯劉章和東牟侯劉興居，這種分封方案自然是明爲襃獎而暗行削藩之實，文帝的分封招致了齊系勢力的強烈不滿，濟北王借匈奴大舉入侵之機興兵反叛，濟北王之亂壓平之後，城陽國除爲漢郡。文帝十六年再次利用齊王劉則去世的機會而實行賈誼的「眾建諸侯而少其力」之謀，將齊國一分爲六：「齊文王立

〔註247〕《史記・齊悼惠王世家》，北京：中華書局，1959年，第2003頁。
〔註248〕《史記・齊悼惠王世家》，北京：中華書局，1959年，第2003頁。
〔註249〕《史記・齊悼惠王世家》，北京：中華書局，1959年，第2003頁。

十四年卒，無子，國除，地入於漢。後一歲，孝文帝以所封悼惠王子分齊為王，齊孝王將閭以悼惠王子楊虛侯為齊王。故齊別郡盡以王悼惠王子：子志為濟北王，子辟光為濟南王，子賢為菑川王，子卬為膠西王，子雄渠為膠東王，與城陽、齊凡七王。」〔註250〕景帝三年銳意削藩，引發了諸國強烈的不滿，終於招致了齊國之亂。七國之亂中，齊地諸王中「膠西、膠東、菑川、濟南皆擅發兵應吳、楚。」〔註251〕濟北王劉志則不予參與，「十一年，吳、楚反時，志堅守，不與諸侯合謀。」〔註252〕而齊孝王劉將閭雖一度狐疑而執兩端，然則終究堅守而未予參與。齊與濟北兩國以及徙封的劉喜的城陽國大大消解掉了齊地的地緣力量，是以七國之亂中真正對漢軍與梁軍形成威脅的僅吳、楚兩國之軍。正是因為齊地陷入膠著局面而無所作為，吳將周丘率軍猛攻城陽而力圖控制齊地之局面，「周丘一夜得三萬人，使人報吳王，遂將其兵北略城邑。比至城陽，兵十餘萬，破城陽中尉軍。聞吳王敗走，自度無與共成功，即引兵歸下邳。」〔註253〕設若吳軍不是迅即敗亡而周丘據有齊地，斯時之形勢殊未可知也。

總體言之，觀乎齊地在呂氏之亂與七國之亂中的地緣活動，恰好發揮了兩種不同的作用，一則是以全齊之勢而張，一則是析分之局而無所作為，這兩種不同的地緣功能都在不同程度上反映出高祖劉邦與文帝劉恒對齊地緣戰略的成功，雖則劉邦大封齊地的做法對於文帝之世形成了潛在的威脅，但是放在特定歷史時期來觀察，總體是值得肯定的。

4.3.2.3 梁國的地緣變遷及文景之世地緣形勢的加強與析分

梁國之封出自張良的建議，斯時楚漢交爭而諸侯皆擁兵自重，張良謂劉邦曰：「楚兵且破，未有分地，其不至固宜。君王能與共天下，可立致也。……彭越本定梁地，始君王以魏豹故，拜越為相國。今豹死，越亦望王，而君王不早定。今能取睢陽以北至穀城皆以王彭越，從陳以東傅海與齊王信，信家在楚，其意欲復得故邑。能出捐此地以許兩人，使各自為戰，則楚易敗也」〔註254〕而正式確封彭越乃是在定陶稱帝前的五年正月，劉邦之詔令曰：「魏相國建城侯彭越勤勞魏民，卑下士卒，常以少擊眾，數破楚

〔註250〕《史記·齊悼惠王世家》，北京：中華書局，1959年，第2005頁。
〔註251〕《史記·齊悼惠王世家》，北京：中華書局，1959年，第2006頁。
〔註252〕《史記·齊悼惠王世家》，北京：中華書局，1959年，第2010頁。
〔註253〕《漢書·荊燕吳傳》，北京：中華書局，1962年，第1914頁。
〔註254〕《漢書·高帝紀下》，北京：中華書局，1962年，第49頁。

軍，其以魏故地王之，號曰梁王，都定陶。」〔註 255〕《地理志》云：「梁國，故秦碭郡，高帝五年爲梁國。」〔註 256〕梁地乃關東之樞紐，當東西南北之衝要，尤其是其橫亙於東向地軸之中，地位極爲重要。是以當劉邦解決掉韓信之楚之後，關東的下一個目標即是梁國，斯時由於北邊燕、代、趙地數反而牽制了劉邦的注意力，至高祖十一年三月方據有梁國，隨即在梁國分封劉恢爲梁王，「罷東郡，頗益梁」〔註 257〕呂后期間，「（七年）二月，徙梁王恢爲趙王。呂王產徙爲梁王，梁王不之國，爲帝太傅。立皇子平昌侯太爲呂王。更名梁曰呂，呂曰濟川。」〔註 258〕從而控制了這一戰略要衝。

周振鶴指出：「文帝元年，梁王既誅，梁國當除爲東、碭二郡。」〔註 259〕文帝二年，「立皇子……揖爲梁王。」〔註 260〕「此時之梁國僅有碭郡。」〔註 261〕梁懷王劉揖立十年墜馬死，「無子，國除。明年，梁孝王武徙王梁。」〔註 262〕賈誼上疏曰：「陛下即不定制，如今之勢，不過一傳再傳，諸侯猶且人恣而不制，豪植而大強，漢法不得行矣。陛下所以爲藩扞及皇太子之所恃者，唯唯陽、代二國耳。代北邊匈奴，與強敵爲鄰，能自完則足矣。而淮陽之比大諸侯，廑如黑子之著面，適足以餌大國耳，不足以有所禁禦。方今制在陛下，制國而令子適足以爲餌，豈可謂工哉！人主之行異布衣。布衣者，飾小行，競小廉，以自託於鄉黨，人主唯天下安社稷固不耳。高皇帝瓜分天下以王功臣，反者如蝟毛而起，以爲不可，故蕲去不義諸侯而虛其國。擇良日，立諸子洛陽上東門之外，畢以爲王，而天下安。故大人者，不牽小行，以成大功。……而爲梁王立後，割淮陽北邊二三列城與東郡以益梁；不可者，可徙代王而都睢陽。梁起於新□以北著之河，……則大諸侯之有異心者，破膽而不敢謀。梁足以扞齊、趙，……陛下高枕，終亡山東之憂矣，此二世之利也。」〔註 263〕「文帝於是從誼計，乃徙淮陽王武爲梁王，北界泰山，西至高陽，得大縣四

〔註 255〕《漢書‧高帝紀下》，北京：中華書局，1962 年，第 51 頁。
〔註 256〕《漢書‧地理志》，北京：中華書局，1962 年，第 1636 頁。
〔註 257〕《漢書‧高帝紀下》，北京：中華書局，1962 年，第 72 頁。
〔註 258〕《史記‧呂太后本紀》，北京：中華書局，1959 年，第 404 頁。
〔註 259〕周振鶴：《西漢政區地理》，北京：人民出版社，1987 年，第 55 頁。
〔註 260〕《漢書‧文帝紀》，北京：中華書局，1962 年，第 117 頁。
〔註 261〕周振鶴：《西漢政區地理》，北京：人民出版社，1987 年，第 55 頁。
〔註 262〕《漢書‧文三王傳》，北京：中華書局，1962 年，第 2212 頁。
〔註 263〕《漢書‧賈誼傳》，北京：中華書局，1962 年，第 2260～2261 頁。

十餘城。」〔註264〕梁國形勢的加強乃是賈誼的「以親制疏」的策略集中體現。
這種策略很快在景帝三年的七國之亂中得到檢驗，七國之亂伊始，漢廷制定
的制敵戰略即是以梁國牽制吳、楚軍而以漢軍攝其後，「孝景三年，吳、楚反。
亞夫以中尉為太尉，東擊吳、楚。因自請上曰：『楚兵剽輕，難與爭鋒。原以
梁委之，絕其糧道，乃可制。』上許之。」〔註265〕這種戰略收到理想的效果：
「吳、楚先擊梁棘壁，殺數萬人。梁孝王城守睢陽，而使韓安國、張羽等為
大將軍，以距吳、楚。吳、楚以梁為限，不敢過而西，與太尉亞夫等相距三
月。吳、楚破，而梁所破殺虜略與漢中分。」〔註266〕正是梁國強大的財力和
軍力作保障，才在吳、楚軍隊面前築起了一道堅固的屏障，使得二反國「吳、
楚以梁為限，不敢過而西」，而周亞夫之所以能悠然「使輕兵絕淮泗口，塞吳
饟道」〔註267〕而最終打破吳、楚軍，正是在於梁國這個堅固的東方屏障發揮
了頑強的阻擊作用。

　　但是，在平定七國之亂中功勳卓著的梁孝王日益驕奢無忌，「於是孝王築
東苑，方三百餘里。廣睢陽城七十里。大治宮室，為複道，自宮連屬於平臺
三十餘里。得賜天子旌旗，出從千乘萬騎。東西馳獵，擬於天子。出言蹕，
入言警。招延四方豪桀，自山以東游說之士，莫不畢至，齊人羊勝、公孫詭、
鄒陽之屬。公孫詭多奇邪計，初見王，賜千金，官至中尉，梁號之曰公孫將
軍，梁多作兵器弩弓矛數十萬，而府庫金錢且百鉅萬，珠玉寶器多於京師。」
〔註268〕梁國成為漢廷新的憂慮，更重要的是望帝位而不可得的梁王派出使者
刺殺了阻止景帝立梁王為太子的大臣十餘人：「梁王怨袁盎及議臣，乃與羊
勝、公孫詭之屬陰使人刺殺袁盎及他議臣十餘人。」〔註269〕梁王的刺殺事件
使景帝大為惱怒，但是由於太后竇氏對梁王的溺愛，一時間無從處置。梁孝
王三十六年病死，以此為契機，景帝以遍封梁王諸子而平息太后的情緒之故
將梁國一分為五：「及聞梁王薨，竇太后哭極哀，不食，曰：『帝果殺吾子！』
景帝哀懼，不知所為。與長公主計之，乃分梁為五國，盡立孝王男五人為王，
女五人皆食湯沐邑。於是奏之太后，太后乃說，為帝加壹餐。梁孝王長子買

〔註264〕《漢書・賈誼傳》，北京：中華書局，1962年，第2263頁。
〔註265〕《史記・絳侯周勃世家》，北京：中華書局，1959年，第2076頁。
〔註266〕《史記・梁孝王世家》，北京：中華書局，1959年，第2082頁。
〔註267〕《史記・吳王劉濞列傳》，北京：中華書局，1959年，第2831～2832頁。
〔註268〕《史記・梁孝王世家》，北京：中華書局，1959年，第2083頁。
〔註269〕《史記・梁孝王世家》，北京：中華書局，1959年，第2085頁。

爲梁王，是爲共王；子明爲濟川王；子彭離爲濟東王；子定爲山陽王；子不識爲濟陰王。」〔註270〕

梁國乃關東之樞紐地帶，是以異姓王彭越王梁之時，高祖必欲除之而後快，高祖除掉彭越之後，迅即封子劉恢於梁地，意在保持關中漢廷向東方伸展的暢通無阻。待到呂后七年，亦在梁地代之以呂產爲王而徙劉友王趙，由於呂產爲太傅不之國不便於控馭這一戰略要地的形勢，隨即以劉太爲王，更是更梁曰呂，足見其對梁地的高度重視。文帝二年，低調小心的文帝在關東唯一的皇子封國即在梁地，而當文帝十二年梁懷王劉揖去世後又立刻接受賈誼的建議而徙劉武爲梁王，並大大拓展梁國封域，至此，梁國的地緣功能由東向地軸之樞紐轉變爲拱衛關中的橋頭堡。七國之亂中梁國確實發揮了重要的屏障作用而有效地牽制了吳、楚聯軍，但是戰功卓著的梁孝王由此而望帝位，長安刺殺事件發生後，景帝即利用梁孝王病逝的機會而終於將這一昔日的堡壘剖分爲五，東向地軸上最後一個疆域遼闊的諸侯國也由此而析分。

漢初東向地軸的地緣變遷經歷了一個由東部向西部重心轉移的歷程，這個變遷的歷程伴隨著一個自西而東血緣紐帶漸次淡化的過程，而在這個重心轉換的過程之中，地軸本身亦是自東向西呈現出虛無化的傾向，至景帝時析分梁國爲五，漢初控馭關東的東向地軸再次變得虛無，而這種虛無化的歷程也反映著王國問題日漸解決的歷史軌迹。

4.3.3 漢廷的東南憂慮及其對東南封建的改造

4.3.3.1 關中政權東南憂慮的地緣原因考論

秦漢帝國時期，關中政權對於東南地區一直有一種地緣憂慮在其中。早在秦朝的時候，「秦始皇帝常曰『東南有天子氣』，於是因東遊以厭之。」〔註271〕冷鵬飛先生從社會文化心理等方面對於所謂的「東南有天子氣」作了詳細的闡釋〔註272〕，頗多灼見，但是讀後仍感意猶未盡。仔細梳理發現秦漢時期的東南憂慮的意識不僅見於《秦始皇本紀》，而且東南地區的地緣形勢也確實有其

〔註270〕《史記‧梁孝王世家》，北京：中華書局，1959年，第2086頁。
〔註271〕《史記‧高祖本紀》，北京：中華書局，1959年，第348頁。
〔註272〕冷鵬飛：「『東南有天子氣』釋——秦漢區域社會文化史研究」，《學術研究》，1997年第1期。

值得關中政權憂慮的實際原因。伍被謂淮南王劉安語中亦反映出這一觀念，其曰：「客謂高皇帝曰：『時可矣。』高帝曰：『待之，聖人當起東南。』間不一歲，陳、吳大呼，劉、項並和，天下響應，所謂蹈瑕釁，因秦之亡時而動，百姓願之，若枯旱之望雨，故起於行陣之中，以成帝王之功。」〔註273〕而劉邦封吳王劉濞時亦曰：「漢後五十年東南有亂者，豈若邪？然天下同姓爲一家也，愼無反！」〔註274〕爲了勸阻文帝復王淮南，賈誼謂文帝曰：「淮南雖小，黥布嘗用之矣，漢存特幸耳。」〔註275〕太史公總結秦始皇統一前的天下大勢變遷規律時說：「夫作事者必於東南，收功實者常於西北。」〔註276〕太史公雖則充分肯定了關中的地緣意義，但是與之相對也指出了東南的非同一般的地緣價值，對於太史公的這種論斷，顧祖禹又相近之論，其曰：「西北與東南，恒有互爲屈伸之理。」〔註277〕凡此種種對於東南的地緣憂慮的觀念的形成，到底是基於什麼樣的歷史抑或地理、文化的原因呢？要回答這一問題，必須首先探究一下東南地緣的地緣特點；其次就是須明晰在秦漢帝國的地緣格局中東南地區處於一個什麼樣的戰略位置。

《周禮・職方氏》從九州的分域角度謂東南曰：「東南曰揚州：其山曰會稽，藪曰具區，川曰三江，浸曰五湖；其利金、錫、竹箭；民二男五女；畜宜鳥獸，穀宜稻。」〔註278〕值得注意的是《職方氏》用來指稱九州的除了以「河」爲參照的三河和東南西北四至之外，就是東北和東南，三河拱立乃天下之中，東南西北四至乃是古人基本的方位觀，雖則九州制並非現實實行的制度，東南之地至少在觀念層面進入天下秩序之中亦足可說明其地位之重要。秦漢時期東南究竟在地理上的範圍是什麼《史》、《漢》皆無確載，以狹義關中爲本位視之，似乎今隴海線以南而舊地軸之東的廣大地區皆可稱爲東南，但是事實上東南的範圍顯然沒有這麼遼闊。從秦始皇的五次巡遊觀之，眞正只有四次是東遊，而「東遊以厭之」若因「東南有天子氣」之巡遊，恐怕唯獨只能算始皇三十七年的會稽之遊，而且從會稽刻石來看，其中的「飾

〔註273〕《漢書・蒯伍江息夫傳》，北京：中華書局，1962年，第2172頁。
〔註274〕《史記・吳王劉濞列傳》，北京：中華書局，1959年，第2821頁。
〔註275〕《漢書・賈誼傳》，北京：中華書局，1962年，第2263頁。
〔註276〕《史記・六國年表》，北京：中華書局，1959年，第686頁。
〔註277〕〔清〕顧祖禹：《讀史方輿紀要・南直方輿紀要》，賀次君、施和金點校，北京：中華書局，2005年，第867頁。
〔註278〕〔清〕孫詒讓：《周禮正義・職方氏》，王文錦、陳玉霞點校，北京：中華書局，1987年，第2640頁。

省宣義，有子而嫁，倍死不貞。防隔內外，禁止淫泆，男女絜誠。夫爲寄豭，殺之無罪，男秉義程。妻爲逃嫁，子不得母，咸化廉清。大治濯俗，天下承風，蒙被休經。」〔註279〕頗有申斥的意味，大抵可於「東遊以厭之」出發點相連通。但是，從「東南有天子氣」之下文乃是「高祖即自疑，亡匿，隱於芒、碭山澤岩石之間。」〔註280〕這就說明可能在當時的觀念上豐沛一帶也可算作是東南。以漢初異姓諸王的封域來比況，大抵是韓信之楚國與英布之淮南國之大部，涵蓋淮河中下游地區及會稽等地，但是，無論從哪種意味上說，東南在地緣上的根本則在於春秋時期吳國初興之前的吳、越地區，即後世顧祖禹所謂「以東南之形勢而能與天下相權衡者，南直而已。」〔註281〕。

　　東南在地理上屬於司馬遷所說的越、楚地區之大部，在談到這一地區的經濟及風俗狀況時，太史公曰：「越、楚則有三俗。夫自淮北沛、陳、汝南、南郡，此西楚也。其俗剽輕，易發怒，地薄，寡於積聚。江陵故郢都，西通巫、巴，東有雲夢之饒。陳在楚夏之交，通魚鹽之貨，其民多賈。徐、僮、取慮，則清刻，矜己諾。彭城以東，東海、吳、廣陵，此東楚也。其俗類徐、僮。朐、繒以北，俗則齊。浙江南則越。夫吳自闔廬、春申、王濞三人招致天下之喜游子弟，東有海鹽之饒，章山之銅，三江、五湖之利，亦江東一都會也。衡山、九江、江南、豫章、長沙，是南楚也，其俗大類西楚。郢之後徙壽春，亦一都會也。而合肥受南北潮，皮革、鮑、木輸會也。與閩中、干越雜俗，故南楚好辭，巧說少信。」〔註282〕從經濟上看，不僅作爲東南核心的故吳、越之地「東有海鹽之饒，章山之銅，三江、五湖之利」而極爲富庶；西楚之北部的沛、陳、汝南等地則爲衝要之地而「通魚鹽之利」；論及淮河流域之經濟狀況，其曰：「郢之後徙壽春，亦一都會也。而合肥受南北潮，皮革、鮑、木輸會也。」論及楚、越之地總體經濟狀況，太史公曰：「總之，楚越之地，地廣人希，飯稻羹魚，或火耕而水耨，果隋蠃蛤，不待賈而足，地埶饒食，無飢饉之患，以故呰窳偷生，無積聚而多貧。是故江淮以南，無凍餓之人，亦無千金之家。」〔註283〕這就是說因爲楚、越之地自然物產豐饒，是以

〔註279〕《史記·秦始皇本紀》，北京：中華書局，1959 年，第 262 頁。
〔註280〕《史記·高祖本紀》，北京：中華書局，1959 年，第 348 頁。
〔註281〕〔清〕顧祖禹：《讀史方輿紀要·南直方輿紀要》，賀次君、施和金點校，北京：中華書局，2005 年，第 867 頁。
〔註282〕《史記·貨殖列傳》，北京：中華書局，1959 年，第 3267～3268 頁。
〔註283〕《史記·貨殖列傳》，北京：中華書局，1959 年，第 3270 頁。

楚、越之民在生產條件粗放的狀態下即可滿足日常生活之所需，而不是務於蓄積。這又關聯著楚、越之民的民風，西楚乃是「其俗剽輕，易發怒」，而南楚又是「俗大類西楚」，劉邦立劉濞爲吳王正是「上患吳、會稽輕悍，無壯王以塡之。」〔註284〕七國之亂時亞夫謂景帝曰：「楚兵剽輕，難與爭鋒」〔註285〕；司馬遷言及武帝時淮南、衡山之亂時亦曰：「此非獨王過也，亦其俗薄，臣下漸靡使然也。夫荊楚僄勇輕悍，好作亂，乃自古記之矣。」〔註286〕這種輕悍尙武的民風是有著悠久的傳統的，《越絕書》記載了越王句踐謂孔子言及越人之性曰：「銳兵任死，越之常性也。」〔註287〕《漢書‧地理志》亦曰：「吳、越之君皆好勇，故其民至今好用劍，輕死易發。」〔註288〕項氏叔侄起兵江東，楚軍的核心即爲會稽的八千江東子弟，鉅鹿之戰項羽所部楚軍一舉擊潰秦朝強大的國防軍而爲諸侯矚目，「當是時，楚兵冠諸侯。諸侯軍救鉅鹿下者十餘壁，莫敢縱兵。及楚擊秦，諸將皆從壁上觀。楚戰士無不一以當十，楚兵呼聲動天，諸侯軍無不人人惴恐。」〔註289〕項羽之所以能號令天下正是得益於這支以吳、越故地的子弟兵強悍的戰鬥力。所以楚、越之地雖地廣人稀，然則其戰士則「無不以一當十」，這是不能不爲秦漢關中政權所重視的。

　　在太史公的眼裏，東南雖不同於楚、越，然則時值武帝時期戰國晚期楚國所留下的地緣轍痕仍爲其所重，這就意味著東南在文化風俗及社會心理層面又關聯著一個「楚」字，這似乎又自然地關聯著另外一個廣爲流傳的觀念：「楚雖三戶，亡秦必楚。」〔註290〕關於三戶的理解頗有爭議，《集解》：「瓚曰：『楚人怨秦，雖三戶猶足以亡秦也。』」《索引》：「臣瓚與蘇林解同。韋昭以爲三戶，楚大姓昭、屈、景也。二說皆非也。按：《左氏》『以畀楚師於三戶』，杜預注云『今丹水縣北三戶亭』，則是地名不疑。」《正義》：「按：服虔云：『三戶，漳水津也』。孟康云：『津峽名也，在鄴西三十里』。《括地志》云『濁漳水又東經葛公亭北，經三戶峽，爲三戶津，在相州滏陽縣界。』然則南公辨陰陽，識廢興之數，知秦亡必於三戶，故出此言。後相遇果渡三戶津破章邯

〔註284〕《史記‧吳王劉濞列傳》，北京：中華書局，1959年，第2821頁。
〔註285〕《史記‧絳侯周勃世家》，北京：中華書局，1959年，第2076頁。
〔註286〕《史記‧淮南衡山列傳》，北京：中華書局，1959年，第3098頁。
〔註287〕張仲清：《越絕書校注》，北京：國家圖書館出版社，2009年，卷第八，第200頁。
〔註288〕《漢書‧地理志》，北京：中華書局，1962年，第1667頁。
〔註289〕《史記‧項羽本紀》，北京：中華書局，1959年，第307頁。
〔註290〕《史記‧項羽本紀》，北京：中華書局，1959年，第300頁。

軍，降章邯，秦遂亡。是南公之善識。」〔註291〕三說皆有一定的道理，第一種說法表達了楚對秦的仇恨；第二種說法亦有第一種說法的意味，但又實指楚國的社會結構，似乎更進了一步；第三種說法突出了南公的陰陽家的身份特點，而作爲地名的三戶也確有其地，似乎很有說服力，但是「三戶」之前置之以「雖」字就在語意上講不通了。相較之下似乎第二重意思更有道理一些。楚國的實力是爲秦始皇所顯見的，正因爲發傾國之兵方才最終滅楚，而秦漢之際楚地釋放出的驚人地緣力量更是令時人記憶深刻，更何況劉邦本人亦是楚人入主關中的。

其實，「東南有天子氣」早在帝國時代之前即有類似的說法，魯國使節季孫觀干將莫邪而曰：「美哉！劍也。雖上國之師，何能加之？夫劍之成也，吳霸；有缺，則亡矣。」〔註292〕「種見蠡之時，相與謀道：『東南有霸兆，不如往仕。』」〔註293〕而在事實上，東南地區的吳國一度壓服強楚而力挫齊、魯，會盟諸侯於黃池，盛極一時。而繼之而起的越國亦是橫行於淮泗之上。早在春秋時期，東南的吳、越勢力尤其是吳國在北方、西方、西北方向皆形成了強大的地緣衝擊，而當時戰國晚期受到秦國壓迫的楚國銳意經營東國，再次強化了東南勢力在這一地區的存在，其北上達於齊境。進入帝國時期，所不同的是東南的地緣力量直接推翻了關中政權而取而代之，「東南有霸兆」進而變成了「東南有天子氣」，而這「東南有天子氣」的觀念由一轉而化爲現實。正是如此，東南在地緣上襟江帶淮的險要形勢加之楚、越強悍尙武的民風以及其富庶的經濟基礎彼此激蕩，終於成爲關中政權忌憚的地緣原因。

而從另外一個方面觀察，自從新舊地軸合璧而大關中格局形成之後，北向地軸足以攝制燕趙，東向地軸正當關中門戶，便於迅即作出地緣反應，而南郡當巴蜀門戶，南陽從側翼屛蔽漢水谷地與武關，甚至自地軸之南端亦可遙制嶺南百越。但是，從關中放眼東南，這片形勝之地卻是關中勢力無法直接干預的一個盲區，這也不能不說是東南地區成爲關中政權隱憂的另一個具體原因。凡此種種原因，漢初所謂的東南就自然不僅僅局限於會稽郡，而習慣上將與其在地緣上緊密關聯的淮河中下游地區看作一體而一併視之。

〔註291〕《史記·項羽本紀》，北京：中華書局，1959 年，第 301 頁。

〔註292〕〔漢〕趙曄：《吳、越春秋·闔閭內傳第四》，張覺譯注，貴陽：貴州人民出版社，1993 年，第 101 頁。

〔註293〕張仲清：《越絕書·越絕外傳本事第一》，北京：國家圖書館出版社，2009 年，卷一，第 15 頁。

4.3.3.2 漢初由東南所發起的地緣衝擊及漢廷對東南地區的疆理

漢初對於東南的憂慮不是一種不必要的擔心，而在事實上東南地區確實發起過對漢廷強大的地緣衝擊。率先起兵反漢的乃是英布，斯時韓信、彭越皆已除，英布懼禍將及己而起兵反漢。以淮南起兵爭天下，薛公曾謂劉邦有上中下三策，其曰：「薛公對曰：『布反不足怪也。使布出於上計，山東非漢之有也；出於中計，勝敗之數未可知也；出於下計，陛下安枕而臥矣。』上曰：『何謂上計？』令尹對曰：『東取吳，西取楚，並齊取魯，傳檄燕、趙，固守其所，山東非漢之有也。』『何謂中計？』『東取吳，西取楚，並韓取魏，據敖庾之粟，塞成皋之口，勝敗之數未可知也。』『何謂下計？』『東取吳，西取下蔡，歸重於越，身歸長沙，陛下安枕而臥，漢無事矣。』上曰：『是計將安出？』令尹對曰：『出下計。』上曰：『何謂廢上中計而出下計？』令尹曰：『布故麗山之徒也，自致萬乘之主，此皆爲身，不顧後爲百姓萬世慮者也，故曰出下計。』上曰：『善。』」〔註294〕從三種方案來看，東取吳成爲必須，這是因爲吳乃東南之根本所在，不取吳則退而無所歸依。然則僅僅安於吳、越之地則必然坐亡，所謂上計則必須取楚以安上游之形勢，取齊、魯則可佔據東向地軸而預於北方之形勢。而從上、中兩策觀之，經營東南則必張其上游之形勢，這又是東南安危的根本所在。然則英布果如薛公所料，「果如薛公籌之，東擊荊，荊王劉賈走死富陵。盡劫其兵，渡淮擊楚。」〔註295〕雖則其一舉擊破荊、楚二國，然終於爲漢與長沙王聯合所滅。「布軍敗走，渡淮，數止戰，不利，與百餘人走江南。布故與番君婚，以故長沙哀王使人紿布，僞與亡，誘走越，故信而隨之番陽。番陽人殺布茲鄉民田舍，遂滅黥布。」〔註296〕

東南地區發起的第二輪衝擊波即是七國之亂的吳、楚聯軍，關於吳國的實力，《吳王劉濞列傳》謂之：「會孝惠、高后時，天下初定，郡國諸侯各務自拊循其民。吳有豫章郡銅山，濞則招致天下亡命者鑄錢，煮海水爲鹽，以故無賦，國用富饒。」〔註297〕國無賦而民自樂爲之用，「然其居國以銅鹽故，百姓無賦。卒踐更，輒與平賈。歲時存問茂材，賞賜閭里。佗郡國吏欲來捕亡人者，訟共禁弗予。如此者四十餘年，以故能使其眾。」

〔註294〕《史記·黥布列傳》，北京：中華書局，1959年，第2604～2605頁。
〔註295〕《史記·黥布列傳》，北京：中華書局，1959年，第2606頁。
〔註296〕《史記·黥布列傳》，北京：中華書局，1959年，第2606頁。
〔註297〕《史記·吳王劉濞列傳》，北京：中華書局，1959年，第2822頁。

〔註 298〕是以文帝時期雖則析分了淮南和齊國，但在處置東南的吳、楚問題上卻一直小心翼翼，文帝時期東南之吳、楚寧靜無事，但是到了景帝時期，解決王國問題的力度加大，終於招致以吳、楚為首的七國之亂。關於吳國進兵關中的戰略，吳王劉濞檄書中謂之：「越直長沙者，因王子定長沙以北，西走蜀、漢中。告越、楚王、淮南三王，與寡人西面；齊諸王與趙王定河間、河內，或入臨晉關，或與寡人會洛陽；燕王、趙王固與胡王有約，燕王北定代、雲中，搏胡眾入蕭關，走長安，匡正天子，以安高廟。」〔註299〕當然這個方案不過是其一廂情願用來虛張聲勢的臆想罷了，吳國真正關於進兵關中曾有過討論，田祿伯曾建言曰：「兵屯聚而西，無佗奇道，難以就功。臣願得五萬人，別循江淮而上，收淮南、長沙，入武關，與大王會，此亦一奇也。」〔註 300〕吳少將桓將軍說王曰：「吳多步兵，步兵利險；漢多車騎，車騎利平地。願大王所過城邑不下，直棄去，疾西據洛陽武庫，食敖倉粟，阻山河之險以令諸侯，雖毋入關，天下固已定矣。即大王徐行，留下城邑，漢軍車騎至，馳入梁楚之郊，事敗矣。」〔註 301〕田伯祿的建議被吳太子所否定，而桓將軍的方案又被老將所拒，吳、楚聯軍最後變成了陳兵於堅城之下，終於被漢、梁聯軍所敗。值得注意的是另一條線路則是劉濞門客周丘所率的軍隊，其直指齊地，這條線路加上桓將軍的建議就幾乎同於英布淮南之反時薛公所謂的中計，這幾個方案之所以不論西向據楚則是因為此時之聯軍勢力強大而遠非英布之淮南可比，其意在一舉攻入關中而奪取政權。雖則英布之亂與七國之亂次第失敗，但是淮南與吳、楚所形成的衝擊及其種種作戰方案背後所體現的對於關中政權的威脅卻至為明顯。

而漢廷在翦除韓信之後即開始對東南進行封建，「漢六年春，會諸侯於陳，廢楚王信，囚之，分其地為二國。當是時也，高祖子幼，昆弟少，又不賢，欲王同姓以鎮天下，乃詔曰：『將軍劉賈有功，及擇子弟可以為王者。』群臣皆曰：『立劉賈為荊王，王淮東五十二城；高祖弟交為楚王，王淮西三十六城。』」英布反後而劉賈為布軍殺，高祖迅即再王劉濞以鎮之：「高祖十一年秋，淮南王黥布反，東擊荊。荊王賈與戰，不勝，走富陵，為布軍所殺。

〔註298〕《史記·吳王劉濞列傳》，北京：中華書局，1959 年，第 2823 頁。
〔註299〕《史記·吳王劉濞列傳》，北京：中華書局，1959 年，第 2828 頁。
〔註300〕《史記·吳王劉濞列傳》，北京：中華書局，1959 年，第 2832 頁。
〔註301〕《史記·吳王劉濞列傳》，北京：中華書局，1959 年，第 2832 頁。

高祖自擊破布。十二年，立沛侯劉濞爲吳王，王故荊地。」〔註302〕劉濞王吳之後至七國之亂時中間皆無變化，在談到文帝時期沒有剖分吳國的原因時，岳慶平指出：「文帝之所以未分吳，主要因爲文帝分國一般是借新老諸侯王交替或其他變故的機會，但吳在文帝期間始終由吳王濞統治，而且政局穩定，經濟繁榮，並不存在剖分的機會。」〔註303〕這種局面到了吳、楚兵敗後才有了一個變化，「以吳郡屬漢，以東陽、鄣二郡置江都國，徙汝南王非爲江都王。」〔註304〕對於楚國而言，如前所引，劉交亦於高祖六年王楚，高后六年，析出薛郡以爲魯國王張晏，文帝元年廢除魯國而復歸薛郡與楚，對於文帝亦未剖分楚國，岳慶平的解釋是：「楚的情況與吳不同，楚在文、景時期共有四次新諸侯王的即位，分別是文帝二年、六年，景帝三年、六年。但何以文帝和景帝未抓住這四次機會而剖分楚呢？一來是因爲楚的兩次新王即位皆值文帝前期，當時還實行強藩政策……二來因爲楚與齊、淮南不同，楚既與入承帝位人選無關，又與反叛之國風牛馬不相及，而且楚與吳也不同，楚當時並未給漢朝造成威脅，所以沒有必要首先削弱之。」〔註305〕但是到了景帝時期削奪王國成爲漢廷的既定方針，景帝三年冬楚王戊「坐爲薄太后服私姦，削東海郡。」〔註306〕七國亂後「以其薛郡置魯國，分彭城郡北部數縣仍爲楚國，南部置沛郡屬漢。」〔註307〕「高祖十一年月，淮南王黥布反，立子長爲淮南王，王黥布故地，凡四郡。」〔註308〕文帝七年，淮南厲王遷死而國除收歸漢郡。而其時漢廷跨越諸侯國統治淮南國故地成本很高而造成一系列的問題，對此賈誼謂文帝曰：「今淮南地遠者或數千里，越兩諸侯，而縣屬於漢。其吏民徭役往來長安者，自悉而補，中道衣敝，錢用諸費稱此，其苦屬漢而欲得王至甚，逋逃而歸諸侯者已不少矣。其勢不可久。」〔註309〕有鑒於這種形勢，文帝十二年復徙城陽王劉喜王淮南故地。斯時，文帝哀淮南厲王之死而封其四

〔註302〕《史記·荊燕世家》，北京：中華書局，1959年，第1994頁。
〔註303〕岳慶平：「西漢削藩的兩個問題」，《山西大學學報》，1981年第1期，第60頁。
〔註304〕周振鶴：《西漢政區地理》，北京：人民出版社，1987年，第37頁。
〔註305〕岳慶平：「西漢削藩的兩個問題」，《山西大學學報》，1981年第1期，第60頁。
〔註306〕《史記·楚元王世家》，北京：中華書局，1959年，第1988頁。
〔註307〕周振鶴：《西漢政區地理》，北京：人民出版社，1987年，第27頁。
〔註308〕《史記·淮南衡山列傳》，北京：中華書局，1959年，第3075頁。
〔註309〕《漢書·賈誼傳》，北京：中華書局，1962年，第2261頁。

子爲侯，「誼知上必將復王之也，上疏諫曰：『竊恐陛下接王淮南諸子，曾不與如臣者孰計之也。淮南王之悖逆亡道，天下孰不知其辜？陛下幸而赦遷之，自疾而死，天下孰以王死之不當？今奉尊罪人之子，適足以負謗於天下耳。此人少壯，豈能忘其父哉？……淮南雖小，黥布嘗用之矣，漢存特幸耳。夫擅仇人足以危漢之資，於策不便。雖割而爲四，四子一心也。予之眾，積之財，此非有子胥、白公報於廣都之中，即疑有專諸、荊軻起於兩柱之間，所謂假賊兵爲虎翼者也。願陛下少留計！』」〔註310〕然則文帝最終還是三分淮南國以王屬王三子：「孝文十六年，徙淮南王喜復故城陽。上憐淮南屬王廢法不軌，自使失國蚤死，乃立其三子：阜陵侯安爲淮南王，安陽侯勃爲衡山王，陽周侯賜爲廬江王，皆復得屬王時地，參分之。」〔註311〕

除卻通過對東南列國進行疆理處置上的變遷之外，爲了加強對於東南的攝制作用，淮陽國的設立也是一個重要的步驟。淮陽國的設置與韓信所封之韓國大有淵源，楚漢之爭時期，高祖分封韓信爲韓王，利用其身爲韓人東向以爭韓地，五年春正式封其爲韓王，「五年春，遂與剖符爲韓王，王潁川。」〔註312〕然而韓王信所封之潁川所當之地「皆天下勁兵處」而戰略地位極爲重要，高祖於次年作出了新的調整而徙韓王信王太原以北。《漢書·地理志》曰：「潁川郡，秦置，高帝五年爲韓國，六年復故。」〔註313〕高帝十一年，淮陽置國與梁國的立國皆是出於平定彭越之反後的地緣措置，「三月，梁王彭越謀反，夷三族。詔曰：『擇可以爲梁王、淮陽王者。』燕王綰、相國何等請立子恢爲梁王，子友爲淮陽王。罷東郡，頗益梁；罷潁川郡，頗益淮陽。」〔註314〕關於斯時淮陽國的封域，周振鶴推測「以理度之，當包括陳郡、潁川二郡。」〔註315〕劉邦的這種處置自有加強關中外圍的形勢有關，於其北有屏蔽東向地軸側翼安全的意味，於東南則因其地兼陳郡而可觀淮流之動靜。惠帝元年，淮陽國除而淮陽王劉友徙王趙國。但是這種情況到了高后稱制伊始即重新在淮陽建國，惠帝後宮子劉強與劉武分別於呂后元年和呂后六年王於淮陽以控制這一戰略要地，而呂后死後淮陽國再度除爲漢郡。文帝四年，徙代王劉武

〔註310〕《漢書·賈誼傳》，北京：中華書局，1962 年，第 2263 頁。
〔註311〕《史記·淮南衡山列傳》，北京：中華書局，1959 年，第 3081 頁。
〔註312〕《史記·韓信盧綰列傳》，北京：中華書局，1959 年，第 2632 頁。
〔註313〕《漢書·地理志》，北京：中華書局，1962 年，第 1560 頁。
〔註314〕《漢書·高帝紀》，北京：中華書局，1962 年，第 70 頁。
〔註315〕周振鶴：《西漢政區地理》，北京：人民出版社，1987 年，第 41 頁。

王淮陽，對於這次復建淮陽國而王皇子，周振鶴謂之：「文帝四年復置淮陽國實是以親制疏政策的開端。」〔註316〕雖則如此，但是當時的淮陽封域還是相當有限，是以賈誼謂文帝曰：「而淮陽之比大諸侯，廑如黑子之著面，適足以餌大國耳，不足以有所禁禦。」爲了改變這種不利的地緣形勢而實現對於東南的有效控馭，賈誼建言文帝曰：「臣之愚計，願舉淮南地以益淮陽，而爲梁王立後，割淮陽北邊二三列城與東郡以益梁；不可者，可徙代王而都睢陽。梁起於新郪以北著之河，淮陽包陳以南揵之江，則大諸侯之有異心者，破膽而不敢謀。梁足以扞齊、趙，淮陽足以禁吳、楚，陛下高枕，終亡山東之憂矣，此二世之利也。」〔註317〕在賈誼的方案中，淮陽的封域向淮南伸展，而梁國的封域則南展，一則可以厚梁國之形勢以使其「足以扞齊、趙」，一則壯淮陽之形勢而使其「足以禁吳、楚」，淮陽國的地緣功能被賈誼一語道破。文帝十一年梁王劉揖死而無後，國除。文帝十二年，徙淮陽王劉武爲梁王，斯時文帝接受了賈誼的建議而析分「淮陽北邊三城益之」〔註318〕，淮陽國再除爲漢郡。隨著梁國封域的擴大，淮陽國的地緣功能在很大程度上轉移到梁國之上。景帝二年，立「餘爲淮陽王，非爲汝南王」〔註319〕以重新加強這一地區的形勢，七國亂後，劉餘於「吳、楚反破後，以孝景前三年徙王魯。」〔註320〕劉非則「徙王江都，治故吳國」〔註321〕，二國皆除爲漢郡。

　　總體來說，以故吳、越之地爲根本的東南地區由於物產豐饒、形勢險要而民風強悍，爲定都關中的政權所憂慮，而在事實上西漢中前期的英布之反與七國之亂皆證實了這一擔憂確非杞人憂天。漢廷在處置東南封建的問題上極爲小心，直至壓平七國之亂後，東南強藩吳、楚的威脅方告消除。

　　概言之，漢初的封建變遷的歷程乃是關東地緣形勢演變的縮影，劉邦在削平異姓諸王之後開始大啓九國，進而確立了「非劉氏而王天下共擊之」的血緣原則，試圖假血緣之親以維繫漢廷對於關東的控制，諸呂之亂時齊系諸侯起而勤王確實起到了拱衛漢室江山的作用。但是隨著代王劉恒以外藩入繼，血緣的親疏之別成爲一個新的時代問題，文帝假仁德之名利用齊國舊王

〔註316〕周振鶴：《西漢政區地理》，北京：人民出版社，1987年，第42頁。
〔註317〕《漢書・賈誼傳》，北京：中華書局，1962年，第2261頁。
〔註318〕周振鶴：《西漢政區地理》，北京：人民出版社，1987年，第42頁。
〔註319〕《漢書・景帝紀》，北京：中華書局，1962年，第141頁。
〔註320〕《漢書・景十三王》，北京：中華書局，1962年，第2413頁。
〔註321〕《漢書・景十三王》，北京：中華書局，1962年，第2414頁。

去世和淮南厲王遷死的時機分別剖分了齊國和淮南，從而達到了事實上削藩的目的；景帝時期厲行削藩而終於招致了七國之亂，在壓平了叛亂諸國之後不但進一步削減諸侯國的支郡，還將其事權收歸中央，王國問題向前推進了一大步。而在王國問題解決的歷程中最重要的一個現象即是東向地軸的重構與結構的歷史過程，而伴隨著王國問題的逐步解決東向地軸也重新歸於虛無。另一個地緣重心即是對東南地區的疆理，直至吳、楚兵敗國亡東南的威脅方告結束。而趙地則隨著陳豨之亂後劉邦對於代北的處置得當，趙地茲後沒有發揮出太大的地緣作用，這與趙地之根本在於舊地軸之代北直接關聯，而燕地自盧綰之亂後也相對寧靜，南方之長沙國南當南越國，充當著漢廷南疆的地緣屏障，由於漢初政權對南越政策處置得當，除了呂后時期短暫的衝突之外，南越與長沙一帶相對寧靜。從時間上來看，關東的地緣形勢在高祖時期主要問題在北方，燕、代、趙次第而反，由於高祖的地緣處置得當，茲後北方形勢相對緩和，而文帝時期尤其著力於解決東向地軸的問題，到景帝時期地緣危機的重心則進一步南移，直至吳、楚兵敗，西漢中前期的關東地緣形勢方有了一個大的起色。

4.4 小結

西漢定都關中之時面對的是匈奴重新佔據河南地而呈現的舊地軸殘破而異姓諸王盡有關東六國之地的嚴峻局面，北向、西向是強大而機動性極強的匈奴帝國的國防威脅，東向則是列強半天下的潛在威脅。有鑒於此，漢廷一方面採取和親與嚴密設防的方式應對匈奴的危險而盡可能營造出相對和緩的國防環境，而在漢廷強化著殘破的大關中格局的過程中，代北地區兼具攝制東方與屏蔽關中的地緣功能而備受矚目。而在另一方面，高祖馬不旋踵地解決掉異姓諸王的威脅而大啓九國，遍封劉氏諸王，從而確立了「非劉氏而王天下共擊之」的原則，在這個過程中關東最重要的一個地緣現象就是東向地軸的重構與解構，重構不僅體現在東向地軸的貫通，更體現在其重心自東而西漸次轉移終於消滅而虛無化的傾向，與此同時，在關東，東南地區再一次演繹出複雜的地緣現象，從而大大豐富了西漢初年的地緣實踐內涵。

第五章 軸線格局的新變遷與帝國骨架之成立

　　經由漢初的長期的休養生息，到武帝初年已經是國家財力殷富，太史公描述斯時的盛況曰：「京師之錢累鉅萬，貫朽而不可校。太倉之粟陳陳相因，充溢露積於外，至腐敗不可食。眾庶街巷有馬，阡陌之間成群，而乘字牝者儐而不得聚會。」〔註1〕而另一方面，隨著景帝時期王國問題向前推進了一大步，關東局勢基本穩定，匈奴問題就提上了歷史的日程。武帝時期最重要的地緣活動乃是圍繞著撻伐匈奴而展開，在漢匈對抗的地緣格局下，首先收復河南地而重新實現縱向地軸的完固，使得北向地軸成為出擊匈奴的戰略基地，而在東向和西向分別實行了斷匈奴左右臂的戰略，由此而演繹出經略朝鮮與河西、西域的地緣戰略新格局，尤其是在實行斷匈奴右臂的戰略中，曾經消弭於大關中格局之中的西向地軸衍生出新的骨架來，而新的西向地軸與已然完固的北向地軸構成了武帝時期乃至於後武帝時期西漢北疆地緣政治結構的主體。而在南方，由於對西南夷的經略南向地軸分別在東南和西南兩個方向演繹著控馭南越與溝通西域的地緣努力，大大豐富了南向地軸的地緣內涵。武帝時期實行以封建去封建的戰略進一步消解了王國問題對中央的威脅，最終使得分封制消解於以郡縣制為主體的大一統帝國之中，更重要的是隨著監察制度的日漸成熟，郡縣制體制下的地緣控制亦日漸穩固。雖然武帝身後經略西域的地緣活動依然是餘音未了，但是武帝時期一系列宏大的地緣政治活動（西北疆至宣元之世）基本上奠定了西漢的地緣政治骨架。

　　〔註1〕《史記‧平準書》，北京：中華書局，1959 年，第 1420 頁。

5.1 縱向地軸的回歸與發展

　　隨著武帝外事四夷地緣活動的展開，武帝時期縱向地軸的結構也發生著深刻的變遷。於北向地軸觀之，首先是隨著河南地的收復而重新回歸完固的形勢，北向地軸的地緣功能也由北向國防的前線而變爲出擊匈奴的前進基地；從南向地軸觀之，隨著對西南夷地區的經略的深入展開，其在控馭南越與向西南開闢溝通西域新的戰略通道方面皆有著新的推進，雖然後者並未最終實現，但是在這兩個不同方向的努力中，南向地軸的地緣內涵更加豐富，而南向地軸本身也獲得了空前的拓展。與此同時，武帝時期在強化南北地軸一體化的努力上亦有較大的進展，秦蜀地緣聯合體更見緊密。

5.1.1 北向地軸的完固與漢匈地緣格局的變化

5.1.1.1 馬邑之謀與西漢對匈戰略的變化

　　漢初以來推行的和親政策有效地維繫了漢匈之間的相對和平的地緣環境，這種有代價的和平爲文景時期解決王國問題贏得了寶貴的時間。對於匈奴而言，到武帝初年這種和親加和平貿易的政策也成爲其生活不可缺少的一個部分，「武帝即位，明和親約束，厚遇關市，饒給之。匈奴自單于以下皆親漢，往來長城下。」〔註2〕但是隨著關東地緣形勢日漸穩定與國家的日益殷富，這種屈辱換和平的政策已經越來越難以爲血氣方剛的漢武帝所容忍。形勢的變化使得主戰的聲音漸起，前135年，「匈奴來請和親，天子下議。」圍繞著漢匈政策漢廷展開了大討論，「數爲邊吏，習知胡事」的大行令王恢力主對匈奴用兵而取代一貫執行的和親政策，其曰：「漢與匈奴和親，率不過數歲即復倍約。不如勿許，興兵擊之。」〔註3〕對於王恢的主張時任御史大夫的韓安國給予了駁斥，其曰：「千里而戰，兵不獲利。今匈奴負戎馬之足，懷禽獸之心，遷徙鳥舉，難得而制也。得其地不足以爲廣，有其眾不足以爲彊，自上古不屬爲人。漢數千里爭利，則人馬罷，虜以全制其敝。且彊弩之極，矢不能穿魯縞；衝風之末，力不能漂鴻毛。非初不勁，末力衰也。擊之不便，不如和親。」〔註4〕韓安國反戰的要點在於漢匈之間由於生產、生活方式上的差異而導致的在軍事上處於劣勢，並且一旦

〔註2〕《漢書・匈奴傳上》，北京：中華書局，1959年，第3765頁。
〔註3〕《史記・韓長孺列傳》，北京：中華書局，1959年，第2861頁。
〔註4〕《史記・韓長孺列傳》，北京：中華書局，1959年，第2861頁。

對匈奴用兵即算勝利也是「得其地不足以爲廣，有其眾不足以爲彊」。由於自婁敬首倡和親以來數十年皆行此策，在漢廷和親派的勢力較大，這次辯論終以和親派佔據上風。

　　但是，就在次年，這種局面就發生了很大的變化。這種局面的改變與馬邑豪商聶壹向大行令王恢的建言有關，聶壹曰：「匈奴初和親，親信邊，可誘以利致之，伏兵襲擊，必破之道也。」〔註5〕對於聶壹的建言武帝雖則再次徵求公卿的意見，但是他這次一開始就亮出了傾向性的主張，其曰：「朕飾子女以配單于，幣帛文錦，賂之甚厚。單于待命加嫚，侵盜無已，邊竟數驚，朕甚閔之。今欲舉兵攻之，何如？」〔註6〕圍繞著武帝提出改弦更張出擊匈奴的主張，王恢與韓安國展開了激烈的辯論，王恢首先以海內平定而國家殷富爲憑依，進而指出了匈奴之所以在實行和親政策之後仍然「侵盜不已」的原因，乃是由於沒有受到有效的打擊爲由而力主出擊匈奴，其曰：「今以陛下之威，海內爲一，天下同任，又遣子弟乘邊守塞，轉粟挽輸，以爲之備，然匈奴侵盜不已者，無它，以不恐之故耳。臣竊以爲擊之便。」〔註7〕對於王恢的主戰言論，韓安國以漢初以來實行和親政策不得不然的形勢來進行駁斥，但是這種理由對於新的形勢而言並沒有充分的說服力，王恢一句「臣聞五帝不相襲禮，三王不相復樂，非故相反也，各因世宜也」〔註8〕即予以了有力的回擊。韓安國故調重彈再大談匈奴「輕疾悍亟之兵也，至如猋風，去如收電，畜牧爲業，弧弓射獵，逐獸隨草，居處無常，難得而制。」〔註9〕對於韓安國的主張，狄宇宙認爲「韓安國的觀點表明了他對游牧民族力量的明察洞見，他認爲其力量來自其經濟資源和北部邊疆地區在經濟領域內的團結合作。」〔註10〕對於這一點，王恢則從秦穆公與蒙恬處置夷狄的成功經驗爲憑得出「夫匈奴獨可以威服，不可以仁畜也」〔註11〕的結論。韓安國對於一旦開戰可能形成的長驅深入所帶來的擾亂提出了憂慮：「今將卷甲輕舉，深入長驅，難以爲功；從行則迫脅，衡行則中絕，疾則糧乏，徐則後利，不至千里，人馬乏食。」

〔註5〕　《漢書・竇田灌韓傳》，北京：中華書局，1962 年，第 2398～2399 頁。
〔註6〕　《漢書・竇田灌韓傳》，北京：中華書局，1962 年，第 2399 頁。
〔註7〕　《漢書・竇田灌韓傳》，北京：中華書局，1962 年，第 2399 頁。
〔註8〕　《漢書・竇田灌韓傳》，北京：中華書局，1962 年，第 2400 頁。
〔註9〕　《漢書・竇田灌韓傳》，北京：中華書局，1962 年，第 2401 頁。
〔註10〕　〔美〕狄宇宙：《古代中國與其強鄰：東亞歷史上游牧力量的興起》，賀嚴、高書文譯，北京：中國社會科學出版社，2010 年，第 254 頁。
〔註11〕　《漢書・竇田灌韓傳》，北京：中華書局，1962 年，第 2401 頁。

〔註 12〕對於韓安國的質疑，王恢提出了具體的應對方案，其曰：「今臣言擊之者，固非發而深入也，將順因單于之欲，誘而致之邊，吾選梟騎壯士陰伏而處以爲之備，審遮險阻以爲其戒。吾勢已定，或營其左，或營其右，或當其前，或絕其後，單于可禽，百全必取。」〔註 13〕王恢的具體方案包含著兩個方面的內容，一則是爲了保證對匈開戰的主張得以實行而使得武帝沒有太多的顧慮，他提出的乃是誘敵圍殲的策略，並未主張針對匈奴騎兵機動性強的特點而主張實行成本極高的以機動對機動的戰術；其二，他提出了聯合其他游牧民族共擊匈奴的戰略。武帝最終接受了王恢的建議而派聶壹潛入匈奴誘使單于入塞，「乃從恢議，陰使聶壹爲間，亡入匈奴，謂單于曰：『吾能斬馬邑令丞，以城降，財物可盡得。』單于愛信，以爲然而許之。聶壹乃詐斬死罪囚，縣其頭馬邑城下，視單于使者爲信，曰：『馬邑長吏已死，可急來。』於是單于穿塞，將十萬騎入武州塞。」〔註 14〕在和親狀態下時常入侵本是匈奴的常態，是以單于毫不猶豫地率軍入塞，但是邊界空曠無人的狀態引起了單于的警惕，「單于既入漢塞，未至馬邑百餘里，見畜布野而無人牧者，怪之，乃攻亭。是時雁門尉史行徼，見寇，葆此亭，知漢兵謀，單于得，欲殺之，尉史乃告單于漢兵所居。單于大驚曰：『吾固疑之。』乃引兵還。」〔註 15〕「當是時，漢伏兵車騎材官三十餘萬，匿馬邑旁谷中。衛尉李廣爲驍騎將軍，太僕公孫賀爲輕車將軍，大行王恢爲將屯將軍，太中大夫李息爲材官將軍。御史大夫安國爲護軍將軍，諸將皆屬。約單于入馬邑縱兵。王恢、李息別從代主擊輜重。」〔註 16〕從漢軍出動的情況來看，人數達三十萬之眾佔有絕對的優勢；從戰術上看乃是伏擊戰；從漢軍的構成來看，車兵、步兵、騎兵皆有，但從戰前韓安國屢次言及對匈奴騎兵之利的憂慮及實行伏擊戰的性質來推測，當時的三十萬大軍中漢軍的騎兵無論數量和質量都不佔優勢，這可能也是當匈奴警覺之後，擔任伏擊輜重任務的王恢畏懼不前的實際原因。

馬邑之謀失敗之後，王恢以畏懦之罪而被迫自殺。馬邑之謀宣告了漢廷對外戰略上從和親向出擊的轉變，但是也同時宣告了漢軍實行的內線設伏的

〔註 12〕《漢書・竇田灌韓傳》，北京：中華書局，1962 年，第 2402 頁。
〔註 13〕《漢書・竇田灌韓傳》，北京：中華書局，1962 年，第 2403 頁。
〔註 14〕《漢書・竇田灌韓傳》，北京：中華書局，1962 年，第 2403～2404 頁。
〔註 15〕《史記・匈奴列傳》，北京：中華書局，1962 年，第 3765 頁。
〔註 16〕《漢書・竇田灌韓傳》，北京：中華書局，1962 年，第 2404 頁。

傳統戰術的失敗，漢軍欲戰勝強大的匈奴騎兵就必須改弦更張而實行全新的戰略戰術。

5.1.1.2 收復河南地與對北向地軸的疆理

馬邑之變後，漢匈之間的和親政策正式結束，「自是之後，匈奴絕和親，攻當路塞，往往入盜於漢邊，不可勝數。」〔註17〕戰端一啓，武帝也開始實行新的戰略戰術以求贏得勝利。首要的一個變化就是採取主動出擊的戰術，而在軍隊構成上也開始以騎兵爲主體建構起足以對抗匈奴騎兵而機動能力極強的部隊，並啓用新的將領以推行新的戰術。馬邑之謀後五年，武帝派遣衛青等四將軍出擊塞外匈奴，「自馬邑軍後五年之秋，漢使四將軍各萬騎擊胡關市下。將軍衛青出上谷，至龍城，得胡首虜七百人。公孫賀出雲中，無所得。公孫敖出代郡，爲胡所敗七千餘人。李廣出鴈門，爲胡所敗，而匈奴生得廣，廣後得亡歸。漢囚敖、廣，敖、廣贖爲庶人。」〔註18〕這次出擊總體上來說漢軍損失更大，但是衛青能深入匈奴聖地龍城本身即證明了騎兵的機動靈活不再是匈奴的專利，也充分說明了這種新戰術的前景。元朔元年秋，「青爲車騎將軍，出鴈門，三萬騎擊匈奴，斬首虜數千人。」〔註19〕這是武帝同匈奴開戰以來騎兵殺死匈奴最多的一次記載，漢軍的騎兵開始顯示出其戰鬥實力來。對於漢軍的進攻匈奴很快即還以顏色，「（元朔元年）其冬，匈奴數入盜邊，漁陽尤甚。漢使將軍韓安國屯漁陽備胡。其明年秋，匈奴二萬騎入漢，殺遼西太守，略二千餘人。胡又入敗漁陽太守軍千餘人，圍漢將軍安國，安國時千餘騎亦且盡，會燕救至，匈奴乃去。匈奴又入鴈門，殺略千餘人。」〔註20〕元朔二年，武帝決定先拿下河南地以解除匈奴對長安的威脅，「其明年，衛青復出雲中以西至隴西，擊胡之樓煩、白羊王於河南，得胡首虜數千，牛羊百餘萬。於是漢遂取河南地，築朔方，復繕故秦時蒙恬所爲塞，因河爲固。漢亦棄上谷之什辟縣造陽地以予胡。是歲，漢之元朔二年也。」〔註21〕對於這次勝利，武帝龍顏大悅而對出擊的將士大加封賞：「以三千八百戶封青爲長平侯。青校尉蘇建有功，以千一百戶封建爲平陵侯。使建築朔方城。青校尉張次公有功，封爲岸頭侯。天子曰：『匈奴逆天理，亂人倫，暴長

〔註17〕　《史記·匈奴列傳》，北京：中華書局，1959 年，第 2905 頁。

〔註18〕　《史記·匈奴列傳》，北京：中華書局，1959 年，第 2906 頁。

〔註19〕　《史記·衛將軍驃騎列傳》，北京：中華書局，1959 年，第 2923 頁。

〔註20〕　《史記·匈奴列傳》，北京：中華書局，1959 年，第 2906 頁。

〔註21〕　《史記·匈奴列傳》，北京：中華書局，1959 年，第 2906 頁。

虐老，以盜竊為務，行詐諸蠻夷，造謀藉兵，數為邊害，故興師遣將，以征厥罪。詩不云乎，『薄伐玁狁，至于太原』，『出車彭彭，城彼朔方』。今車騎將軍青度西河至高闕，獲首虜二千三百級，車輜畜產畢收為鹵，已封為列侯，遂西定河南地，按榆谿舊塞，絕梓領，梁北河，討蒲泥，破符離，斬輕銳之卒，捕伏聽者三千七十一級，執訊獲醜，驅馬牛羊百有餘萬，全甲兵而還，益封青三千戶。』」〔註22〕河南地丟失引起了匈奴的強烈反應，「匈奴右賢王怨漢奪之河南地而築朔方，數為寇，盜邊，及入河南，侵擾朔方，殺略吏民甚眾。」〔註23〕

河南地之戰漢軍一舉俘獲牛羊達百萬頭之巨，足見是處對於匈奴經濟之重要性。而如前章所論，河南地土地肥沃且可引黃河進行灌溉，亦農亦牧，其重要性首先為主父偃所注意：「偃盛言朔方地肥饒，外阻河，蒙恬城之以逐匈奴，內省轉輸戍漕，廣中國，滅胡之本也。」〔註24〕與朔方郡一同設立的還有五原郡，「（元朔二年）收河南地，置朔方、五原郡。」〔註25〕前有所論，秦滅之後，學界一般認為陰山地區全部淪為匈奴所居，是以周振鶴在論及武帝置五原郡時感慨曰：「至武帝置朔方、五原郡時，河南地已是兩出三進矣。」〔註26〕然而隨著張家山漢簡的出土，對於漢初陰山地區的認識有了一個新的變化，周振鶴修正了自己的說法，他說：「漢武帝所收河南地，只相當於《漢志》朔方郡地而已。五原郡地在元朔二年以前，一直是在漢帝國的疆域範圍之內，只是未單獨立郡。推測該郡乃是在置朔方郡的同時，析雲中郡西部地置。所以漢初西北角邊界到達西安陽附近，比我們過去認為的要遠。當然，這一地區一度可能陷入匈奴之手，但在理論上是漢初的邊疆。」〔註27〕朔方郡設立後與五原郡比肩而立大大加強了北疆的防衛力量。元朔四年，置西河郡〔註28〕。關於西河郡設置的由來，周振鶴說：「（上郡）漢初以河水與代國太原郡為鄰。元朔二年恢復秦時規模，元朔三年得代王太原郡為鄰。元朔二

〔註22〕《史記·衛將軍驃騎列傳》，北京：中華書局，1959 年，第 2923～2924 頁。
〔註23〕《史記·匈奴列傳》，北京：中華書局，1959 年，第 2907 頁。
〔註24〕《史記·平津侯主父偃列傳》，北京：中華書局，1959 年，第 2961 頁。
〔註25〕《漢書·武帝紀》，北京：中華書局，1962 年，第 170 頁。
〔註26〕周振鶴：《西漢政區地理》，北京：人民出版社，1987 年，第 157 頁。
〔註27〕周振鶴：「《二年律令·秩律》的歷史地理意義」，《學術月刊》，2003 年第 1期，第 49 頁。辛德勇亦在其「張家山漢簡所示漢初西北隅邊境解析」一文中提到此點，詳見氏：《秦漢政區與邊界地理研究》，北京：中華書局，2009 年，第 264 頁，。
〔註28〕《漢書·地理志》，北京：中華書局，1962 年，第 1618 頁。

年恢復秦時規模，元朔三年得代王子侯國九，郡境擴大，元朔四年遂分東部及北部諸縣置西河郡。」〔註 29〕西河郡地跨黃河兩岸，本身即是新舊地軸融合的體現。河南地收復之後，漢廷有一個重新規劃北向地軸疆理的過程，這一過程不僅體現爲強化對匈戰爭的防守與前進基地的意味，而西河郡地跨黃河兩岸也體現爲新舊地軸走向更緊密的地緣整合的歷史過程。

5.1.1.3 北向地軸地緣功能的變化

河南地收復之後隨著朔方、五原郡的設立，北向地軸重新回歸完固，但是武帝撻伐匈奴的既定戰略並未因之而終結，因而北向地軸不僅是國防的前沿，更是漢軍出擊匈奴的前進基地，這一地位在武帝經略河西與西域之前尤其突出。北向地軸的地緣功能還體現在安置匈奴降部等方面。

首先，最重要的地緣功能即是體現爲漢軍出擊匈奴的前進基地。關於北向地軸在漢匈對抗中作爲前進基地的功能，透過漢軍出擊匈奴的記載可以清晰顯現出來。

武、昭、宣時期漢軍於北向地軸出擊匈奴情況一覽表：

時　間	出發基地	簡　況	史料出處
元光六年	代、雲中、雁門	遣車騎將軍衛青出上谷，騎將軍公孫敖出代，輕車將軍公孫賀出雲中，驍騎將軍李廣出雁門。青至龍城，獲首虜七百級。	《漢書·武帝紀》
元朔元年	雁門、代	遣將軍衛青出雁門，將軍李息出代，獲首虜數千級。	《漢書·武帝紀》
元朔二年	雲中	遣將軍衛青、李息出雲中，至高闕，遂西至符離，獲首虜數千級。收河南地，置朔方、五原郡。	《漢書·武帝紀》
元朔五年	朔方	大將軍衛青將六將軍兵十餘萬人出朔方、高闕，獲首虜萬五千級。	《漢書·武帝紀》
元朔六年二月	定襄、雲中、雁門	大將軍衛青將六將軍兵十餘萬騎出定襄，斬首三千餘級。還，休士馬於定襄、雲中、雁門。赦天下。	《漢書·武帝紀》
元朔六年四月	北地	其夏，驍騎將軍與合騎侯敖俱出北地，異道。	《史記·衛將軍驃騎列傳》

〔註 29〕周振鶴：《西漢政區地理》，北京：人民出版社，1987 年，第 136～137 頁。

元狩二年	北地	將軍去病、公孫敖出北地二千餘里，過居延，斬首虜三萬餘級。	《漢書·武帝紀》
元狩四年夏	定襄	大將軍衛青將四將軍出定襄，將軍去病出代，各將五萬騎。步兵踵軍後數十萬人。青至幕北圍單于，斬首萬九千級，至闐顏山乃還。去病與左賢王戰，斬獲首虜七萬餘級，封狼居胥山乃還。	《漢書·武帝紀》
元鼎六年	五原	又遣浮沮將軍公孫賀出九原，匈河將軍趙破奴出令居，皆二千餘里，不見虜而還。	《漢書·武帝紀》
太初二年	朔方	遣濬稽將軍趙破奴二萬騎出朔方擊匈奴，不還。	《漢書·武帝紀》
天漢二年	西河	又遣因杅將軍出西河，騎都尉李陵將步兵五千人出居延北，與單于戰，斬首虜萬餘級。陵兵敗，降匈奴。	《漢書·武帝紀》
天漢四年	朔方、雁門、五原	遣貳師將軍李廣利將六萬騎、步兵七萬人出朔方，因杅將軍公孫敖萬騎、步兵三萬人出雁門，游擊將軍韓說步兵三萬人出五原，強弩都尉路博德步兵萬餘人與貳師會。	《漢書·武帝紀》
徵和三年	五原、西河	漢遣貳師將軍七萬人出五原，御史大夫商丘成將三萬餘人出西河，重合侯莽通將四萬騎出酒泉千餘里。	《漢書·匈奴傳》
本始二年秋	西河、雲中、五原	本始二年，漢大發關東輕銳士，選郡國吏三百石伉健習騎射者，皆從軍。遣御史大夫田廣明爲祁連將軍，四萬餘騎，出西河；度遼將軍范明友三萬餘騎，出張掖；前將軍韓增三萬餘騎，出雲中；後將軍趙充國爲蒲類將軍，三萬餘騎，出酒泉；雲中太守田順爲虎牙將軍，三萬餘騎，出五原：凡五將軍，兵十餘萬騎，出塞各二千餘里。	《漢書·匈奴傳》

透過上表我們發現在河南地收復以前，出擊匈奴的主要基地乃是舊地軸上以代地爲中心的代郡、雲中、雁門地區，而隨著河南地收復而朔方、五原郡設立之後，自這兩郡出擊匈奴的次數明顯增多，而定襄處於新舊地軸的結

合部，便於整合黃河兩岸的力量，自此地出擊的多是重大的戰役，出兵人數皆在十萬以上，尤其是元狩四年的戰略決戰，兩大將領各自將五萬騎，而後續步兵多達數十萬之眾。在武帝發動對匈戰爭以前，匈奴的地緣格局是「諸左王將居東方，直上谷以東，接穢貉、朝鮮；右王將居西方，直上郡以西，接氐、羌；而單于庭直代、雲中。」河南地收復之後而繼之以霍去病於元狩二年給右賢王以毀滅性的打擊之後，漢匈的交戰主要發生在單于與左賢王所當的地區，由於北向地軸直接當單于王庭，無論漢軍出擊還是匈奴的報復多發生在這一地區。而在元狩四年的戰略決戰中，霍去病一舉殲滅左賢王部七萬之眾，匈奴的地緣格局發生了明顯的變化。是役之後，一方面是「是後，匈奴遠遁，而幕南無王庭。」〔註30〕而另一方面則是其重心逐步向西轉移，到元封六年兒單于即位之時，「自是後，單于益西北，左方兵直云中，右方兵直酒泉、敦煌。」〔註31〕伴隨著這種變化的是漢廷對河西與西域地區的經略日漸深入，在這種背景下北向地軸出擊匈奴的功能並未隨之而消減，所不同的是自北向地軸出擊的方向轉而以西部為主，以策應河西的漢軍。這樣西北邊疆的朔方郡的地位就尤其重要，其可以直接從側翼策應居延塞的漢軍，而隨著漢匈對抗向西部的轉移以及對河西地區用兵的需要，處於二線的北地、西河也成為重要的出擊基地，元狩六年四月驃騎將軍與合騎侯敖出北地、元狩二年霍去病、公孫敖再出北地、天漢二年因杅將軍出西河皆是指向西向，且自北向地軸上的二線漢郡較之於當邊疆的諸郡更為隱蔽。西河郡在出擊匈奴中的重要性為史念海先生所注意，他說：「西河郡在漢代緣邊諸郡中居有相當重要的地位。……此後幾次都曾由西河郡出兵。」〔註32〕他尤其強調了西河郡對於西向用兵的作用，他說：「由於戰場在西北，由西河郡出兵也是理所應當的。」〔註33〕而北向地軸對於西向的用兵還體現在鎮壓羌亂之中，元鼎六年李息、徐自為所統領的軍隊中就有很大一部分出自北向地軸的河南地〔註34〕。北向地軸對於匈奴用兵的重要性直至到了宣帝本始二年依

〔註30〕《漢書·匈奴傳上》，北京：中華書局，1962 年，第 3770 頁。

〔註31〕《漢書·匈奴傳上》，北京：中華書局，1962 年，第 3774 頁。

〔註32〕史念海：「新秦中考」，《河山集五》，太原：山西人民出版社，1991 年，第 114 頁。

〔註33〕史念海：「新秦中考」，《河山集五》，太原：山西人民出版社，1991 年，第 115 頁。

〔註34〕「六年冬十月，發隴西、天水、安定騎士及中尉、河南、河內卒十萬人，遣將軍李息、郎中令徐自為征西羌，平之。」《漢書·武帝紀》，北京：中華書局，1962 年，第 188 頁。

然重要，漢軍五大將所統領的軍隊中有三支出自北向地軸。正因為北向地軸在對匈戰爭中的重要地位，武帝封泰山歸來耀兵於邊疆即在這一地區，「元封元年冬十月，詔曰：『南越、東甌咸伏其辜，西蠻、北夷頗未輯睦。朕將巡邊垂，擇兵振旅，躬秉武節，置十二部將軍，親帥師焉。』行自雲陽，北歷上郡、西河、五原，出長城，北登單于臺，至朔方，臨北河。勒兵十八萬騎，旌旗徑千餘里，威震匈奴。遣使者告單于曰：『南越王頭已縣於漢北闕矣。單于能戰，天子自將待邊；不能，亟來臣服。何但亡匿幕北寒苦之地為！』匈奴讋焉。」〔註35〕

正因為北向地軸在對匈戰爭中的特殊地位，漢廷除了在收復河南地之後對其實行了有效的疆理之外。還實行了修築城市、建造長城、移民屯田、興修水利等眾多的舉措以綜合開發這一地區，使之適應國防前沿與出擊基地的地緣功能的需要。關於興修城市，首先即是在朔方設郡的次年（元封三年），武帝即派蘇建築朔方城，此外據周振鶴考察，「元朔五年，再築臨戎；元狩三年，又築三封與沃野。」〔註36〕另外，據劉磐修統計不包括舊地軸緣邊諸郡，僅河套地區的邊郡設縣達90之多，設縣之處皆築城設防〔註37〕。長城的修建後有專門討論，不具。關於移民屯田，漢初即已實行，是論發自婁敬，「匈奴河南白羊、樓煩王，去長安近者七百里，輕騎一日一夜可以至秦中。秦中新破，少民，地肥饒，可益實。夫諸侯初起時，非齊諸田，楚昭、屈、景莫能興。今陛下雖都關中，實少人。北近胡寇，東有六國之族，宗彊，一日有變，陛下亦未得高枕而臥也。臣原陛下徙齊諸田，楚昭、屈、景，燕、趙、韓、魏後，及豪桀名家居關中。無事，可以備胡；諸侯有變，亦足率以東伐。此彊本弱末之術也。」〔註38〕其移民的兩重意味之一即是「無事，可以備胡」，但斯時移民的重心在於防備關東豪族再起。而在文帝時期晁錯再次建言移民，其主旨則純然以實邊為目的。「然令遠方之卒守塞，一歲而更，不知胡人之能，不如選常居者，家室田作，且以備之。以便為之高城深塹，具藺石，布渠答，復為一城其內，城間百五十歲。要害之處，通川之道，調立城邑，毋下千家，為中周虎落。先為室屋，具田器，乃募罪人及免徒復作令居之；

〔註35〕《漢書·武帝紀》，北京：中華書局，1962年，第189頁。

〔註36〕周振鶴：《西漢政區地理》，北京：人民出版社，1987年，第157頁。

〔註37〕劉磐修：「漢代河套地區的開發」，《中國經濟史研究》，2003年第1期，第126頁。

〔註38〕《史記·劉敬叔孫通列傳》，北京：中華書局，1959年，第2719～2720頁。

不足，募以丁奴婢贖罪及輸奴婢欲以拜爵者；不足，乃募民之欲往者。皆賜高爵，復其家。予冬夏衣，廩食，能自給而止。」〔註39〕武帝時期北疆大舉開拓，北向地軸欲成為出擊匈奴的穩固基地，移民實邊以加強斯地之形勢可謂勢在必行。元朔二年（前 127 年），河南地收復伊始，其年夏，「募民徙朔方十萬口。」〔註40〕元狩二年（前 121 年）夏，「於是漢已得渾邪王，則隴西、北地、河西益少胡寇，徙關東貧民處所奪匈奴河南、新秦中以實之，而減北地以西戍卒半。」〔註41〕「乃徙貧民於關以西，及充朔方以南新秦中，七十餘萬口，衣食皆仰給縣官。數歲，假予產業，使者分部護之，冠蓋相望。」〔註42〕這是規模最大的一次移民實邊，北向地軸所涉的有「北地、西河、上郡」，從規模上看北向地軸應該是這次移民的主要去向。元狩五年，「徙天下奸猾吏民於邊。」〔註43〕這次規模當比較有限。除了直接移民之外，有組織的軍事屯墾也是大規模地展開，「而上郡、朔方、西河、河西開田官，斥塞卒六十萬人戍田之。」〔註44〕葛劍雄從人口的角度觀察指出：「這六十萬戍卒當然不像移民那樣定居，多數是定期輪換的，而且並不一定始終保持這樣一個數額。但開墾的規模如此之大，常年保持的人口必定相當可觀。」〔註45〕劉磐修根據《漢書·地理志》所載西漢元始二年的人口情況作了一個統計，北向地軸中僅河套地區即達到 146.2467 萬人，而同期開發的河西地區僅有 28 萬人〔註46〕，足見漢廷對於北向地軸的重視程度。然則秦昭王長城以北及舊地軸之代北地區皆是半乾旱地區，而移民屯田則必須引黃河水加以灌溉，這就促使了興修水利的熱潮。「用事者爭言水利。朔方、西河、河西、酒泉皆引河及川谷以溉田」〔註47〕《漢書·食貨志》亦謂之：「其後番係欲省底柱之漕，穿汾、河渠以為溉田；鄭當時為渭漕回遠，鑿漕直渠自長安至華陰；

〔註39〕《漢書·爰盎晁錯傳》，北京：中華書局，1962 年，第 2286 頁。
〔註40〕《漢書·武帝紀》，北京：中華書局，1962 年，第 170 頁。
〔註41〕《史記·匈奴列傳》，北京：中華書局，1959 年，第 3769 頁。
〔註42〕《史記·平準書》，北京：中華書局，1959 年，第 1425 頁。而《漢書·武帝紀》說得更為清晰：「四年冬，有司言關東貧民徙隴西、北地、西河、上郡、會稽凡七十二萬五千口。」北京：中華書局，1962 年，第 178 頁。
〔註43〕《漢書·武帝紀》，北京：中華書局，1962 年，第 179 頁。
〔註44〕《漢書·食貨志》，北京：中華書局，1962 年，第 1173 頁。
〔註45〕葛劍雄：《西漢人口地理》，北京：人民出版社，1986 年，第 166 頁。
〔註46〕劉磐修：「漢代河套地區的開發」，《中國經濟史研究》，2003 年第 1 期，第 127 頁。
〔註47〕《史記·河渠書》，北京：中華書局，1959 年，第 1414 頁。

而朔方亦穿溉渠。」〔註 48〕

　　其次，北向地軸還有一重特殊的功能即是建立屬國而安置降服的匈奴部族。由於匈奴乃游牧民族，無法將之遷徙於純粹的農耕地區，因而河西和北向地軸的河南地乃是安置匈奴降服部族的主要地區。元狩二年河西之役結束後，渾邪王將四萬眾來降，「乃分徙降者邊五郡故塞外，而皆在河南，因其故俗，爲屬國。」〔註 49〕劉磐修據《漢書‧地理志》所載考察五屬國的位置曰：「隴西屬國治勇士（今甘肅榆中北）、北地屬國治三水（寧夏同心東）、上郡屬國治龜茲（陝西榆林北）、西河屬國治美稷（內蒙古準格爾旗西北）、五原屬國治蒲澤（約在內蒙達拉特旗、準格爾旗一帶），都在秦長城之外，河套之內。」〔註 50〕茲後，宣帝五鳳三年「呼韓邪單于左大將烏厲屈與父呼遫累烏厲溫敦皆見匈奴亂，率其眾數萬人南降漢。」〔註 51〕次年，「置西河、北地屬國以處匈奴降者。」〔註 52〕屬國一般實行分散其部眾於不同的郡之下，一則可防止其力量過於集中一旦有變不好處置，二則可置於各郡的監控之下。屬國體制的創立不僅僅是對匈奴部族的安置，更起到了充實地軸人口的作用，這些屬國也被納入到武帝出擊匈奴的軍事體系之中，《史》、《漢》多處可見屬國都尉統領的軍隊參與對匈奴作戰的例子，茲不詳舉。李大龍談到屬國的性質時說：「屬國的設置是西漢王朝改變和匈奴『敵國』關係總政策在執行過程中帶來的副產品，從統治方式上看則是介於『藩臣』（包括『外臣』）與郡縣兩種不同統治形式之間的一種特殊統治形式，因而我們既可以將它視爲西漢王朝藩屬體制的一個組成部分，也可以把它看作是藩屬體制的補充。」〔註 53〕北向地軸的河南地之所以成爲安置匈奴降服部族的理想地區是與其本身的亦農亦牧的地理特徵相關的，這種安置對於匈奴部族而言無異於一種另類的「歸故鄉」，但是他們卻被分割而至於不同的郡之下，雖則有一定的自治權，但除了納入到漢廷的軍事體系之中別無出路，這種安置也在事實上起到了強化北向地軸軍事實力的作用。

〔註 48〕《漢書‧食貨志》，北京：中華書局，1962 年，第 1161 頁。

〔註 49〕《史記‧衛將軍驃騎列傳》，北京：中華書局，1959 年，第 2934 頁。

〔註 50〕劉磐修：「漢代河套地區的開發」，《中國經濟史研究》，2003 年第 1 期，第 128 頁。

〔註 51〕《漢書‧匈奴傳下》，北京：中華書局，1962 年，第 3796 頁。

〔註 52〕《漢書‧宣帝紀》，北京：中華書局，1962 年，第 267 頁。

〔註 53〕李大龍：《漢唐藩屬體制研究》，北京：中國社會科學出版社，2006 年，第 88 頁。

5.1.2 秦蜀地緣聯合體的強化與南向地軸的擴展

南向地軸一直以來都作爲關中的大後方發揮著地力的作用，這種作用不僅在戰時得到充分的印證，甚至的和平時期一旦關中乃至關東發生饑荒皆是仰給於巴蜀富厚的財力加以賑濟的。雖然早在戰國晚期巴蜀地區在對楚的進攻中曾有效地發揮了其地利功能，但是那種功能乃是整個新地軸地利作用的一個組成部分而已，而在武帝時期南向地軸的地緣功能發揮出新的作用來，這種作用是其作爲獨立的地緣單位輻射其他地域的開始，這種努力不僅表現爲南向地軸本身地域的拓展，同時也在東南和西南兩個方向展開了不同意味地緣功能的新嘗試。

5.1.2.1 秦蜀地緣聯合體的強化

秦蜀地緣聯合體是以漢中爲樞紐而建立起來的，而前章所論在巴蜀與渭水河谷之間乃是漢水谷地，南陽當其要衝，有效地實現對這一地區的控馭是保證秦蜀地緣聯合體安全暢通的關鍵。劉邦集團圍繞著關中展開了一系列的地緣實踐，對於秦蜀之間的地緣深意自然體會深刻。首先其試圖從正面突入函谷關失敗，轉而迂迴向南經武關而入關中，當其封爲漢王時，又經由子午道入漢中，燒毀棧道之後終由陳倉而取關中，又東出函谷關以爭天下，是以漢初統治者尤其重視對於秦蜀地緣聯合體的打造。關中雖則可以將巴蜀視作其戰略縱深，但是由於秦嶺雄峙其間，交通諸多不便，而其中的漢中在地緣上成爲秦蜀之間的紐帶，但是對於東方的勢力而言，沿著漢水河谷西向足以在非常之時切斷秦蜀之間的戰略聯繫。有鑒於這種形勢，漢初在秦蜀地緣聯合體的外圍也作了相關處置。一則注重對於南陽的控制，南陽不僅可以控扼漢水谷地的咽喉，而且控馭北向經武關以入關中的戰略通道，其東北向通過伏牛山與桐柏山之間的隘口可以東向應對關東形勢而與伊洛平原的漢廷力量形成戰略犄角。其南下則可觀江漢之形勢，正因爲如此，漢廷對於當巴蜀東向門戶的南郡亦不封人〔註54〕，如此則南陽而南郡形勢更爲雄壯，示天下以形制之勢。而作爲樞紐的漢中之地也自然爲漢廷視爲要害之地而不予封人，「然以帝業所興，不封藩王。」〔註55〕漢中郡守見諸《史》、《漢》記載的據

〔註54〕據周振鶴考證，「高帝五年，臨江國除，南郡復故。」此後景帝時期雖則有兩次短暫封國，但旋即除國，尤其第二次封廢太子榮於此地，一則遠離東方諸國，二則有巴蜀、南陽環伺，不無監控意味。見周振鶴：《西漢政區地理》，北京：人民出版社，1987年，第134頁。

〔註55〕〔晉〕常璩：《華陽國志校注・漢中志》，劉琳校注，成都：巴蜀出版社，1984

嚴耕望考證只有田叔與張湯之子張卬及成帝之時的王賞三人〔註 56〕。田叔當高祖東出爭天下之時即「爲漢中守。屬縣十二，……叔既饋以軍餉，又致名材立宮室。」〔註 57〕後又爲魯相；而張卬之父乃武帝幸臣，張卬本人能守漢中這一要害之處亦當被視爲親信；而王賞事迹不詳，但從其於河平二年遷右扶風亦可見其受親信。從守漢中的三位官員的出身來看，可見漢廷對於這一地區在人事任命上的愼重。

而欲強化這一地緣聯合體就必須突破秦巴山脈之限，改造關中、漢中、巴蜀三者之間的交通狀況，尤其是最爲險要的秦嶺山脈對於關中與漢中之間的阻擋。「高祖受命，興於漢中，道由子午，出散入秦，建定帝位，以漢祗（氏）焉。後以子午，途路澀難。更隨圍谷，復通堂光。凡此四道。閡隔尤艱。」〔註 58〕散關道亦即陳倉道，漢代被稱爲故道，《史記·高祖本紀》云：「漢王用韓信之計，從故道還，襲雍王章邯。」據林甘泉先生考察，故道在褒斜道開通之前相對平易，是通蜀的要道，但是其較之於關中政權而言顯得偏西，而其它道路則「途路澀難」，這種「閡隔尤艱」的局面是顯然不符合武帝時期大力溝通關中爲中心的交通需求的。「其後人有上書欲通褒斜道及漕事，下御史大夫張湯。湯問其事，因言：『抵蜀從故道，故道多阪，回遠。今穿褒斜道，少阪，近四百里；而褒水通沔，斜水通渭，皆可以行船漕。漕從南陽上沔入褒，褒之絕水至斜，間百餘里，以車轉，從斜下下渭。如此，漢中之穀可致，山東從沔無限，便於砥柱之漕。且褒斜材木竹箭之饒，擬於巴蜀。』天子以爲然，拜湯子卬爲漢中守，發數萬人作褒斜道五百餘里。道果便近，而水湍石，不可漕。」〔註 59〕褒斜道的修建本是爲了解決關中的糧食漕運問題的，所以當時興發了數萬人治理褒斜道，雖然由於其間水急多石而無法漕運，但是「道果便近」，大大加強了關中與漢中的交通聯繫。褒斜道修通之後在秦蜀地緣聯合體中的地位尤重，司馬遷謂之：「棧道千里，無所不通，唯褒斜綰轂其口。」〔註 60〕高景明、林劍鳴、張文立談到漢代關中與漢中的交通狀況時說：「當國

　　　　年，卷二，第 108 頁。

〔註 56〕嚴耕望：《兩漢太守刺史表》，上海：上海古籍出版社，2007 年，第 72 頁。

〔註 57〕〔晉〕常璩：《華陽國志校注·漢中志》，劉琳校注，成都：巴蜀出版社，1984年，卷二，第 108 頁。

〔註 58〕〔漢〕王升：《司隸校尉楊孟文石門頌》，〔宋〕洪适：《隸釋·隸續》，北京：中華書局，1985 年，卷四，第 49 頁。

〔註 59〕《史記·河渠書》，北京：中華書局，1959 年，第 1411 頁。

〔註 60〕《史記·貨殖列傳》，北京：中華書局，1959 年，第 3261～3262 頁。

內統一，特別是秦、蜀之間和平統一，道路交通無人為之患時，人們便會自動地選擇故道、褒斜之道，其它通道也就自然而然地默默無聞了。」〔註61〕據王子今先生考察，兩漢時期，王莽期間通子午道、明帝永平六年和安帝延光四年皆徵發士卒通褒斜道〔註62〕。足可見保持秦蜀地區的地緣暢通的重要性。在地理上強化秦蜀地緣聯合體的另一個重要的措施即是元鼎六年在關中西向設立武都郡，武都郡設立的前一年西羌十萬人反，武都郡的設立當與此事相關，用以加強漢中西向的防守，而自後漢史觀之，羌亂中褒斜道多次為羌人所據，多次阻斷關中與巴蜀的聯繫。為了保障關中與巴蜀交通的暢通，故道亦劃歸武都郡所轄。周振鶴指出：「從地理形勢上看，故道縣在分水嶺以北，亦當屬關中。武帝元鼎六年置武都郡時方割以屬武都。」〔註63〕

除卻交通與行政區劃上的措施在之外，在教育文化上的強化也是秦蜀地緣聯合體一體化的重要體現。對於蜀地文化推進最重要的人物即是文翁，「景帝末，為蜀郡守，仁愛好教化。見蜀地辟陋有蠻夷風，文翁欲誘進之，乃選郡縣小吏開敏有材者張叔等十餘人親自飭厲，遣詣京師，受業博士，或學律令。減省少府用度，買刀布蜀物，齎計吏以遺博士。數歲，蜀生皆成就還歸，文翁以為右職，用次察舉，官有至郡守刺史者。」〔註64〕「又修起學官於成都市中，招下縣子弟以為學官弟子，為除更徭，高者以補郡縣吏，次為孝悌力田。常選學官僮子，使在便坐受事。每出行縣，益從學官諸生明經飭行者與俱，使傳教令，出入閨閣。縣邑吏民見而榮之，數年，爭欲為學官弟子，富人至出錢以求之。由是大化，蜀地學於京師者比齊、魯焉。至武帝時，乃令天下郡國皆立學校官，自文翁為之始云。文翁終於蜀，吏民為立祠堂，歲時祭祀不絕。至今巴蜀好文雅，文翁之化也。」〔註65〕文翁的主要措施即是派遣學子「詣京師，受業博士，或學律令」，進而在蜀地辦學，在經濟上「為除更徭」，學有所成者「以補郡縣吏」。文翁的一系列推進文化教育的措施確實收到了良好的效果，蜀地因此而人才輩出，這些人才各有側重而名重一時。《華陽國志・蜀志》言及蜀地人才盛況曰：「而西秀彥盛，或龍飛紫闥，

〔註61〕高景明、林劍鳴、張文立：「關中與漢中古代交通試探」，《成都大學學報（社科版）》，1989年第1期，第30頁。

〔註62〕王子今：《秦漢交通史稿》，北京：中共中央黨校出版社，1994年，第289頁。

〔註63〕周振鶴：《西漢政區地理》，北京：人民出版社，1987年，第141頁。

〔註64〕《漢書・循吏傳》，北京：中華書局，1962年，第3625頁。

〔註65〕《漢書・循吏傳》，北京：中華書局，1962年，第3626～3627頁。

允陟璿璣；或盤桓利居，經綸皓素。故司馬相如耀文上京，揚子雲齊聖廣淵，嚴君平經德秉哲，王子淵才高名雋，李仲元湛然岳立，林公孺訓詁玄遠，何君公謨明弼諧，王延世著勳河平。其次，楊壯、何顯、得意之徒恂恂焉。」〔註 66〕尤其是司馬相如以文顯明於時對於蜀地起到了很大的推波助瀾的作用，「及司馬相如遊宦京師諸侯，以文辭顯於世。鄉黨慕循其迹。後有王褒、嚴遵，揚雄之徒，文章冠天下。」〔註 67〕儘管如此，蜀地的儒學卻並不發達，蜀人「未能篤信道德，反以好文刺譏，貴慕權勢。」〔註 68〕據陸雲先生統計「整個巴蜀一帶五經博士可考者只有 3 人，列於《儒林傳》者僅見 1 人，經學之作僅有三部，儒家類書籍也僅有兩部，加起來還不到蜀地所出書籍的五分之一。」〔註 69〕儘管如此，蜀地文化的發展使其具有了地域靈魂，這在地緣上正是蜀地作為獨立地緣單位發揮功能的文化前提，而且蜀人的這種「貴慕權勢」而尚功利的文化特色也成為其開展地緣展拓的文化基因。

5.1.2.2 南向地軸的拓展與西南夷地區兩種不同地緣功能

經由李冰治水之後，蜀地即有「陸海」、「天府」之說〔註 70〕，雖則出自晉人之口，但也多少反映出巴蜀地區的富庶。巴蜀地區自戰國以來經由秦人的百年經營，到漢初已經頗有聲色，巴蜀的士卒與糧食成為劉邦得以戰勝項羽強大的物質保障。且這一地區遠離關東而形勢自任，所以沒有遭到戰爭的破壞而得以保持經濟發展的連續性。班固《西都賦》稱譽關中的富庶時謂之：「陸海珍藏，藍田美玉。商洛緣其隈，鄠杜濱其足。源泉灌注，陂池交屬。竹林果園，芳草甘木。郊野之富，號為近蜀。」〔註 71〕這似乎說明巴蜀斯時的經濟已然超越了關中，當然這也可能與兩漢之際關中所遭到的戰亂破壞更大有關。從經濟上看，巴蜀地區毫無疑問具有了獨立進行地緣輻射的能量。值武帝銳意經營四夷，這種潛能很快就化為現實。

南向地軸的拓展關聯著對西南夷地區的經略，而這一經略一開始就帶有

〔註 66〕 〔晉〕常璩：《華陽國志校注・蜀志》，劉琳校注，成都：巴蜀出版社，1984年，卷三，第 221 頁。

〔註 67〕 《漢書・地理志下》，北京：中華書局，1962 年，第 1645 頁。

〔註 68〕 《漢書・地理志下》，北京：中華書局，1962 年，第 1645 頁。

〔註 69〕 盧雲：《漢晉文化地理》，西安：陝西人民出版社，1991 年，第 47～48 頁。

〔註 70〕 〔晉〕常璩：《華陽國志校注・蜀志》，劉琳校注，成都：巴蜀出版社，1984年，卷三，第 202 頁。

〔註 71〕 〔漢〕班固：「西都賦」，〔梁〕蕭衍編，〔唐〕李善注：《文選・賦甲》一，上海：上海古籍出版社，1986 年，卷第一，第 9 頁。

南向地軸的地緣攝制色彩。這種向東南方向拓展的嘗試是與對南越的用兵相關聯的，建元六年，大行王恢出擊東越，趁勢派遣唐蒙以兵威曉諭南越國，南越以蜀地所產的枸醬相款待，唐蒙問其產地而獲知出自番禺西北之牂牁江地區。回到長安，唐蒙進一步探明了原委，枸醬本是蜀地所產，經商人轉賣至牂牁江流域的夜郎國，而南越之枸醬又自夜郎流入，夜郎國與南越的關係密切，但也處於獨立的狀態，二者之間並沒有隸屬關係。得知這一情報之後馬上啟發了唐蒙一個大膽的計劃，其上書武帝曰：「南粵王黃屋左纛，地東西萬餘里，名為外臣，實一州主。今以長沙、豫章往，水道多絕，難行。竊聞夜郎所有精兵可得十萬，浮船牂柯，出不意，此制粵一奇也。誠以漢之強，巴、蜀之饒，通夜郎道，為置吏，甚易。」〔註72〕這一計劃馬上得到了武帝的批准，「上許之。乃拜蒙以郎中將，將千人，食重萬餘人，從巴苻關入，遂見夜郎侯多同。厚賜，諭以威德，約為置吏，使其子為令。夜郎旁小邑皆貪漢繒帛，以為漢道險，終不能有也，乃且聽蒙約。還報，乃以為犍為郡。」〔註73〕唐蒙的成功刺激了司馬相如，其依法炮製也在邛、筰二地複製唐蒙的成功經驗：「蜀人司馬相如亦言西夷邛、筰可置郡。使相如以郎中將往諭，皆如南夷，為置一都尉，十餘縣，屬蜀。」〔註74〕通夜郎的目的是為了控馭東南的南越國，是以設置犍為郡未暇即「發巴、蜀卒治道，自僰道指牂柯江。」〔註75〕關於僰道的修建，《水經注》載：「武帝感相如之言，使縣令南通僰道，費功無成。唐蒙南入斬之，乃鑿石開閣，以通南中，迄於建寧，二千餘里，山道廣丈餘，深三四丈，其塹鑿之迹猶存。」〔註76〕由於僰道所經之地山高路險，數萬人的糧食轉運也極為困難，加之氣候濕熱，這一工程的進展卻極不順利，而夜郎等地內屬也本是其貪欲錢財之故，這些地區也是叛服不定。而斯時河南地剛拿下，次年即築城朔方，但是匈奴其時勢力仍然強大，兩相權衡武帝終於接受了公孫弘的建議放棄了對西南夷的經略。「當是時，巴、蜀西郡通西南夷道，載轉相餉。數歲，道不通，士罷餓餧，離暑濕，死者甚眾。西南夷又數反，發兵興擊，耗費亡功。上患之，使公孫弘往視問焉。還報，

〔註72〕　《漢書·西南夷兩粵朝鮮傳》，北京：中華書局，1962年，第3839頁。
〔註73〕　《漢書·西南夷兩粵朝鮮傳》，北京：中華書局，1962年，第3839頁。
〔註74〕　《漢書·西南夷兩粵朝鮮傳》，北京：中華書局，1962年，第3839頁。
〔註75〕　《漢書·西南夷兩粵朝鮮傳》，北京：中華書局，1962年，第3839頁。
〔註76〕　〔北魏〕酈道元：《水經注校證·江水一》，陳橋驛校證，北京：中華書局，
　　　　　2008年，卷三十三，第770頁。

言其不便。及弘爲御史大夫，時方築朔方，據河逐胡，弘等因言西南夷爲害，可且罷，專力事匈奴。上許之，罷西夷，獨置南夷兩縣一都尉，稍令犍爲自保就。」〔註77〕

重新加大經營西南夷的力度源自張騫於元狩元年從西域帶回來的新情報，那就是巴蜀出產的蜀布居然出現在遙遠的大夏國，而大夏人所得的蜀布卻是來自身毒國，大夏國遠而身毒國卻近蜀，張騫於是建言道：「今身毒又居大夏東南數千里，有蜀物，此其去蜀不遠矣。今使大夏，從羌中，險，羌人惡之；少北，則爲匈奴所得；從蜀，宜徑，又無寇」〔註78〕張騫帶回來的消息刺激了武帝對遠方的野心，也再次點燃了武帝經營西南夷的熱情，「天子既聞大宛及大夏、安息之屬皆大國，多奇物，土著，頗與中國同俗，而兵弱，貴漢財物；其北則大月氏、康居之屬，兵強，可以賂遺設利朝也。誠得而以義屬之，則廣地萬里，重九譯，致殊俗，威德遍於四海。天子欣欣以騫言爲然。乃令因蜀犍爲發間使，四道並出：出駹，出莋，出徙、邛，出僰，皆各行一二千里。」〔註79〕但是通往西南的征程更加不利，「其北方閉氐、莋，南方閉嶲、昆明。昆明之屬無君長，善寇盜，輒殺略漢使，終莫得通。」〔註80〕但是探索通往大夏之道成爲武帝揮之不去的一個誘惑：「然聞其西可千餘里，有乘象國，名滇越，而蜀賈間出物者或至焉，於是漢以求大夏道始通滇國。」〔註81〕

武帝西南的征程尚未打開局面之時，元鼎五年夏南越發生了呂嘉叛亂，這又再次令武帝想到了昔日唐蒙的自牂柯江順流而下以伐南越的建議，武帝試圖征兵於西南夷各部族，但是卻遭到了激烈的反抗，「及至南粵反，上使馳義侯因犍爲發南夷兵。且蘭君恐遠行，旁國虜其老弱，乃與其眾反，殺使者及犍爲太守。」〔註82〕武帝一改對於西南夷的羈縻的態度開始實行武力壓服的政策，「漢乃發巴、蜀罪人當擊南粵者八校尉擊之。會越已破，漢八校尉不下，中郎將郭昌、衛廣引兵還，行誅隔滇道者且蘭，斬首數萬，遂平南夷爲牂柯郡。」〔註83〕兵威之下，元鼎五年秋，終於有一支來自牂柯江的軍隊出現在番禺城下：「馳義侯因巴、蜀罪人，發夜郎兵，下牂柯江，咸會番

〔註77〕 《漢書・西南夷兩粵朝鮮傳》，北京：中華書局，1962年，第3840頁。
〔註78〕 《漢書・張騫李廣利傳》，北京：中華書局，1962年，第2689～2690頁。
〔註79〕 《漢書・張騫李廣利傳》，北京：中華書局，1962年，第2690頁。
〔註80〕 《漢書・張騫李廣利傳》，北京：中華書局，1962年，第2690頁。
〔註81〕 《漢書・張騫李廣利傳》，北京：中華書局，1962年，第2690頁。
〔註82〕 《漢書・西南夷兩粵朝鮮傳》，北京：中華書局，1962年，第3841頁。
〔註83〕 《漢書・西南夷兩粵朝鮮傳》，北京：中華書局，1962年，第3841頁。

禺。」〔註84〕但是夜郎對於南越是有地緣依賴關係的，直至南越滅夜郎才來朝，那麼番禺城下的那支夜郎兵當是在漢軍的攜裹之下參加戰鬥的。南越之戰無意中成為打開經營西南夷局面的一把鑰匙，「夜郎侯始倚南粵，南粵已滅，還誅反者，夜郎遂入朝，上以為夜郎王。南粵破後，及漢誅且蘭、邛君，並殺莋侯，冉駹皆震恐，請臣置吏，以邛都為粵嶲郡，莋都為沈黎郡，冉駹為文山郡，廣漢西白馬為武都郡。」〔註85〕但是武帝在南越的勝利對於去南越遙遠的滇王並未產生震懾效果：「使王然於以粵破及誅南夷兵威風諭滇王入朝。滇王者，其眾數萬人，其旁東北勞深、靡莫皆同姓相杖，未肯聽。勞、莫數侵犯使者吏卒。」〔註86〕武帝最終還是決定對滇王動武，「元封二年，天子發巴、蜀兵擊滅勞深、靡莫，以兵臨滇。」〔註87〕在漢軍強大武力的懾服之下，「滇王離西夷，滇舉國降，請置吏入朝，於是以為益州郡，賜滇王王印，復長其民。」〔註88〕雖然武帝在西南有了很大的拓展，但是打通大夏道的計劃卻遙遙無期。但是，以蜀地為力量中心的南向地軸本著向東南和西南兩個不同方向輻射地緣能量的過程中，實現了其本身的地緣大拓展，這是其本身最大的亮點。而與此同時其對於東南方向的南越的控馭功能也初步得以體現，這無論在外延還是內涵上都是對大關中地緣格局的一個極大的豐富。

在南向地軸拓展的過程中，巴蜀尤其是蜀地發揮著力量策源地的作用，以成都平原為中心的蜀地經過秦人的百年經營，無論在人口還是經濟實力上都有一個很大的發展，這種發展成為對其重新疆理的基礎。高帝時期分巴蜀置廣漢郡〔註89〕，周振鶴指出：「廣漢的分置顯然是由於巴蜀地區經濟發達的緣故。尤其是都江堰灌區沃野千里，人口密集，更具備分郡的基礎。」〔註90〕犍為郡始置於建元六年，其後因北疆戰事正熾而僅保留「兩縣一都尉的建制。」〔註91〕其後犍為郡多有變更，但其力量基礎仍在於故蜀郡之地，正因為如此，

〔註84〕《漢書·西南夷兩粵朝鮮傳》，北京：中華書局，1962 年，第 3857 頁。
〔註85〕《漢書·西南夷兩粵朝鮮傳》，北京：中華書局，1962 年，第 3842 頁。
〔註86〕《漢書·西南夷兩粵朝鮮傳》，北京：中華書局，1962 年，第 3842 頁。
〔註87〕《漢書·西南夷兩粵朝鮮傳》，北京：中華書局，1962 年，第 3842 頁。
〔註88〕《漢書·西南夷兩粵朝鮮傳》，北京：中華書局，1962 年，第 3842 頁。
〔註89〕《華陽國志·蜀志》載：「高帝六年，始分置廣漢郡。」成都：巴蜀出版社，1984 年，卷三，第 214 頁。
〔註90〕周振鶴：《西漢政區地理》，北京：人民出版社，1987 年，第 142 頁。
〔註91〕周振鶴：《西漢政區地理》，北京：人民出版社，1987 年，第 143 頁。

所以周振鶴在考察了漢志關於巴蜀地區的戶口統計之後謂之：「蜀郡、廣漢、犍為因其富庶而號稱三蜀。」〔註92〕而此前蒙文通也曾指出：「漢時廣漢、犍為郡主要是從蜀郡分出，把當時這一精華地區，三郡各得一部分，所以稱為『三蜀』。」〔註93〕從《平準書》的記載中仍可清晰地發現巴蜀乃至漢中及近之的南陽等周邊故郡對於經略西南夷所發揮的力量策源地的作用來：「漢連兵三歲，誅羌，滅南越，番禺以西至蜀南者置初郡十七，且以其故俗治，毋賦稅。南陽、漢中以往郡，各以地比給初郡吏卒奉食幣物，傳車馬被具。而初郡時時小反，殺吏，漢發南方吏卒往誅之，間歲萬餘人，費皆仰給大農。大農以均輸調鹽鐵助賦，故能贍之。然兵所過縣，為以訾給毋乏而已，不敢言擅賦法矣。」〔註94〕在鎮壓西南夷等新造之地時，巴蜀故地的作用至為明顯：徵發西南夷擊南越之時而激起且蘭等地的叛亂時，「漢乃發巴、蜀罪人當擊南粵者八校尉擊之。」為了威服滇王，「元封二年，天子發巴、蜀兵擊滅勞深、靡莫，以兵臨滇。」〔註95〕《大宛列傳》的記載是：「於是漢發三輔罪人，因巴蜀士數萬人，遣兩將軍郭昌、衛廣等往擊昆明之遮漢使者，斬首虜數萬人而去。」〔註96〕而其時巴蜀戰士當是主力。昭帝初年的兩次叛亂也皆是以三蜀為主力實行鎮壓，「遣水衡都尉發蜀郡、犍為奔命萬餘人擊牂柯，大破之。後三歲，姑繒、葉榆復反，遣水衡都尉呂辟胡將郡兵擊之。」〔註97〕《漢書·食貨志》載因開西南夷之道而耗資巨大，「悉巴蜀租賦不足以更之，乃募豪民田南夷。」〔註98〕葛劍雄推測：「豪民的來源未具體說明，大約是在巴蜀內部招募豪族地主組織人力在少數民族聚居地區開荒種地，生產糧食。」〔註99〕關於此點，蒙文通亦指出：「武帝開拓西南，也屢次發巴蜀之眾。」〔註100〕

總體觀之，經略西南夷雖然是武帝經略四夷的一個組成部分，但是對西南夷地區的經略卻關乎東南南越的控馭與欲在西域方向另闢捷徑的一種努力，這是武帝時代開拓精神的一種很好的寫照。而對於南向地軸而言，打通

〔註92〕周振鶴：《西漢政區地理》，北京：人民出版社，1987年，第142頁。

〔註93〕蒙文通：《巴蜀古史論述》，成都：巴蜀出版社，1981年，第73頁。

〔註94〕《史記·平準書》，北京：中華書局，1959年，第1440頁。

〔註95〕《漢書·西南夷兩粵朝鮮傳》，北京：中華書局，1962年，第3842頁。

〔註96〕《史記·大宛列傳》，北京：中華書局，1959年，第3171頁。

〔註97〕《漢書·西南夷兩粵朝鮮傳》，北京：中華書局，1962年，第3843頁。

〔註98〕《漢書·食貨志》，北京：中華書局，1962年，第1158頁。

〔註99〕葛劍雄：《西漢人口地理》，北京：人民出版社，1986年，第199頁。

〔註100〕蒙文通：《巴蜀古史論述》，成都：巴蜀出版社，1981年，第86頁。

大夏道的努力與實現對於東南控馭的成功實踐成爲其新的地緣功能,而這種功能正是與巴蜀尤其是與蜀地一百多年的經營密不可分的。

5.1.3 武帝廣關與大關中格局的強化

5.1.3.1 武帝廣關所引起的地緣變遷

關於武帝時期的擴關,史、漢的記載相當簡略,但透過隻言片語的記載及武帝斯時的相關時勢的具體分析,是可以窺見其中的地緣意蘊的。關於這一問題辛德勇先生有很深入的研究,本節力圖在辛德勇先生的研究基礎上探究武帝廣關所引發的地緣變化。

關於武帝廣關所涉及的地域明確記載的有二:新安新函谷關與常山關。因爲常山關距離以長安渭水平原較遠,歷來不太引起注意;關於函谷關遷移之事,《武帝紀》有簡短的記載:「(元鼎)三年冬,徙函谷關於新安。以故關爲弘農縣。」〔註101〕東漢人應劭的解釋是:「時樓船將軍楊僕數有大功,恥爲關外民,上書乞徙關東,以家財給其用度。武帝意亦好廣關,於是徙關於新安,去弘農三百里。」〔註102〕函谷關由於其自春秋以來的地緣重要性本應受到關注,但是由於其關聯到楊僕之事,其遷移的原因也在很長時間裏不被學者所懷疑。正因爲如此,更鮮有學者將此兩者關聯起來深入考察武帝時期廣關現象背後的深刻地緣原因。辛德勇先生細緻地梳理了歷代學者關於函谷關遷移的不同意見,他發現對這一現象提出質疑始於宋代,自宋代開始最有價值的意見大抵有王榮商、何焯、沈欽韓與楊樹達幾位學者,何焯謂之:「五年,南越反,楊僕始拜樓船將軍,事在徙關之後。以武帝之雄,豈展拓都畿費出臣下之家財乎?應注出於流傳,非實事也。」〔註103〕沈欽韓亦曰:「僕於元鼎五年始爲將軍,前此未嘗有戰功。《酷吏傳》『僕數有大功,恥爲關外民,上書乞徙東關者』,殆虛妄也。」〔註104〕何、沈二人僅僅對於武帝將函谷關東移所關聯的楊僕「恥爲關外民」之事提出了質疑,而並未深入。楊樹達《漢書窺管》所引的王榮商語則將這一問題關聯上了常山關,將問題向前推進了一

〔註101〕《漢書・武帝紀》,北京:中華書局,1962 年,第 106 頁。
〔註102〕《漢書・武帝紀》,北京:中華書局,1962 年,第 106 頁。
〔註103〕〔清〕何焯:《義門讀書記・前漢書・紀》,崔高維點校,北京:中華書局,2006 年,卷十五,第 248 頁。
〔註104〕〔清〕沈欽韓等:《漢書疏證(外二種)》,上海:上海古籍出版社,2006 年,卷二,第 34 頁。

步，楊樹達評述王說謂之：「王榮商云：『常山關亦是時所廣，不獨函谷也。何說得之。』」〔註105〕如前所論，隨著張家山漢簡的出土，學界對於秦漢時期的大關中概念的關注度大爲提高，正是在這一背景之下，辛德勇先生在前人提出的質疑的基礎上結合出土簡牘材料，細緻地梳理相關史實將這一問題的研究向前推進了一大步。

函谷關的東移發生在元鼎三年，此時元狩四年的對匈奴決定性戰役已經取得勝利，河西、河南地皆以納入帝國的疆域之中；而在關東淮南、衡山之亂已然平定，隨著推恩令等一系列法令的出臺王國問題基本得到解決；在意識形態上關東的儒學東漸而最終被確立爲帝國的官方哲學，並且儒生可以通過察舉制度而實現向上的社會流動；由於漢匈對抗的大格局存在，加之漢初長期受到匈奴軍事侵擾以及和親政策的屈辱影響、以及武帝對於戰士的褒獎，民間對於抗擊匈奴的認同感加強，「時漢方事匈奴，式上書，願輸家財半助邊。」〔註106〕歷經數次遷徙，上百萬關東人遷往關西之地，漢簡中所顯示的將士身份大量來自關東地區。所有的這一切說明自戰國以來的關東、關西之間的對立於斯時已有很大的緩和，適時向關東伸展可以進一步完善關中的形勢而起到強化大關中的地緣控馭格局的效果。函谷關的東移絕非楊僕上書之故，而是一個有步驟縝密的系統工程，《平準書》載：「益廣關，置左右輔。」〔註107〕《集解》引徐廣曰：「元鼎三年，丁卯歲，徙函谷關於新安東界。」〔註108〕足可說明徙關絕非一個因一語而起的隨意活動。關於函谷關東移之事因牽涉到三輔核心區的地緣活動，下一小節詳述，此不贅述。

而另一處廣關的對象即是常山關，關於這一事件《史》、《漢》皆有記載，《梁孝王世家》謂之：「十九年，漢廣關，以常山爲限，而徙代王王清河。清河王徙以元鼎三年也。」〔註109〕《漢書・文三王傳》曰：「元鼎中，漢廣關，以常山爲阻。徙代王於清河，是爲剛王。」〔註110〕兩相比較沒有太大的差異，只是《史記》所載時間更準確，而班固使用「以常山爲阻」之地緣意味更濃

〔註105〕楊樹達：《漢書窺管・武帝紀第六》，上海：上海古籍出版社，1984 年，第 57 頁。
〔註106〕《漢書・公孫弘卜式兒寬傳》，北京：中華書局，1962 年，第 2625 頁。
〔註107〕《史記・平準書》，北京：中華書局，1959 年，第 1435 頁。
〔註108〕《史記・平準書》，北京：中華書局，1959 年，第 1435 頁。
〔註109〕《史記・梁孝王世家》，北京：中華書局，1959 年，第 2081 頁。
〔註110〕《漢書・文三王傳》，北京：中華書局，1962 年，第 2211 頁。

厚些而已。廣關至於常山雖是武帝時期的一個發明，但是它不是沒有一些隱性的遠緒的，而且廣關所涉的地區不僅只是代國的問題，還關涉到與之臨近的常山國乃至中山國的地緣變遷。前章所論景帝二年削趙的支郡即是拿常山郡開刀，因為常山郡地關恒山與井陘，形勢極為要害，次年析分常山郡設中山國以王子劉勝，然而要害之地盡握於漢廷之手，直到中元五年方才將析分後的常山郡改置常山國以王子劉舜。正因為七國之亂前有如此措置，是以在七國反叛的過程中河北之趙國並未有太大作為，與秦漢之際的趙地洶洶然而卓然大國的氣象完全不可同日而語。《漢書・諸侯王表》載：「元鼎三年王勃嗣，坐憲王喪服姦廢徙房陵。」〔註111〕關於劉勃被廢除國前後來由《漢書・景十三王》有詳細的敘述：「初，憲王有不愛姬生長男棁，棁以母無寵故，亦不得幸於王。王后脩生太子勃。王內多，所幸姬生子平、子商，王后稀得幸。及憲王疾甚，諸幸姬侍病，王后以妒媢不常在，輒歸舍。醫進藥，太子勃不自嘗藥，又不宿留侍疾。及王薨，王后、太子乃至。憲王雅不以棁為子數，不分與財物。郎或說太子、王后，令分棁財，皆不聽。太子代立，又不收恤棁。棁怨王后及太子。漢使者視憲王喪，棁自言憲王病時，王后、太子不侍，及薨，六日出舍，太子勃私姦、飲酒、博戲、擊筑，與女子載馳，環城過市，入獄視囚。天子遣大行騫驗問，逮諸證者，王又匿之。吏求捕，勃使人致擊笞掠，擅出漢所疑囚。有司請誅勃及憲王后脩。上曰：『脩素無行，使棁陷之罪。勃無良師傅，不忍致誅。』有司請廢勿王，徙王勃以家屬處房陵，上許之。勃王數月，廢，國除。」〔註112〕事情記敘的至為清晰，憲王長子不見幸於王以至於死後不分財產於他，求之於太子、王后亦無果，而王后本人也因厲王多內寵而稀得幸，故而王后母子對於這麼一個丈夫和父親實在沒有什麼感情。劉勃在喪服時期沒有節制行為以至於觸犯禮制。這樣的事情在漢代諸侯王國中實在算不得什麼，至少比之於燕王劉定國、趙太子丹、梁王劉立、齊王劉終古等人的禽獸行簡直不值一提，所以趙翼在「漢諸王荒亂」條根本就看不到劉勃之事〔註113〕。而且從「勃王數月，廢，國除」可確知常山國除也正好是元鼎三年，這就使得這件事情頗有政治預謀的意味而顯得有些蹊蹺。正因為如此，而劉勃乃是武帝的親侄，「旋即分常山郡三萬戶置真定國」

〔註111〕　《漢書・諸侯王表第二》，北京：中華書局，1962 年，第 417 頁。
〔註112〕　《漢書・景十三王》，北京：中華書局，1962 年，第 2434～2435 頁。
〔註113〕　〔清〕趙翼：《廿二史札記校證・漢諸王荒亂》，王樹民校證，北京：中華書局，2001 年，卷三第 62 頁。

〔註114〕以掩人耳目，雖則如此故常山國之要害之地盡歸漢有，其手法與景帝削趙常山郡析分爲中山國如出一轍。而代王劉義的徙封也正好在這值得玩味的元鼎三年，「（代王劉義）十九年，漢廣關，以常山爲限，而徙代王王清河。清河王徙以元鼎三年也。」〔註115〕代王劉參乃是景帝的親兄弟，是武帝的親叔父，其後繼嗣之王亦無明顯的把柄可循，乃以徙王清河的和平手段解決這一問題。這似乎還不是問題的全部面貌，中山靖王劉勝早在建元三年來朝之時即感於景帝時期的削藩故事而悲泣於庭，「於是上乃厚諸侯之禮，省有司所奏諸侯事，加親親之恩焉。其後更用主父偃謀，令諸侯以私恩自裂地分其子弟，而漢爲定制封號，輒別屬漢郡。漢有厚恩，而諸侯地稍自分析弱小云。」〔註116〕於是武帝對這位以「聽音樂、御聲色」爲務而子嗣達一百二十人之巨的王兄格外關照，據周振鶴統計武帝時期僅在中山國分封的王子侯就多達二十人〔註117〕，這溫情的背後即是臨近常山關的形勝之地中山國的直轄領土日漸縮小。

辛德勇在總結武帝擴關的地緣意義時指出：「在漢武帝元鼎三年（前 114年）至元鼎六年（前 111 年）之間，大關中區域北部的東界，由以臨晉關爲標誌的黃河一線，向東推進至太行山一線；中部區域的東界，由舊函谷關，向東推進至新函谷關；南部區域的東界，由四川盆地東南緣，向東南推進至柱蒲關、進桑關一線的滇桂、黔桂山地；大關中的西部區域，從北到南，也都有大幅度擴展。通過增大關中區域的範圍，大大增強了朝廷依託關中以控制關東這一基本政治和軍事地域控制方略的效力。」〔註118〕

5.1.3.2 大關中核心區的地緣展拓與強化

西漢政權在強烈的關中本位的地緣政治思維的驅動下，隨時勢而動不斷地拓展關中的地域範圍，最終確立了大關中格局，但是在遼闊的大關中地域之中昔日以長安爲中心的渭河平原的地緣優勢勢必消解於這一格局之中，如何成功地控馭這一空前遼闊的大關中地域本身，進而在這一宏大的地緣格局之中凸顯出以長安爲中心的核心區的戰略地位，乃是一個隨之而產生的地緣戰略新命題。

〔註114〕周振鶴：《西漢政區地理》，北京：人民出版社，1987 年，第 92 頁。
〔註115〕《史記‧梁孝王世家》，北京：中華書局，1959 年，第 2081 頁。
〔註116〕《漢書‧景十三王傳》，北京：中華書局，1962 年，第 2425 頁。
〔註117〕周振鶴：《西漢政區地理》，北京：人民出版社，1987 年，第 94～95 頁。
〔註118〕辛德勇：「漢武帝『廣關』與西漢前期地域控制的變遷」，《中國歷史地理論叢》，2008 年 4 月第 23 卷第 2 輯，第 82 頁。

　　秦漢時期關中畿輔有一個歷史的演變過程，早在秦朝的時候，畿輔乃
是內史，《漢書・地理志》載「本秦京師爲內史。」〔註119〕秦漢之際，項
羽宰割關中以封三秦，內史部分被一分爲二，西內史屬雍國，東內史屬塞
國，其後劉邦北入關中而定三秦，旋即設置了渭南、中地、河上三郡〔註120〕，
「九年罷，復爲內史」〔註121〕，此乃秦到高祖時期都畿的變遷情況。到了
文景之世的情況就比較複雜，一則《漢志》云「武帝建元六年分爲右內史」
〔註122〕，一則是《百官公卿表》所載：「景帝二年，分置左、右內史。」〔註123〕
兩說牴牾而令人莫衷一是，周振鶴更注意到了景帝元年「中大夫晁錯爲左內
史」〔註124〕一條，於是推測「大約在文帝後元年，內史復分爲左、右內史兩
部分。左內史相當於河上郡，右內史即故渭南、中地兩郡之和。」〔註125〕孔
祥軍別開蹊徑而提出了官系統之內史與地系統之內史分立之新說〔註126〕，從
性質上來看，這兩則相矛盾的材料分別出自地理志與官制，且文景時期在
職官上分設兩內史而治理一個大的未分置之內史政區以應對日益複雜的行
政事務，是完全有可能的，這樣歷代彌縫於二者之間或執著於一端的爭議
有了一個很合理的解釋，從而使這一問題得以解決。武帝時期三輔的形成
至爲清晰，周振鶴總結《漢志》所載而曰：「太初元年，右內史又分爲京兆
尹與右扶風兩郡，左內史同時更名爲左馮翊，三輔疆界至此乃定，而後延
續至漢末不變。」〔註127〕前節部分說到的元鼎三年函谷關東移發生在左右
內史轉化爲三輔之前，史念海僅僅著眼於事件本身所帶來的新舊關之間的
比較，因而他對於函谷關的東移的反映比較消極，他說：「函谷關東遷，雖
說還保持原來的關名，但軍事意義已經不如從前了。」雖則如此還對其控

〔註119〕《漢書・地理志下》，北京：中華書局，1962 年，第 1639 頁。

〔註120〕《漢書・高帝紀上》載：「（漢二年）雍地定，八十餘縣，置河上、渭南、中
　　　　地、隴西、上郡。」北京：中華書局，1962 年，第 38 頁。

〔註121〕《漢書・地理志》，北京：中華書局，1962 年，第 1543 頁。周振鶴在指出錢
　　　　大昕與沈欽韓在此點上的不同意見後因無它證可據，仍從漢志。見氏著：《西
　　　　漢政區地理》，北京：人民出版社，1987 年，第 131 頁。

〔註122〕《漢書・地理志》，北京：中華書局，1962 年，第 1543 頁。

〔註123〕《漢書・百官公卿表》，北京：中華書局，1962 年，第 736 頁。

〔註124〕《漢書・百官公卿表》，北京：中華書局，1962 年，第 760 頁。

〔註125〕周振鶴：《西漢政區地理》，北京：人民出版社，1987 年，第 131 頁。

〔註126〕參見孔祥軍：「漢初『三輔』稱謂沿革考」，《歷史地理》第二十一輯，上海：
　　　　上海人民出版社，2006 年。

〔註127〕周振鶴：《西漢政區地理》，北京：人民出版社，1987 年，第 131 頁。

馳交通的意義作了相當的肯定：「舊關和新關都控制了關中通往關東各地的大路。」〔註 128〕但是函谷關的遷移並非孤立的事件，全面分析函谷關遷移相伴隨的地緣舉措就會有另外一番發現。首先，函谷關東遷的同時即設立了弘農郡，《漢志》載：「弘農郡，武帝元鼎四年置。」〔註 129〕周振鶴認為當在元鼎三年，弘農郡共有弘農、盧氏、陝、宜陽、黽池、丹水、新安、商、析、陸渾、上洛等十一縣，周振鶴指出：「其弘農、上洛、商縣等三縣在舊函谷關與武關一線以西，本右內史地。弘農縣即秦函谷關，為秦內史與外郡之界。」〔註 130〕周振鶴認為弘農郡是以弘農縣為中心而建立起來的，弘農縣必為郡治所在，這樣舊關仍然牢牢掌握在漢廷手中，舊關的軍事意義仍在。弘農郡西南循丹水而上依次為丹水、商縣、上洛，而武關位於丹水與商縣之間的丹水河谷之上，《水經注‧丹水》曰：「丹水自東南流注，歷少習，出武關。應劭曰：秦之南關也，通南陽。」〔註 131〕這樣弘農之西南不僅可以加強對於進入關中的南大門武關的控制，亦可以直接控制南陽與漢水谷地，對以南陽為中心的過渡地帶建立有力的威懾。而其東向之宜陽為東出的要道，戰國時期秦人數次為東出而欲得之而後快，這樣，隨著弘農郡的設置就有效地整合了對於京畿地區外的東向與南向的防務，起到了很好的屏障作用。於此同時，「元鼎四年更置二（三）輔都尉、都尉丞各一人。」〔註 132〕關於此點辛德勇指出：「就在武帝『廣關』的下一年（前 113 年），漢朝即在京畿地區『更置二輔都尉』，二者之間，肯定具有內在的聯繫。」〔註 133〕

除卻弘農與三輔之外，將河南、河內與河東與之關聯在一起的首先即是司隸校尉的設立。「司隸校尉，周官，武帝徵和四年初置。持節，從中都官徒千二百人，捕巫蠱，督大姦猾。後罷其兵。察三輔、三河、弘農。元帝初元四年去節。成帝元延四年省。綏和二年，哀帝復置，但為司隸，冠進賢冠，

〔註 128〕 史念海：「函谷關和新函谷關」，《河山集四集》，西安：陝西師範大學出版社，1991 年，第 397～398 頁。

〔註 129〕 《漢書‧地理志》，北京：中華書局，1962 年，第 1548 頁。

〔註 130〕 周振鶴：《西漢政區地理》，北京：人民出版社，1987 年，第 132 頁。

〔註 131〕 〔北魏〕酈道元：《水經注校證‧丹水》，陳橋驛校證，北京：中華書局，2008 年，卷二十，第 486 頁。

〔註 132〕 《漢書‧百官公卿表》，北京：中華書局，1962 年，第 736 頁。

〔註 133〕 辛德勇：「漢武帝『廣關』與西漢前期地域控制的變遷」，《中國歷史地理論叢》，2008 年 4 月第 23 卷第 2 輯，第 81 頁。

屬大司空，比司直。」〔註134〕關於司隸校尉是否是在十三州之列，譚其驤遍檢歷代各家所說之得失〔註135〕而對此予以了否定，從此司隸校尉不在十三州之列成爲確論。周振鶴在 1993 年撰文時在重申了這一結論之後又指出：「不但如此，西漢司隸校尉的監察範圍有時還不大固定。例如，昭帝元始元年，河內郡與河東郡就曾分別劃屬冀州刺史部與并州刺史部。成帝元延四年至綏和二年間還短暫省去司隸校尉之職，可見此職與刺史還是有所不同，不是非有不可。」〔註136〕周說誠然是事實，但是三輔與弘農、三河在地緣上究竟是什麼關係呢？考諸史、漢所載，「三輔、三河、弘農」並稱的除去《百官公卿表》司隸校尉條之外，還有兩處。一是出自成帝鴻嘉元年二月的「治冤獄詔」，其曰：「方春生長時，臨遣諫大夫理等舉三輔、三河、弘農冤獄。公卿大夫、部刺史明申敕守、相，稱朕意焉。其賜天下民爵一級，女子百戶牛、酒，加賜鰥、寡、孤、獨、高年帛。逋貸未入者勿收。』壬午，行幸初陵，赦作徒。以新豐戲鄉爲昌陵縣，奉初陵，賜百戶牛、酒。」〔註137〕後將有所論，三輔、三河、弘農尤其是三輔地區因爲屢次遷移關東豪富之族前往，加之京師權貴林立，四方人物輻輳，最爲難治，素來治風嚴苛，成帝頒佈此詔書將七郡並列或可說明其在治理風格上是一致的，同時也說明這七郡皆是核心之地。還有一處出自哀帝初年平當的奏摺，「哀帝初，平當使領河堤，奏言：『九河今皆寘滅，按經義治水，有決河深川，而無堤防雍塞之文。河從魏郡以東，北多溢決，水迹難以分明。四海之眾不可誣，宜博求能濬川疏河者。』下丞相孔光、大司空何武，奏請部刺史、三輔、三河、弘農太守舉吏民能者，莫有應書。」〔註138〕此處將部刺史與三輔、三河、弘農太守並列，而不是與司隸校尉並舉，似乎說明司隸校尉並非一個獨立的監察區，但是哀帝綏和二年秋賑濟災民詔有追述平當所謂的哀帝初年的大水的情形：「乃者河南、潁川郡水出，流殺人民，壞敗廬舍。朕之不德，民反蒙辜，朕甚懼焉。已遣光祿大夫循行舉籍，賜死者棺錢，人三千。其令水所傷縣邑及他郡國災害什四以上，

〔註134〕《漢書・百官公卿表》，北京：中華書局，1962 年，第 737 頁。
〔註135〕譚其驤：「兩漢州部」，《長水集》（續編），北京：人民出版社，2009 年，第72～73 頁。相關討論還見《長水集》上之「討論兩漢州制致顧頡剛先生書」與「《兩漢州制考》跋」兩文，北京：人民出版社，2009 年。
〔註136〕周振鶴：「漢武帝十三刺史部所屬郡國考」，《復旦學報（社會科學版）》，1993年第 5 期，第 67 頁。
〔註137〕《漢書・成帝紀》，北京：中華書局，1962 年，第 315 頁。
〔註138〕《漢書・溝洫志》，北京：中華書局，1962 年，第 1691～1692 頁。

民貲不滿十萬，皆無出今年租賦。」﹝註139﹞而哀帝復置司隸校尉也在綏和二年，兩者誰在前後則不詳，如果平當上奏摺之時尚未復置司隸校尉，那麼部刺史與七郡太守並列倒是也在情理之中，不管兩者如何，至少能說明一點：那就是七郡乃是特殊地區。關於三河的政治地理意義，司馬遷說得明白：「昔唐人都河東，殷人都河內，周人都河南。夫三河在天下之中，若鼎足，王者所更居也，建國各數百千歲，土地小狹，民人眾，都國諸侯所聚會，故其俗纖儉習事。」﹝註140﹞三河不但鼎足於天下之中，夏商周三代次第定都於此，而且河東與關中僅一水之隔，文帝謂季布曰：「河東吾股肱郡」﹝註141﹞本是改變主意後的遁詞，但從河東之於關中的地緣關聯而言也確實是實話。河南則是關中東出之衝要之地，河內則是跨軹道經略河北的要害之地，且河南、河內夾峙黃河南北，地緣意義非同凡響。淮南王劉安在對伍被津津樂道其戰略計劃的時候仍以河東、河內爲憂：「今我令樓緩先要成皋之口，周被下潁川兵塞輾轅、伊闕之道，陳定發南陽兵守武關。河南太守獨有洛陽耳，何足憂。然此北尚有臨晉關、河東、上黨與河內、趙國。」﹝註142﹞

因爲三河近三輔且本身地位重要，三河也是權貴安插子弟的重要地區，也同樣號爲難治，「田仁上書言：『天下郡太守多爲姦利，三河尤甚，臣請先刺舉三河。三河太守皆內倚中貴人，與三公有親屬，無所畏憚，宜先正三河以警天下姦吏。』是時河南、河內太守皆御史大夫杜父兄子弟也，河東太守石丞相子孫也。是時石氏九人爲二千石，方盛貴。田仁數上書言之。杜大夫及石氏使人謝，謂田少卿曰：『吾非敢有語言也，原少卿無相誣汙也。』仁已刺三河，三河太守皆下吏誅死。仁還奏事，武帝說，以仁爲能不畏彊禦，拜仁爲丞相司直，威振天下。」﹝註143﹞觀乎嚴耕望所考的三河、弘農歷任太守表，其間著名者如弘農郡之蕭咸、王龔、翟義、枚乘；河南之吳公、魏相、嚴延年、召信臣、王嘉、翟義；河東郡之季布、田延年、周堪、蕭咸；河內之周亞夫、王溫舒、韋玄成等人皆是一代名臣。至於三輔之太守則更是名臣輩出而不勝枚舉，且多人輾轉於七郡之中﹝註144﹞。因爲七郡皆乃畿輔要害之

﹝註139﹞《漢書·哀帝紀》，北京：中華書局，1962年，第337頁。
﹝註140﹞《史記·貨殖列傳》，北京：中華書局，1959年，第3262～3263頁。
﹝註141﹞《史記·季布欒布列傳》，北京：中華書局，1959年，第2731頁。
﹝註142﹞《史記·淮南衡山列傳》，北京：中華書局，1959年，第3089頁。
﹝註143﹞《史記·田叔列傳》，北京：中華書局，1959年，第2781～2782頁。
﹝註144﹞嚴耕望：《兩漢太守刺史表》，上海：上海古籍出版社，2007年，第7～23頁。

地，尤其是三輔更是人員複雜、權貴集中，所以漢廷在此地實行非常嚴厲的
治理作風，而七郡也是酷吏輩出之地。除卻守令之外，京師更有中尉執掌治
安：「中尉，秦官，掌徼循京師，有兩丞、候、司馬、千人。武帝太初元年更
名執金吾。」〔註145〕郅都、寧成、王溫舒等人皆出任中尉之職而皆以嚴苛著
稱「都遷爲中尉，丞相條侯至貴居也，而都揖丞相。是時民樸，畏罪自重，
而都獨先嚴酷，致行法不避貴戚，列侯宗室見都側目而視，號曰『蒼鷹』。」
〔註146〕「久之，都死，後長安左右宗室多犯法，上召成爲中尉。其治效郅
都，其廉弗如，然宗室豪桀人皆惴恐。武帝即位，徙爲內史。」〔註147〕「後
會更五銖錢白金起，民爲姦，京師尤甚，乃以縱爲右內史，王溫舒爲中尉。」
〔註148〕他者出任七郡守、尉者如義縱、田延年、嚴延年、張敞、尹翁歸等
皆是嚴苛著稱，茲不詳舉。而在漢代「治劇」成爲察舉的要目，班固在《序
傳》裏稱其祖上班伯即「自請治劇」。而能治三輔之劇者更是陞遷的捷徑，「何
並字子廉，祖父以吏二千石自平輿徙平陵。並爲郡吏，至大司空掾，事何武。
武高其志節，舉能治劇，爲長陵令，道不拾遺。」〔註149〕後徙爲太守。

　　這樣，三輔、三河、弘農七郡就形成了一個以長安爲中心的核心區，右
扶風控制著回中道、故道、褒斜道、子午道、涇水河谷等交通要道；左馮翊
則控馭著洛水河谷與臨晉關；河東則伸展到舊地軸之上，以屏蔽來自山西高
原的可能威脅力量；弘農則控制著東向與南向進入關中的大門；河南、河內
則夾峙於黃河兩岸，既可控制著東向地軸的大門，又可以分馭黃河南北之形
勢。七郡之中，京兆尹最當其中，從七郡所展現出的地理形狀來看，呈現出
一個不規則的十字形架構，弘農南直指舊地軸南向之南陽，河東則具有舊地
軸之北向，河南、河內則控馭著東向地軸之要衝，而右扶風則指向河西所衍
生出來的西向軸線。所不同的是這七郡之架構隱藏於大關中的地緣格局之中
引而不發，一旦形勢有變各方要害盡可隨機制衡。這乃是武帝廣關後所形成
的核心區的地緣意蘊之所在。除了擴大畿輔範圍與實行嚴厲的治風而強化核
心地區的管理之外，如前所論，漢廷自婁敬建言徙民實關中以來，實行了長
時期的移民政策，與這種移民相關聯的還有其特殊的陵縣制度。《後漢書・東

〔註145〕《漢書・百官公卿表》，北京：中華書局，1962 年，第 732 頁。

〔註146〕《漢書・酷吏傳》，北京：中華書局，1962 年，第 3648 頁。

〔註147〕《漢書・酷吏傳》，北京：中華書局，1962 年，第 3649 頁。

〔註148〕《漢書・酷吏傳》，北京：中華書局，1962 年，第 3654 頁。

〔註149〕《漢書・蓋諸葛劉鄭孫毋將何傳》，北京：中華書局，1962 年，第 3266 頁。

平憲王蒼傳》載：「園邑之興，始自彊秦。」〔註150〕然秦雖發其端而隨著其迅速滅亡而令後世印象並不深刻，西漢的陵縣制度則規模宏大、歷時長久。據葛劍雄考察，自太上皇之萬年縣開始到元帝廢除陵縣制度，西漢的帝陵邑乃是高帝長陵、惠帝安陵、文帝霸陵、景帝陽陵、武帝茂陵、昭帝平陵和宣帝杜陵七陵，此外尚有文帝薄太后南陵、昭帝母趙婕妤雲陵、宣帝父史皇孫奉明園以及太上皇之萬年縣，共計 11 個陵縣〔註151〕。由於一再大規模遷徙人口實關中，陵縣的人口已經達到相當高的密度，葛劍雄據《漢志》及《長安志》的相關統計指出：「在長安周圍渭水兩岸和涇、渭交匯處這一狹長地區已經有了相當密集的陵縣，其中長安、茂陵到西漢末人口都在二十萬以上，長陵也有十幾萬，其他陵縣也都有幾萬或十餘萬，人口密度之高冠於全國。」〔註152〕，陵縣的設置在西漢的中前期的確起到了「內實京師，外銷姦猾」之效，關於陵縣的設置在西漢中前期的作用，劉慶柱、李毓芳指出：「西漢初期的長陵邑和安陵邑的居民，以遷徙的關東大族為主，這是由於當時朝廷要加強對發達的關東地區的政治控制。西漢中期諸陵邑的居民，則以遷徙高貲富人、豪桀兼併之家為主，這是朝廷為了保證在經濟上控制全國，分化、瓦解高貲富人和豪桀兼併勢力採取的一個措施。」〔註153〕

　　水利工程關乎國家地緣力量的強弱早在戰國時期已然明晰，都江堰成，「於是蜀沃野千里，號為『陸海』。」〔註154〕韓國為了拖住秦國東進的腳步而派水工鄭國建言嬴政修建水渠，當其謀泄時，鄭國辯曰：「始臣為間，然渠成亦秦之利也。臣為韓延數歲之命，而為秦建萬世之功。」待到渠成，「渠成而用注填閼之水，溉舄鹵之地四萬餘頃，收皆畝一鍾。於是關中為沃野，無凶年，秦以富強，卒并諸侯。」〔註155〕鄭國渠的修成奠定了關中富饒的物質基礎，史念海曰：「自此以後，秦人補足了地理環境上的缺陷，才達到真正的國富民強的地步，而奠定了統一宇內的基礎。」〔註156〕為了強化核心區的經濟

〔註150〕《後漢書‧東平憲王蒼傳》，北京：中華書局，1965 年，第 1437 頁。

〔註151〕葛劍雄：《西漢人口地理》，北京：人民出版社，1986 年，第 137～139 頁。

〔註152〕葛劍雄：《西漢人口地理》，北京：人民出版社，1986 年，第 150 頁。

〔註153〕劉慶柱、李毓芳：《西漢十一陵》，西安：陝西人民出版社，1987 年，第 225 頁。

〔註154〕〔晉〕常璩：《華陽國志校注‧蜀志》，劉琳校注，成都：巴蜀出版社，1984 年，卷三，第 202 頁。

〔註155〕《漢書‧溝洫志》，北京：中華書局，1962 年，第 1678 頁。

〔註156〕史念海：「論戰國時期稱雄諸侯各國間的關係及其所受地理環境的影響」，《河山集四集》，西安：陝西師範大學出版社，1991 年，第 337 頁。

優勢和與便利漕運之故，以三輔爲中心的核心區大舉修建水利工程，其中最著名的有徐伯渠、六輔渠與白渠。徐伯渠通，「以漕，大便利。其後漕稍多，而渠下之民頗得以溉矣。」〔註157〕六輔渠「以益溉鄭國傍高卬之田」〔註158〕而進一步完善了鄭國渠的水利系統，白渠「袤二百里，溉田四千五百餘頃」，尤其是白渠的修建進一步強化了關中富庶的物質基礎而與鄭國渠相提並論，民間爲歌以稱譽之，其曰：「田於何所？池陽、谷口。鄭國在前，白渠起後。舉臿爲雲，決渠爲雨。涇水一石，其泥數斗。且溉且糞，長我禾黍。衣食京師，億萬之口。」〔註159〕而司馬遷謂之：「故關中之地，於天下三分之一，而人眾不過什三；然量其富，什居其六。」〔註160〕而斯時大關中主要的經濟區即是渭河河谷與巴蜀地區，足見其富足於一斑。除此之外，漢代還繼承了秦代興修道路的傳統，並在秦人的基礎上進一步擴展改造，形成了一個龐大的交通系統，將帝國中心的觸角伸向四面八方，《貨殖列傳》言及長安爲中心的交通盛況時曰：「長安諸陵，四方輻湊並至而會。」〔註161〕據王子今考察，以長安爲中心通往全國最重要的大道有漢中巴蜀道、三川東海道、南陽南郡道、直道、隴西北地道〔註162〕，此外還有利用黃河渭水的內河航道，從而織就了一張巨大的交通網絡，這對於帝國的地緣控制自然意義非凡。

自武帝收復河南地始，縱向地軸發生了深刻的變遷，北向地軸成爲漢軍出擊匈奴的前出基地，北向地軸新舊兩部分進一步融合；在南向，出於控馭南越與通大夏之目的，南向地軸的巴蜀在西南和東南兩個方向作了不同的地緣演繹，不但成功實現了對南越的地緣控制的實踐，而且大大展拓了南向地軸之本身；在東向，則隨著武帝的廣關活動的次第展開，大關中的格局進一步強化，而與之相隨的是作爲核心區的三輔、三河、弘農七郡也隨之而形成。

〔註157〕《漢書·溝洫志》，北京：中華書局，1962年，第1679頁。
〔註158〕《漢書·溝洫志》，北京：中華書局，1962年，第1685頁。
〔註159〕《漢書·溝洫志》，北京：中華書局，1962年，第1685頁。
〔註160〕《史記·貨殖列傳》，北京：中華書局，1959年，第3262頁。
〔註161〕《史記·貨殖列傳》，北京：中華書局，1959年，第3261頁。
〔註162〕王子今：《秦漢交通史稿》，北京：中共中央黨校出版社，1994年，第28～30頁。

5.2 經略西域與地緣骨架的完成

秦王朝雖然疆域遼闊，但是於西疆言之仍不過臨洮，秦漢之際隨著匈奴在冒頓單于的帶領下一舉統一北疆，漸次將勢力伸展至河西一帶，自秦以來平靜的西疆由此而戰火頻仍，關中所謂「阻三面而守，獨以一面東制諸侯」的地緣局面隨之而被打破，與此同時秦蜀地緣聯合體的西向軟肋也暴露出來。而隨著元狩二年河西之戰的勝利，在霍去病統率的漢軍凌厲的攻勢下，渾邪王將四萬之眾來降，漢廷始經略河西，隨著河西四郡的建立橫向地軸開始了西向的拓展。河西由此成為經略西域的前出基地，此後歷經對樓蘭、車師、大宛的控制而最終實現了與烏孫的聯盟，漢廷置都護於烏壘以都護西域諸國，匈奴右臂於是方斷而漢之左臂亦於是方張，斯時烏孫攻其右、烏桓攻其左，漢廷之左右臂齊張而匈奴日蹙，至於呼韓邪單于來朝而陳湯擊滅郅支單于，北疆於是方定，至此而帝國的地緣骨架也因之而成立。

5.2.1 河西與西域的自然地理形勢

研究河西與西域歷史都會特別關注其自然地理形勢，而對這一地區的自然地理關注除了一般意味上山川地形所形成的地理格局之外，因為這一地區深居亞細亞內陸而處於大興安嶺——陰山——賀蘭山之西北，屬於非季風區，河流和水源成為這一地區人類活動的最重要的基礎，對河流和水源的關注也成為研究西北歷史的另一個重要的關注點。

首先，從地形特徵上看，河西地區東起烏鞘嶺，依傍祁連山（南山），北傍北山，即馬鬃山、合黎山、龍首山等山系而形成了一個東北——西南長約1000 公里，寬數公里至百餘公里不等的狹長地帶。李孝聰在談到這一地區的地形特點及河流分佈時說：「（河西走廊）大部分海拔在 1000～1500 米之間，地勢自東向西、由南向北傾斜，中間形成一個天然的平坦通道，地勢坦蕩，綠洲、沙漠、戈壁斷續分佈。河西走廊內的大黃山（又名焉支山）、黑山、寬臺山把河西走廊又分為三個主要區域，每個區域又與一個較大的內陸河流相對應，分別是石羊河流域的武威、永昌平原；黑河流域的張掖、酒泉平原；疏勒河流域的玉門、敦煌平原。」〔註163〕從中國降水分佈圖可以清晰發現，大抵自蘭州以北開始進入到半乾旱區，經河西而到達沙漠遍佈的塔里木乾旱

〔註163〕李孝聰：《中國區域歷史地理》，北京：北京大學出版社，2005 年，第 15 頁。

區，河西走廊正好處於這麼一個過渡地帶。因爲降水稀少，河流的主要水源來自積雪在夏季的融水，河流一般都比較短促。在談到河西走廊的水系特徵時勞榦先生指出：「凡是烏鞘嶺西北的河流，都成爲內陸的河流而沒入沙漠。這些河流之中，只有武威附近的白辛河、張掖附近的額濟納河、安西附近的疏勒河，在下游滙成一個湖泊，其餘許多的河流都沒入沙漠之中。」〔註164〕而在南山一帶降水較爲充沛，相對充分的降水加之發源於祁連山麓的河流的灌溉，河西走廊亦農亦牧，尤其在漢代經略河西之前，這裡乃是游牧民族的園囿。河西走廊的地理特徵使然，其在中國古代的中西交通中佔據著重要的地位，前田正名譽之爲：「該地區在東西交通、東西貿易史上具有無與倫比的重要意義。」〔註165〕

　　西域有廣義和狹義兩種不同的說法，狹義的西域大抵相當於今天的新疆地區，廣義的西域則包括蔥嶺以西中亞的廣闊地域〔註166〕。新疆的地理特徵一言以蔽之曰：三山夾兩盆，自北而南曰阿爾泰山、天山、崑崙山——阿爾金山，天山以北爲準格爾盆地、天山以南則爲塔里木盆地。橫亙中央的天山山脈宛如拔地而起，對於西疆的自然地理及歷史時期的政治經濟活動影響深遠。天山以北由於阿爾泰山呈現西北——東南走向，其西北爲薩吾爾、塔爾巴哈臺、巴爾魯克、阿拉山等較低的山脈，李孝聰指出：「西邊有阿拉山口、額爾齊斯河谷地，是自古以來的交通要道，也是西來的濕潤氣流進入北疆的通道。」〔註167〕而天山猶如一道巨大的屏障阻擋住來自北冰洋的水汽進入塔里木盆地，盆地極爲乾旱，「從四周向內的圈層地貌，依次是高山帶、山麓礫石帶、沖積平原帶（綠洲帶）和沙漠帶。」〔註168〕地形氣候使然，天山以及其南北呈現出不同的景觀，北疆阿勒泰地區「由山地、山前平原與額爾齊斯

〔註164〕勞榦：「從歷史和地理看過去的新疆」，《古代中國的歷史與文化》（下），北京：中華書局，2006 年，第 343 頁。

〔註165〕〔日〕前田正名：《河西歷史地理學研究》，陳俊謀譯，拉巴平措顧問、陳家璡主編：《西藏學參考叢書（第二輯）》，中國藏學出版社，1993 年，第 1 頁。

〔註166〕漢代的西域概念主要指環塔里木盆地的城廓諸國，本書所論述的範圍涵蓋今天新疆地區及蔥嶺外中亞諸國，爲行文方便計而使用西域這一概念，所指並不相同。關於西域的範圍及其變遷情況，參見楊建新撰：「『西域』辨正」一文，收入《新疆通史》編撰委員會編：《新疆歷史研究論文選編（秦漢卷）》，烏魯木齊：新疆人民出版社，2008 年，第 1～8 頁。

〔註167〕李孝聰：《中國區域歷史地理》，北京：北京大學出版社，2005 年，第 33 頁。

〔註168〕李孝聰：《中國區域歷史地理》，北京：北京大學出版社，2005 年，第 33 頁。

河、烏倫古河谷地組成。植被以松科、雲杉組成的森林和高山草場為主……
長期以來是游牧民族活動的場所。」〔註169〕伊犁河谷則森林、草場茂盛，是
優良的牧場；天山北路「瑪納斯至木壘為準格爾盆地南部，自南而北，由山
地、山麓洪積扇、過渡到沖積扇、沖積平原（綠洲）、沙漠，逐級分選；木壘
以東由幾個互相隔離的山間盆地組成。降水偏少，但是可以發展灌溉農業。」
〔註170〕南疆東部為吐魯番和哈密地區，主要依靠天山融雪與地下水發展灌溉
農業。南疆北部為庫爾勒、阿克蘇地區，自北向南漸次為山地、平原和沙漠，
據李孝聰考察，這一地區有塔里木河的五組水系，灌溉農業發達，且該地處
於天山的中央，河流的谷地也是通往天山北部的要道，西域都護的治所烏壘
即處於這一地區。南疆西南部為喀什地區，這裡有喀什噶爾河與葉爾羌河所
形成的沖積平原，且喀什是漢代南北兩道西去的滙合點，地理位置極為重要。
南疆南部最為重要的是和田河沖積扇；南疆的東南部的且末、若羌地區南依
崑崙山與阿爾金山，北面為塔里木河與孔雀河的尾閭，著名的樓蘭王國即位
於羅布淖爾湖沿岸，是漢代溝通北道的戰略樞紐，也因為西域自然地理特徵
所限，富有水源的樓蘭自然成為重要的補給點，地位極為重要。蔥嶺外位於
錫爾河上中游費爾干納盆地的有大宛，農牧業俱發達，尤其以盛產汗血馬而
著稱；阿姆河流域的有大月氏，阿姆河流域土壤肥沃、灌溉便利，號稱「中
亞糧倉」，優越的地理條件使得落魄而至的大月氏成為蔥嶺外的大國，勢力強
盛。康居約在今巴爾喀什湖和鹹海之間，王都卑闐城。北部是游牧區，南部
是農業區，也是這一地區重要的國家。奄蔡大約在裏海北岸、高加索一帶，
由於去漢較遠，聯繫並不密切。其它諸國與本書論題關涉不密，不具。

　　漢代西域最重要的交通線有南北二道，「自玉門、陽關出西域有兩道：從
鄯善傍南山北，波河西行至莎車，為南道，南道西逾蔥嶺則出大月氏、安息。
自車師前王廷隨北山，波河西行至疏勒，為北道，北道西逾蔥嶺則出大宛、
康居、奄蔡焉。」〔註171〕據松田壽男考察，西漢跨越天山南北的重要通道主
要有三條：從哈密穿過巴里坤達阪（庫舍圖嶺）的通道為漢匈交爭的中心；「連
結吐魯番盆地與山北的吉木薩爾方面的博格達山路，把山南的車師前王國與
山北的車師後王國連成了一體」；「從西部天山南麓的阿克蘇、烏什通通向伊

〔註169〕李孝聰：《中國區域歷史地理》，北京：北京大學出版社，2005年，第35頁。
〔註170〕李孝聰：《中國區域歷史地理》，北京：北京大學出版社，2005年，第36頁。
〔註171〕《漢書·西域傳上》，北京：中華書局，1962年，第3872頁。

塞克湖和楚河方面的勃達嶺是作爲進入西域的西漢王朝與游牧的烏孫國的交通線，利用十分頻繁。」〔註172〕拉鐵摩爾指出：「在地理上，新疆的重心是天山。」〔註173〕天山的重心地位不僅體現在地形上其橫亙於西域的中央，更體現爲這種對南北的阻擋而形成了北疆、天山山區及南疆迥然不同的自然景觀，而這正是西域各種勢力角逐的基本舞臺，這種重要地位反映於西漢對西域的地緣經略之上就是必須牢牢把握住天山這個重心，而控馭北道成爲進一步控制北疆的前提，有效地控制北疆方是眞正實現控制匈奴的關鍵。天山南部環塔里木盆地由於極度的乾燥只能在河流所及的地區形成一系列彼此分離的綠洲島，這種地理特點使然，南疆很難通過自身孵化出統一的政權來，而注定了成爲游牧勢力與中原王朝爭奪的地區。北方的游牧帝國往往將其視爲自己單一的游牧的經濟的有效補充而力圖控制這一地區，而中原漢王朝則由於關聯到關隴的安全而不得不經營這一地區。在談到由於地理所限而產生的經營模式和特點時，拉鐵摩爾指出：「這個地區終究是由漢人控制的，因爲他們比草原人更容易掌握這些漢地邊緣的類似綠洲的地區。不過他們雖然可以控制，卻永遠不能使這些地區與漢地合爲一體，因爲典型的中國廣大地區中彼此相聯的地方『細胞組織』，在這兒卻被距離、交通，尤其是中間乾旱的『非漢族』地區所破壞，使其不能把綠洲類的『細胞』本身團結起來，或與漢地結成一體。」〔註174〕雖說絲綢之路聲名遐邇，但是在西漢時期對於漢王朝而言這條通道並未發育出不可或缺具有重要經濟價值的貿易來，恰好相反，漢朝與西域的往來在經濟上往往是得不償失的，因而這一地區對於漢朝而言更多的是地緣政治的考慮。勞榦先生談到這一點時放諸整個中國古代史言之而論曰：「就經營的情況來說，中國和匈奴完全不同，匈奴以西域爲財源，而中國除去屯田地方最多能做到自給自足以外，大致總是要從內地協餉的。然而中國的中央政府決不會愛惜這些軍費，因爲倘若沒有新疆，也就沒有蒙古，沒有蒙古，也就沒有東北，而中國勢必變成北宋時代的可憐狀況了。」〔註175〕

〔註172〕〔日〕松田壽男：《古代天山歷史地理研究》，陳俊謀譯，北京：中央民族學院出版社，1987年，第19頁。

〔註173〕〔美〕拉鐵摩爾：《中國的亞洲內陸邊疆》，唐曉峰譯，南京：江蘇人民出版社，2008年，第104頁。

〔註174〕〔美〕拉鐵摩爾：《中國的亞洲內陸邊疆》，唐曉峰譯，南京：江蘇人民出版社，2008年，第117頁。

〔註175〕勞榦：「從歷史和地理看過去的新疆」，《古代中國的歷史與文化》（下），北京：中華書局，2006年，第348頁。

5.2.2 匈奴對河西的征服所引發的地緣互動

匈奴對河西的征服引發了月氏和烏孫的民族遷移，這種民族遷移進而改變了西域的地緣政治結構，這正是武帝經略西域的地緣背景。關於河西之地的月氏與烏孫的遷移所引發的地緣互動的情況極其複雜，本節僅立足於基本史料與既有研究成果對此作一個簡單的說明，以圖勾勒出西漢經營西域前的地緣政治背景。

隨著冒頓取得對東胡的勝利，進而將矛頭對準西疆的河西與西域。文帝四年，冒頓單于致文帝書曰：「今以小吏之敗約故，罰右賢王，使之西求月氏擊之。以天之福，吏卒良，馬彊力，以夷滅月氏，盡斬殺降下之。定樓蘭、烏孫、呼揭及其旁二十六國，皆以為匈奴。諸引弓之民，并為一家。」〔註176〕冒頓之言辭乃有意對文帝炫耀武力的意味，斯時的月氏並未「夷滅」，《大宛列傳》載月氏之事曰：「故時彊，輕匈奴，及冒頓立，攻破月氏，至匈奴老上單于，殺月氏王，以其頭為飲器。始月氏居敦煌、祁連間，及為匈奴所敗，乃遠去，過宛，西擊大夏而臣之，遂都媯水北，為王庭。其餘小眾不能去者，保南山羌，號小月氏。」〔註177〕冒頓派遣右賢王攻破月氏，但其並未亡國，直到老上單于殺其王方才開始遷徙，匈奴之所以對月氏實行持續的打擊可能與爭奪祁連山一帶豐美的水草有關。關於月氏故地及其遷徙的路線問題日本學者用功頗大，藤田豐八的意見是月氏第一次失敗後即遷徙至伊犁河谷，而第二次遷徙乃是匈奴因烏孫之力而迫使其過大宛而徙〔註178〕。「將必以匈奴之眾，為漢臣民，制之令千家而為一國，列處之塞外，自隴西延至遼東，各有分地以衛邊，使備月氏、灌窳之變，皆屬之置郡。」〔註179〕以《漢書·賈誼傳》推之，當時賈誼已傅長沙三年而後一年餘文帝征之，賈誼所上之表在此後，這說明冒頓破月氏之時，其尚未西遷，關於賈誼上表的時間《資治通鑑》載為文帝前六年（前174年），荀悅之《前漢紀》則載為文帝前八年（前172年），桑原騭藏認為前者更為可信〔註180〕。而且漢室已經對西疆的這次大的地

〔註176〕《史記·匈奴列傳》，北京：中華書局，1959年，第2896頁。

〔註177〕《史記·大宛列傳》，北京：中華書局，1959年，第3161～3162頁。

〔註178〕〔日〕藤田豐八：「月氏西移之年代」，《西域研究》，楊鍊譯，上海：商務印書館，1936年，第94頁。

〔註179〕閻振益、鍾夏：《新書校注·匈奴》，北京：中華書局，2000年，第134頁。

〔註180〕〔日〕桑原騭藏：《張騫西征記》，楊鍊譯，上海：商務印書館，1934年，第15頁。

緣活動所引發的可能後果有所警惕。有鑒於此，桑原騭藏則認爲「在老上單于時代月氏遂讓敦煌之故土，移往今之伊犁方面。」〔註181〕法國學者勒內‧格魯塞也持這種意見，他說：「冒頓之子，繼承者老上單于後來結束了月氏的威脅，用月氏王的頭蓋骨做了飲器，把月氏人驅逐出甘肅，迫使他們向西遷徙，由此產生了發端於亞洲高原的有史記載的第一次民族大遷徙。」〔註182〕

關於月氏的遷徙路線《大宛列傳》本來記載的極爲簡略：「及爲匈奴所敗，乃遠去，過宛，西擊大夏而臣之，遂都媯水北，爲王庭。」〔註183〕但是《漢書‧西域傳》在烏孫條中提到了更爲具體的遷徙路線：「本塞地也，大月氏西破走塞王，塞王南越縣度。大月氏居其地。後烏孫昆莫擊破大月氏，大月氏徙西臣大夏，而烏孫昆莫居之，故烏孫民有塞種、大月氏種云。」〔註184〕這種遷徙路線記載的至爲明確〔註185〕，而且還涉及到了這次遷徙的第一個受害者，這就是伊犁河谷的塞人。塞人也就是西方所說的塞克人，B.N.普里在談到月氏遷徙所引起的中亞地區民族與地緣互動時指出：「他們受到月氏人的擠迫而向西南方遷徙，佔據了巴克特里亞。此後月氏人又終結了塞克人在巴克特里亞的統治，導致其君主逃亡到罽賓（伽畢試）。喀布爾的印度——希臘人則進一步阻擋塞克人的發展，迫使他們向西面的赫拉特方向移動，從而抵達錫斯坦，該地最終便因此被稱爲『塞克斯坦』。」〔註186〕更爲複雜的情形就不再細談，而第二次遷徙則與烏孫人緊密相關，烏孫人本來也同月氏人同在河西一帶，《漢書‧張騫傳》載：「臣居匈奴中，聞烏孫王號昆莫。昆莫父難兜靡本與大月氏俱在祁連、敦煌間，小國也。大月氏攻殺難兜靡，奪其地，人民亡走匈奴。子昆莫新生，傅父布就翕侯抱亡置草中，爲求食，還，見狼乳之，

〔註181〕〔日〕桑原騭藏：《張騫西征記》，楊鍊譯，上海：商務印書館，1934年，第20頁。

〔註182〕〔法〕勒內‧格魯塞：《草原帝國》，藍琪譯，項英傑校，北京：商務印書館，2003年，第53頁。

〔註183〕《史記‧大宛列傳》，北京：中華書局，1959年，第3162頁。

〔註184〕《漢書‧西域傳下》，北京：中華書局，1962年，第3901頁。

〔註185〕關於月氏人的遷徙路線，王國維有不同的說法，他提出了南道遷徙說，他指出：「其餘小眾以保南山，一證也。其逾蔥嶺不臣大宛、康居而臣大夏，二證也。其遷徙之迹與大夏同，三證也。」參見氏：「月氏未西徙大夏時故地考」，《觀堂集林‧觀堂別集（卷一）》，石家莊：河北教育出版社，2002年，第782頁。

〔註186〕雅諾什‧哈爾馬塔主編：《中亞文明史（第二卷）》第八章「塞克人與印度——帕提亞人」，B.N.普里，G.F.埃特馬迪副主編，徐文堪、芮傳明翻譯，余太山審訂，北京：中國對外翻譯出版公司，2003年，第142頁。

又烏銜肉翔其旁，以爲神，遂持歸匈奴，單于愛養之。及壯，以其父民眾與昆莫，使將兵，數有功。時，月氏已爲匈奴所破，西擊塞王。塞王南走遠徙，月氏居其地。昆莫既健，自請單于報父怨，遂西攻破大月氏。大月氏復西走，徙大夏地。」〔註187〕這就是說烏孫本是與月氏同游牧於河西一帶，因斯時雄長河西而「輕匈奴」的月氏殺烏孫王昆莫而就此結怨。匈奴的第二次遷徙正是烏孫復仇的一個結果。但是同樣的關於殺烏孫王昆莫的說法《大宛列傳》卻將之歸到匈奴的頭上，王師炳華先生從匈奴、月氏、烏孫之間的地緣關聯入手，指出匈奴斯時並不與烏孫直接相鄰，無法跨越強大的月氏而無端擊烏孫，而且冒頓單于致文帝書亦未曾提到破烏孫之事，再則《漢書》所載也符合游牧民族的血親復仇傳統，因而比較可信。在烏孫的壓迫下，月氏再次遷徙，最終臣大夏而居之。烏孫據有了水草豐美的伊犁河谷勢力迅速膨脹，不但起人口繁滋而軍力強盛：「戶十二萬，口六十三萬，勝兵十八萬八千八百人。」〔註188〕隨著勢力的擴張也引起了對匈奴態度的變化：「故服匈奴，後盛大，取羈屬，不肯往朝會。」〔註189〕這大抵構成了西漢經略西域的地緣背景。

5.2.3 「斷匈奴右臂」戰略的歷史變遷

「斷匈奴右臂」乃是西漢極富有特色的地緣戰略，劉光華先生雖指出了張騫提出的「斷匈奴右臂」與茲後武、昭、宣的具體戰略步驟之不同，然則其具體變遷之原因並未作出明確的解釋〔註190〕，本節即從漢、匈、西域各方之間地緣政治互動歷程中細緻梳理這一著名的戰略演進的歷史過程。斷右臂在軍事、外交上的運用是指從側翼入手，先翦滅敵方側翼或在敵方側翼建立聯盟而牽制敵對勢力，進而最終戰勝敵對勢力的一種策略。但是右臂不能簡單等同於側翼，右臂於人而言乃是發揮主要攻擊功能的部位，是以以「右臂」而喻地理形勢通常是指僅次於致命之處的要害之地，《幼學瓊林·地輿》謂之：「黑子彈丸，極言至小之邑；咽喉右臂，皆言要害之區。」〔註191〕可見，「右

〔註187〕《漢書·張騫李廣利傳》，北京：中華書局，1962 年，第 2691～2692 頁。

〔註188〕《漢書·西域傳下》，北京：中華書局，1962 年，第 3901 頁。

〔註189〕《漢書·西域傳下》，北京：中華書局，1962 年，第 3901 頁。

〔註190〕劉光華：「張騫與西漢中期的『斷匈奴右臂』戰略」，《秦漢西北史地叢稿》，蘭州：甘肅文化出版社，2007 年，第 60～75 頁。

〔註191〕〔明〕程登吉：《幼學瓊林·地輿》，《傳世名著百部之幼學瓊林、龍文鞭影、聲律啓蒙、格言聯璧》，北京：藍天出版社，1999 年，卷一，第 6 頁。

臂」之重在古代乃是童蒙皆知的地理常識。但是，斷右臂的戰略卻並非西漢之首創，早在戰國時期即有「斷右臂」的地緣戰略之說，《史記・楚世家》有楚人射雁者以「射雁」爲說而諷喻楚頃襄王，其中就涉及到對魏國使用「斷右臂」的策略：「王朝張弓而射魏之大梁之南，加其右臂而徑屬之於韓，則中國之路絕而上蔡之郡壞矣。還射圉之東，解魏左肘而外擊定陶，則魏之東外棄而大宋、方與二郡者舉矣。且魏斷二臂，顛越矣；膺擊郯國，大梁可得而有也。」〔註192〕張儀說趙王連橫亦以「斷右臂」而相威脅：「今楚與秦爲昆弟之國，而韓梁稱爲東藩之臣，齊獻魚鹽之地，此斷趙之右臂也。夫斷右臂而與人鬥，失其黨而孤居，求欲毋危，豈可得乎？」〔註193〕

「斷匈奴右臂」作爲西漢對匈戰略的一個組成部分，經由了一個不同階段的發展變化過程方最後定型。而「斷匈奴右臂」的戰略則源自西漢對河西一帶的模糊認知，「是時（建元中）天子問匈奴降者，皆言匈奴破月氏王，以其頭爲飲器，月氏遁逃而常怨仇匈奴，無與共擊之。漢方欲事滅胡，聞此言，因欲通使。道必更匈奴中，乃募能使者。騫以郎應募，使月氏，與堂邑氏胡奴甘父俱出隴西。」〔註194〕張騫的首次出使西域雖未明言「斷匈奴右臂」，但究其實而言，則正是這一戰略的發端。而此時乃在建元中，漢匈之間尚未進行大的戰役，聯絡月氏以爲西向聯盟對於武帝而言極爲重要。因爲張騫出使的道路經過匈奴的控制區，匈奴對於漢朝的這次出使極爲敏感，不但扣留了張騫等人，還謂之：「月氏在吾北，漢何以得往使？吾欲使越，漢肯聽我乎？」〔註195〕由於漢廷其時對於月氏的情況一無所知，雖則張騫幾經輾轉終於找到月氏，但是當時已經經過兩次遷徙的月氏已經臣服了大夏而佔據了富饒的阿姆河流域，並無報匈奴之志：「既臣大夏而居，地肥饒，少寇，志安樂，又自以遠漢，殊無報胡之心。騫從月氏至大夏，竟不能得月氏要領。」〔註196〕而且從當時月氏所居之地來看，其距離匈奴直接勢力範圍遙遠，中間尚隔有大宛、康居、烏孫等國，在當時的地緣格局中即便月氏有報匈奴之心，在地緣戰略上是無法起到「斷匈奴右臂」的作用的，張騫的「不能得月氏要領」即是源於這種地緣認知上的無知。

〔註192〕《史記・楚世家》，北京：中華書局，1959年，第1730頁。
〔註193〕《史記・張儀列傳》，北京：中華書局，1959年，第2296頁。
〔註194〕《史記・大宛列傳》，北京：中華書局，1959年，第3157頁。
〔註195〕《史記・大宛列傳》，北京：中華書局，1959年，第3157頁。
〔註196〕《史記・大宛列傳》，北京：中華書局，1959年，第3158頁。

聯絡月氏的戰略目的雖未達成，但是張騫留西域的時間長達一年之久，在這一年多的時間裏，「騫身所至者大宛、大月氏、大夏、康居，而傳聞其旁大國五六。」〔註197〕這對於其全面認識西域的人情風貌、地理形勢有很大的幫助。張騫歸國後利用其出使西域時對匈奴地理形勢的熟悉參與了漢軍的對匈戰爭，後因失侯之故請求再次出使西域，而這次乃是正式提出「斷匈奴右臂」戰略的開始，「今單于新困於漢，而故渾邪地空無人。蠻夷俗貪漢財物，今誠以此時而厚幣賂烏孫，招以益東，居故渾邪之地，與漢結昆弟，其勢宜聽，聽則是斷匈奴右臂也。既連烏孫，自其西大夏之屬皆可招來而爲外臣。」〔註198〕關於烏孫王昆莫被殺之時前已說明《史》、《漢》所載不同，但從此處的情勢來推測，這也可能與張騫在失侯的狀態下力圖爲其順利成行之故而在局部作了修正，以便能動武帝之心的一種策略。張騫的這次出使漢、匈之間的地緣態勢發生了很大的變化，河西已經爲漢軍所控制，張騫是希望能說服烏孫重歸舊地而在匈奴右方實現戰略牽制，那麼此時的「斷匈奴右臂」即是限定在河西地區，這與首次出使西域聯絡月氏就有所不同，這說明漢廷其實有借力於烏孫來統治河西之地以抗禦匈奴的意圖，但是從「斷匈奴右臂」這種意味上來說不但不能起到在戰略上斷其右臂，反而能令匈奴張其右臂於北疆，一旦烏孫回歸河西，伊犁河谷必然爲匈奴所據，北疆也不能爲漢所有，這種情勢之下，河西之地欲息兵自是不可能之事。且烏孫所據有的伊犁河谷論其富饒程度並不在河西之下，且地域更見遼闊。張騫到達烏孫之後，情況又非其所想：「烏孫國分，王老，而遠漢，未知其大小，素服屬匈奴日久矣，且又近之，其大臣皆畏胡，不欲移徙，王不能專制。騫不得其要領。……國眾分爲三，而其大總取羈屬昆莫，昆莫亦以此不敢專約於騫。」〔註199〕烏孫王年事已高，且國家三分，地緣上之烏孫近於匈奴而不敢妄動，更加上對於遙遠的漢帝國「未知其大小」，僅憑張騫一番說辭即作出聯漢抗匈的決策自然是不可能的，張騫再一次不得要領而歸。

然而，烏孫對漢關係發生戲劇性的變化卻源自隨張騫使團來漢的烏孫使節得以「觀漢廣大」，漢、烏關係有了新的進展，茲後又因匈奴怨烏孫連漢而

〔註197〕《史記·大宛列傳》，北京：中華書局，1959年，第3160頁。
〔註198〕《史記·大宛列傳》，北京：中華書局，1959年，第3168頁。
〔註199〕《史記·大宛列傳》，北京：中華書局，1959年，第3169頁。

攻之進一步將烏孫推向漢朝。但是此時的烏孫依然執兩端，直至漢軍耀兵於大宛，漢、烏的同盟關係才發生實質性的變化。到昭帝時漢、烏聯合採取軍事行動而給予匈奴之重大打擊，從此烏孫逐步屬漢，不但匈奴的勢力日漸衰微，漢廷的勢力也得以伸展至北疆，此時「斷匈奴右臂」方收到實效。後有詳論，不贅述。西漢的「斷匈奴右臂」的戰略，後世有不同的解讀，要之，大體上有三種意見，一則是以河西爲「右臂」之地理範圍；二則以西域爲「右臂」之實際範圍；三則以河西與西域之和爲「右臂」之範圍。關於第一種情況，《後漢書‧傅燮傳》傅燮謂靈帝曰：「宗世拓境，列置四郡，議者以爲斷匈奴右臂。」〔註200〕第二種情況則主要體現在班超父子的上書與桑弘羊的論議中：建初三年，班超上疏請兵時曰：「前世議者皆曰取三十六國，號爲斷匈奴右臂。」〔註201〕元初六年，班勇上書亦曰：「昔孝武皇帝患匈奴強盛，兼總百蠻，以逼障塞。於是開通西域，離其黨與，論者以爲奪匈奴府藏，斷其右臂。」〔註202〕「先帝推讓斥奪廣饒之地，建張掖以西，隔絕羌、胡，瓜分其援。是以西域之國，皆內拒匈奴，斷其右臂」〔註203〕第三種情況則更多，班固在《西域傳》的贊中曰：「孝武之世，圖制匈奴，患者兼從西國，結黨南羌，乃表河西，列四郡，開玉門，通西域，以斷匈奴右臂，隔絕南羌、月氏。單于失援，由是遠遁，而幕南無王庭。」〔註204〕《後漢書‧西域傳》亦持此論：「遂開河西四郡，以隔絕南羌，收三十六國，斷匈奴右臂。是以單于孤特，鼠竄遠藏。」〔註205〕乃至《晉書‧地理志》論及武帝時事亦曰：「地勢西北邪出，在南山之間，南隔西羌，西通西域，於時號爲斷匈奴右臂。」〔註206〕除卻這幾種說法之外，哀帝時，太僕王舜與中壘校尉劉歆力駁孔光、何武毀武帝廟之議時提出了一種近於「右臂」的「右肩」說，其涵蓋的範圍與第三種情況相一致，其曰：「孝武皇帝愍中國罷勞無安寧之時，乃遣大將軍、驃騎、伏波、樓船之屬，南滅百粵，起七郡；北攘匈奴，降昆邪十萬之眾，置五屬國，起朔方，以奪其肥饒之地；東伐

〔註200〕《後漢書‧虞傅蓋臧列傳》，北京：中華書局，1965年，第1875頁。
〔註201〕《後漢書‧班梁列傳》，北京：中華書局，1965年，第1575頁。
〔註202〕《後漢書‧班梁列傳》，北京：中華書局，1965年，第1587頁。
〔註203〕王利器：《鹽鐵論校注‧西域第四十六》，北京：中華書局，2006年，卷第八，第499頁。
〔註204〕《漢書‧西域傳下》，北京：中華書局，1962年，第3928頁。
〔註205〕《後漢書‧西域傳》，北京：中華書局，1965年，第2912頁。
〔註206〕《晉書‧地理志》，北京：中華書局，1974年，第432頁。

朝鮮，起玄菟、樂浪，以斷匈奴之左臂；西伐大宛，并三十六國，結烏孫，起敦煌、酒泉、張掖，以隔婼羌，裂匈奴之右肩。單于孤特，遠遁於幕北。四垂無事，斥地遠境，起十餘郡。」〔註207〕三種情況中，第一、第二種情況皆與論者的話題或身份相關聯，傅燮本是談涼州之事而方謂之「列置四郡，議者以爲斷匈奴右臂」，其上文尚有「今涼州天下要衝，國家藩衛。高祖初興，使酈商別定隴右」以發語；而班超父子皆是以經略西域之身份論西域事，桑弘羊所論本身即是出自《西域》篇。而作爲主流意見的第三種觀點則同時包含有二者，傅燮與班超父子、桑弘羊就事論事而分別強調其局部而謂之「斷匈奴右臂」亦不爲過，這不過是一種語境的問題。由此觀之，西漢王朝的「斷匈奴右臂」經由歷史變遷後而使得在對匈戰略的具體範圍上，對河西的經略與對西域的經略連爲一體而不可分割，這種觀念成爲漢人的主流觀念。

而從「斷匈奴右臂」的具體性質來看，張騫首使西域以聯月氏與再使西域以聯烏孫，漢室的意圖皆是寓軍事戰略於外交戰略之中的地緣戰略；而自烏孫拒絕了重返故地之後，漢廷設河西四郡親自經營河西時，這一戰略則變成河西爲軍事性質，而西域則以外交爲主；而隨著漢廷逐步控制南北二道，尤其是西域都護的設置之後，西域各國經歷了一個行政化漸次加重的過程，雖然這一行政化的特徵不同於漢廷直接控制下的郡縣體制。隨著匈奴問題的漸次解決，行政化的色彩日益加重，「自宣、元後，單于稱藩臣，西域服從。」〔註208〕而「斷匈奴右臂」的戰略目標也隨之而消解。

5.2.4 西漢對河西的經略與西向地軸的伸展

河西的地緣政治意義體現爲：關中之西向屏障、出擊匈奴之前出基地、經略西域之戰略通道、隔斷羌胡的地緣聯繫四大方面。從西漢的對匈奴戰略來看，經略河西乃是其「斷匈奴右臂」的重要步驟，甚至在前期即是這一戰略的本身。從河西所面臨的地緣形勢來看，其威脅主要來自兩個方面：西向之羌人與北面乃至東面之匈奴。而西漢對河西經略的漸漸成型亦與此兩大地緣威脅與四種地緣功能緊密關聯。

〔註207〕《漢書·韋賢傳》，北京：中華書局，1962 年，第 3126 頁。
〔註208〕《漢書·西域傳》，北京：中華書局，1962 年，第 3874 頁。

5.2.4.1 河西之戰與河西北段的地緣變遷

武帝對河西的戰役是繼河南之戰後的第二次重大戰役，河西之戰由霍去病指揮，分春、夏兩個階段進行，元狩二年春，「遣驃騎將軍霍去病出隴西，至皋蘭，斬首八千餘級。」〔註209〕關於這次戰役，武帝的封賞詔書記曰：「票騎將軍率戎士逾烏盭，討遬濮，涉狐奴，歷五王國，輜重人眾攝讋者弗取，幾獲單于子。轉戰六日，過焉支山千有餘里，合短兵，鏖皋蘭下，殺折蘭王，斬盧侯王，銳悍者誅，全甲獲醜，執渾邪王子及相國、都尉，捷首虜八千九百六十級，收休屠祭天金人，師率減什七。」〔註210〕這次戰役乃是從隴西正面出擊河西，雖然戰果輝煌，但是漢軍的損失也是很大，戰鬥減員達到十分之七之多。同年夏，「將軍去病、公孫敖出北地二千餘里，過居延，斬首虜三萬餘級。」〔註211〕武帝的封賞詔書亦有詳細記載：「票騎將軍涉鈞耆，濟居延，遂臻小月氏，攻祁連山，揚武乎觻得，得單于單桓、酋涂王，及相國、都尉以眾降下者二千五百人，可謂能舍服知成而止矣。捷首虜三萬二百，獲五王，王母、單于閼氏、王子五十九人，相國、將軍、當戶、都尉六十三人，師大率減什三。」〔註212〕第二次戰役與第一次有很大的不同，這與行軍路線有直接的關聯，霍去病這次採取從側翼迂迴到河西後方，封住匈奴北撤的通道向南打，所以這次奇襲不但虜獲了眾多的匈奴貴族還捕獲了三萬之眾，戰鬥減員僅有三成。狄宇宙對這次戰役的評價是：「漢朝已經能夠熟練地計劃部署並進行長距離的軍事戰役，因此他們已經有能力深入游牧民族的領土內，對游牧民族的居住地進行出其不意的攻擊。」〔註213〕兩次大的戰役使得匈奴右部遭受到沉重的打擊而實力大為削弱，更重要的通過這兩次重大的戰役引起了匈奴內部的矛盾加劇，「其秋，單于怒昆邪王、休屠王居西方為漢所殺虜數萬人，欲召誅之。昆邪、休屠王恐，謀降漢，漢使票騎將軍迎之。昆邪王殺休屠王，並將其眾降漢，凡四萬餘人，號十萬。」〔註214〕

〔註209〕《漢書‧武帝紀》，北京：中華書局，1962年，第176頁。
〔註210〕《漢書‧衛青霍去病傳》，北京：中華書局，1962年，第2479頁。
〔註211〕《漢書‧武帝紀》，北京：中華書局，1962年，第176頁。
〔註212〕《漢書‧衛青霍去病傳》，北京：中華書局，1962年，第2480頁。
〔註213〕〔美〕狄宇宙：《古代中國與其強鄰：東亞歷史上游牧力量的興起》，賀嚴、高書文譯，北京：中國社會科學出版社，2010年，第276頁。
〔註214〕《漢書‧匈奴傳上》，北京：中華書局，1962年，第3769頁。

　　漢軍在河西的勝利揭開了經略河西的序幕，但是這一戰略舉措卻經歷了
一個複雜的變化過程。關於河西四郡的設置年代由於《武帝紀》與《漢志》
的記載互相牴牾，而史、漢所載又不盡相同，歷來都是一個聚訟紛紜的話題，
自司馬遷、全祖望等人對此提出質疑以來，從民國時期開始，張維華〔註215〕、
勞榦〔註216〕、陳夢家〔註217〕、黃文弼〔註218〕、日比野丈夫〔註219〕、周振鶴
〔註220〕、張春樹〔註221〕、王宗維〔註222〕、郝樹聲〔註223〕等學者對此問題作
了大量的研究，對於這一問題的認識向前作了重要的推進，但至今仍無一個
普遍為學界所接受的定論。由於本節探討的意旨所限，暫不打算捲入這場紛
爭，但就以上學者研究的一些既有成果結合基本史料以說明河西北段（四郡）
地區的地緣變遷歷程。漢軍在河西之戰勝利後並無直接經營河西的打算，對
於河西之地的處置則是出於張騫在元狩四年之後所提出的引烏孫歸河西故地
的策略，此點首先為張維華所顯見，其曰：「夫元狩五年前後，河西故渾邪王
地，尚空無人居，而欲招烏孫以居之，則此時必無建郡設縣之事。」〔註224〕
渾邪王來降後，「於是漢已得昆邪，則隴西、北地、河西益少胡寇，徙關東貧
民處所奪匈奴河南地新秦中以實之，而減北地以西戍卒半。」〔註225〕關中西

〔註215〕張維華：《漢史論集·漢河西四郡建置年代考疑》，濟南：齊魯書社，1980年，
　　　　　第309頁。
〔註216〕勞榦：《居延漢簡考釋·考證之部》，上海：商務印書館，1949年，卷一，第
　　　　　2～7頁。
〔註217〕陳夢家：《漢簡綴述·河西四郡的建置年代》，北京：中華書局，2004年，第
　　　　　179頁。
〔註218〕黃文弼：《西北史地論叢·河西四郡建置年代考》，上海：上海人民出版社，
　　　　　1981年，第105頁。
〔註219〕〔日〕日比野丈夫：「論河西四郡的設置年代」，劉俊文主編：《日本學者研究
　　　　　中國史論著選譯·民族交通》，辛德勇、黃舒眉、劉韶軍等譯，北京：中華書
　　　　　局，1993年，第九卷，第641頁。
〔註220〕周振鶴：《漢代政區地理》，北京：人民出版社，1987年，第157頁。
〔註221〕張春樹：「漢代河西四郡的建置年代與開拓過程的推測：兼論漢初西向擴展的
　　　　　原始與發展」，《漢代邊疆史論集》，臺北：食貨出版社，1977年，第19頁。
〔註222〕王宗維：「漢代河西四郡始設年代問題」，《西北史地》，1986年第3期。亦可
　　　　　見氏：《漢代絲綢之路的咽喉——河西路》，北京：崑崙出版社，2001年，第
　　　　　225～244頁。
〔註223〕郝樹聲：「漢河西四郡設置年代考辨」，《開發研究》1996年第6期、1997年
　　　　　第3期。
〔註224〕張維華：「漢河西四郡建置年代考疑」，《漢史論集》，濟南：齊魯書社，1980
　　　　　年，第312頁。
〔註225〕《漢書·匈奴傳上》，北京：中華書局，1962年，第3769頁。

向的威脅已去，漢廷移民充實河南地，卻未見移民河西的記載，反倒是「減北地以西戍卒半」，此後二年，武帝移民七十二萬之眾亦不見河西在此之列，可見斯時漢廷經營的重點仍在北向地軸之河南地，尚不及騰出手來經營河西走廊，故而希望招引烏孫歸故地以充實河西。張騫使烏孫而確知其無歸河西故地之意，張騫歸來後拜爲大行令，《百官公卿表》載「中郎將張騫爲大行令」在元鼎二年（前 115 年）。而在此後的三年，漢軍在河西進行了一次全面掃蕩以圖清除匈奴殘餘勢力：「烏維立三年（元鼎六年），漢已滅兩越，遣故太僕公孫賀將萬五千騎出九原二千餘里，至浮苴井，從票侯趙破奴萬餘騎出令居數千里，至匈奴河水，皆不見匈奴一人而還。」〔註 226〕從這則材料來看，趙破奴出擊之地是在河西南段地近天水的令居，如果漢廷已然設置酒泉郡是不會在從遙遠的令居出擊而但可以在更北的據點發動攻擊的，且如果漢廷已然設郡亦不會對於河西走廊的敵情了然無知而使得大軍空出的，關於這一點，日比野丈夫也指出：「由此可知當時令居仍處於第一線前沿上。」〔註 227〕與此同時，就在武帝封泰山的前一年，武帝親率十八萬大軍巡邊而同時派出使節諭告單于以圖決戰，武帝之意在於徹底解決匈奴問題以封泰山祭告功勞於上天「是時，天子巡邊，親至朔方，勒兵十八萬騎以見武節，而使郭吉風告單于。……單于見吉，吉曰：『南越王頭已懸於漢北闕下。今單于即能前與漢戰，天子自將兵待邊；即不能，亟南面而臣子漢。何但遠走，亡匿於幕北寒苦無水草之地爲？』」〔註 228〕元鼎六年，南越已然平定，西南夷地區也取得了根本性的進展，河南地形勢日漸穩定，加之張騫出使西域歸來後，隨行而至的西域各國使節得以交通漢朝，經營西域的熱情由此而高漲，而元鼎五年的羌人之亂時其聯絡匈奴的動向也引起了武帝的警惕，經略河西已然提上了整個西部戰略的日程，綜合考慮，似乎陳夢家、張春樹、日比野丈夫、郝樹聲等人所主張的酒泉郡設立於元鼎六年更爲可信。周振鶴對於《武帝紀》所謂元狩二年「以其地爲武威、酒泉郡」之酒泉郡的設立時間持保守的肯定，他舉出了朔方郡的設立乃是收復河南地之後立即設郡，並且是先設郡後移民以反駁張維華、陳夢家之說〔註 229〕，但是朔方郡的情況不同於酒泉，一則是漢廷在

〔註 226〕《漢書‧匈奴傳上》，北京：中華書局，1962 年，第 3771 頁。

〔註 227〕〔日〕日比野丈夫：「論河西四郡的設置年代」，劉俊文主編：《日本學者研究中國史論著選譯‧民族交通》，辛德勇、黃舒眉、劉韶軍等譯，北京：中華書局，1993 年，第九卷，第 657 頁。

〔註 228〕《漢書‧匈奴傳》，北京：中華書局，1962 年，第 3771～3772 頁。

〔註 229〕周振鶴：《漢代政區地理》，北京：人民出版社，1987 年，第 166 頁。

北向地軸黃河以北的陰山地區已經有基礎，二則因為其地關長安的安全與「地空」的河西不可同日而語。另外，周振鶴注意到元狩四年之後漢廷已然在河西展開了移民屯田的活動，並以此為據來反駁張、陳兩位的主張，誠然，經過元狩四年的漠北之戰後，匈奴元氣大傷，「是後，匈奴遠遁，而幕南無王庭。漢度河自朔方以西至令居，往往通渠置田官，吏卒五六萬人，稍蠶食，地接匈奴以北。」〔註230〕但是漢廷在朔方到令居一線的黃河以西展開移民屯田是為了加強黃河西向的防線，河南地地勢曠衍而僅有一河之隔，而河西黃河沿岸土壤肥沃，可以引黃河水進行灌溉，從而大大加強北向地軸之西部防線。張春樹注意到了西漢在西疆的開拓是漸次展開的，往往通過軍事佔領的開地之後，進而由縣及都尉最終設郡三步完成〔註231〕；臺灣學者邵臺新也指出：「漢代開發河西地區的過程是先派軍人駐守，設立亭障，兼負屯戍與候望之責。然後一面實施軍屯，一面募民墾田，逐漸充實新辟之地，……其後，隨著民屯的發展，地方行政組織也出現。」〔註232〕酒泉郡首設各家基本上意見一致，不同的乃是在具體時間上有所爭議，但是，張掖郡的設立於元鼎六年則是多數學者的意見，王宗維與日比野丈夫雖有不同意見，亦皆認為其設立於元鼎六年之後。隨著漢廷開始在河西設郡，與之相伴的是大規模的軍事屯墾的開展，同樣是在元鼎六年，「初置張掖、酒泉郡，而上郡、朔方、西河、河西開田官，斥塞卒六十萬人戍田之。」〔註233〕

為了保衛河西的安全，漢軍最初沿河西走廊一路逶迤西北向修築了亭障要塞以護衛其側翼安全，據陳夢家考，到元封四年（前 107 年）「明年，（王恢）擊破姑師，虜樓蘭王。酒泉列亭障至玉門矣。」〔註234〕而此時由於匈奴重心西移所帶來的地緣壓力也日益加大，而敦煌則首當其衝，到元封六年時，匈奴「右方兵直酒泉、敦煌。」而斯時經略西域已成為武帝實施「斷匈奴右臂」刻不容緩的戰略步驟，設置敦煌郡已經成為戰略的必須，但是關於敦煌的設置各家意見也很不一致，比較而言，陳夢家引太初二年李廣利出征大宛不利入敦煌及茲後李陵教射於敦煌、張掖等史料推測敦煌之置或在元封四、

〔註230〕《漢書·匈奴傳上》，北京：中華書局，1962 年，第 3770 頁。
〔註231〕張春樹：「漢代河西四郡的建置年代與開拓過程的推測：兼論漢初西向擴展的原始與發展」，《漢代邊疆史論集》，臺北：食貨出版社，1977 年，第 87 頁。
〔註232〕邵臺新：《漢代河西四郡的拓展》，臺北：商務印書館，1988 年，第 44 頁。
〔註233〕《史記·平準書》，北京：中華書局，1959 年，第 1439 頁。
〔註234〕《漢書·張騫李廣利傳》，北京：中華書局，1962 年，第 2695 頁。

五年間〔註235〕，而根據前面張春樹、邵臺新提出的漢廷經略河西漸次拓展的特徵來看，似乎更為合理。但是，周振鶴據敦煌石室所出《沙州都督府圖經》引「《漢書》武帝元鼎六年將軍趙破奴出令居，析酒泉置敦煌郡」條為據，並以之與今本《漢書・武帝紀》「又遣浮沮將軍公孫賀出九原，匈河將軍趙破奴出令居，皆二千餘里，不見虜而還。乃分武威、酒泉地置張掖、敦煌郡，徙民以實之」條相互印證，進而指出敦煌郡設置當在元鼎六年。在無史料支持的前提下，暫且從周說。但是自太初年間武帝銳意經營西域起，河西走廊綿延千里僅靠單薄的亭障防線是不足以維護漫長的交通線的安全的，所以在太初三年，武帝派遣李廣利二伐大宛的時候，開始大力加強河西側翼的防守力量：「益發戍甲卒十八萬，酒泉、張掖北，置居延、休屠以衛酒泉。」〔註236〕《武帝紀》載：「強弩都尉路博德築居延。」〔註237〕居延塞與休屠塞是利用弱水與穀水所形成的綠洲進行屯田戍守，兩塞之中尤其以居延塞的戰略地位至為重要，居延塞附近地勢開闊平坦，既便於匈奴騎兵往來於蒙古高原與西域之間，又便利其衝擊河西走廊側翼，漢軍於居延築城設防則將匈奴東西通路攔腰切斷，又可前出以觀匈奴動靜，這樣就迫使匈奴僅可由天山尾閭與戈壁阿爾泰山之間的隘口穿行，這種軍事處置自可大大削弱匈奴騎兵對於西域通道側翼的威脅。王北辰先生指出：「居延綠洲位在大漠之中，形成了東西、南北交通大路的十字路口，特別是北通龍城南衛酒泉，所以漢朝對它十分重視。」〔註238〕武威郡《史記》根本就沒有提及，其設置在最後基本是學界的共識，但是具體設置年代依然有爭議。但是，武威郡的設置定是與整個西疆的地緣體系的完善有關，關於此點陳夢家慧眼獨具，其曰：「河西的武威介乎河套五邊郡與河西三郡之間，是一薄弱地點，尚待加強以鞏固防禦匈奴的北邊。」〔註239〕

　　河西四郡尤其是北方的敦煌、酒泉、張掖三郡對於出擊匈奴、經營西域發揮著前出基地與戰略通道等重要的地緣功能，而隨著漢廷在西域經營的深

〔註235〕陳夢家：《漢簡綴述・河西四郡的建置年代》，北京：中華書局，2004年，第186頁。

〔註236〕《史記・大宛列傳》，北京：中華書局，1959年，第3176頁。

〔註237〕《漢書・武帝紀》，北京：中華書局，1962年，第201頁。

〔註238〕王北辰：《王北辰西北歷史地理論文集・古代居延道路》，北京：學苑出版社，2003年，第67頁。

〔註239〕陳夢家：「河西四郡的建置年代」，《漢簡綴述》，北京：中華書局，2004年，第187頁。

入，河西四郡所發揮的這兩重地緣功能日趨重合，到本始二年無將軍出擊匈奴之時，西域問題已然與匈奴問題連爲一體，兩重功能兼而有之。而隨著匈奴在西漢的打擊下日趨西移，河西也成爲匈奴爭奪的焦點。太初三年，「其秋，匈奴大人雲中、定襄、五原、朔方，殺略數千人，敗數二千石而去，行壞光祿所築亭障。又使右賢王入酒泉、張掖，略數千人。會任文擊救，盡復失其所得而去。聞貳師將軍破大宛，斬其王還，單于欲遮之，不敢，其多病死。」〔註240〕徵和二年，「匈奴復入五原、酒泉，殺兩部都尉。」〔註241〕元鳳元年，「單于使犁污王窺邊，言酒泉、張掖兵益弱，出兵試擊，冀可復得其地。時漢先得降者，聞其計，天子詔邊警備。後無幾，右賢王、犁污王四千騎分三隊，入日勒、屋蘭、番和。……自是後，匈奴不敢入張掖。」〔註242〕隨著漢軍逐漸在西域站穩跟腳，西線的漢匈對抗多集中在天山一線的車師附近，河西披兵的現象逐漸減少。除了上述兩種地緣功能之外，河西四郡與南部的金城郡連爲一體，整體擔負者「隔絕羌胡」的地緣功能。因而河西在漢廷的西疆地緣戰略中承擔著經略西域的前出基地、出擊匈奴的前出基地、隔斷羌胡數種地緣功能，可謂漢室西疆地緣戰略的中樞環節。

武帝太初年間至宣帝本始年間河西四郡地緣功能一覽表：

時　間	地　點	簡　況	功　能	出　處
太初元年	敦煌	以廣利爲貳師將軍，發屬國六千騎及郡國惡少年數萬人以往，期至貳師城取善馬，……引而還。往來二歲，至敦煌，士不過什一二。……貳師恐，因留屯敦煌。	出擊大宛的基地	《漢書·張騫李廣利傳》
未知	酒泉、張掖	（李陵）嘗深入匈奴二千餘里，過居延視地形，無所見虜而還。拜爲騎都尉，將丹陽楚人五千人，教射酒泉、張掖以屯衛胡。	出擊匈奴的基地	《史記·李將軍列傳》
太初三年	敦煌	赦因徒扜寇盜，發惡少年及邊騎，歲餘而出敦煌六萬人，負私從者不與。牛十萬，馬三萬	出擊大宛的基地	《漢書·張騫李廣利傳》

〔註240〕《漢書·匈奴傳上》，北京：中華書局，1962年，第3776頁。
〔註241〕《漢書·匈奴傳上》，北京：中華書局，1962年，第3783頁。
〔註242〕《漢書·匈奴傳上》，北京：中華書局，1962年，第3783頁。

		匹，驢、橐駝以萬數齎糧，兵弩甚設。天下騷動，轉相奉伐宛，五十餘校尉。		
天漢二年	酒泉、張掖	漢使貳師將軍將三萬騎出酒泉，擊右賢王於天山，得首虜萬餘級而還。匈奴大圍貳師，幾不得脫。漢兵物故什六七。漢又使因杅將軍出西河，與強弩都尉會涿邪山，亡所得。使騎都尉李陵將步兵五千人出居延北千餘里，與單于會，合戰，陵所殺傷萬餘人，兵食盡，欲歸，單于圍陵，陵降匈奴，其兵得脫歸漢者四百人。	出擊匈奴的基地	《漢書·匈奴傳》
天漢四年	張掖	漢使貳師將軍六萬騎、步兵七萬，出朔方；強弩都尉路博德將萬餘人，與貳師會，游擊將軍說步兵三萬人，出五原；因杅將軍敖將騎萬，步兵三萬人，出雁門。	出擊匈奴的基地	《漢書·匈奴傳》
徵和二年	酒泉	於是漢遣貳師將軍七萬人出五原，御史大夫商丘成將三萬餘人出西河，重合侯莽通將四萬騎出酒泉千餘里。	出擊匈奴的基地	《漢書·匈奴傳》
元鳳元年	張掖	張掖太守、屬國都尉發兵擊，大破之，得脫者數百人。	出擊匈奴的基地	《漢書·匈奴傳》
本始二年	張掖、酒泉	本始二年，漢大發關東輕銳士，……度遼將軍范明友三萬餘騎，出張掖；……後將軍趙充國爲蒲類將軍，三萬餘騎，出酒泉……兵十餘萬騎，出塞各二千餘里。	出擊匈奴基地、經略西域的基地	《漢書·匈奴傳》

5.2.4.2「隔絕羌胡」與河西南段的地緣變化

　　據王宗維先生考察，秦漢之際居住於河西地區的民族有 14 個之多〔註243〕，其中最主要的乃是羌人、月氏、匈奴，自月氏、烏孫相繼離去後，在漢軍收河西之前，河西地區最主要的民族即爲匈奴與羌人。但是，漢初羌人雖爲匈奴

〔註243〕王宗維：「秦漢之際河西地區的民族及其分佈」，《蘭州大學學報（社會科學版）》，1985 年第 3 期，第 88 頁。

所臣服，但是羌人部族眾多、彼此間並不隸屬，且互為攻伐，其中部分羌人也依附於漢廷，而成為漢廷保衛邊塞的重要力量：「至於漢興，匈奴冒頓兵強，破東胡，走月氏，威震百蠻，臣服諸羌。景帝時，研種留何率種人求守隴西塞，於是徙留何等於狄道、安故，至臨洮、氐道、羌道縣。」〔註 244〕晁錯獻制匈奴策於景帝時亦非常重視「以夷制夷」的策略，其曰：「今降胡義渠蠻夷之屬來歸誼者，其眾數千，飲食長技與匈奴同，可賜之堅甲絮衣，勁弓利矢，益以邊郡之良騎。令明將能知其習俗和輯其心者，以陛下之明約將之。即有險阻，以此當之；平地通道，則以輕車材官制之。兩軍相為表裏，各用其長技，衡加之以眾，此萬全之術也。」〔註 245〕這裡的「義渠蠻夷之屬」當不只是僅指義渠，亦當包括羌人部族。

　　羌人真正成為漢室西疆的地緣威脅當與漢廷在西疆的地緣活動有關，前節有論，漢廷在經營河西走廊之前已然開始在黃河以西自朔方至令居一線開始經營，而令居縣的設立，據《水經注·河水》載：「湟水又東徑允吾縣北為鄭伯津，與澗水合，水出令居縣西北塞外，南流經其縣故城西。漢武帝元鼎二年置。」〔註 246〕這說明漢廷在河西的經營是早於河西四郡的設立的，而令居正好處於一個重要的戰略要衝，李並成指出：「令居一地既處中原經由隴西、金城郡西北通河西走廊乃至印度半島和地中海沿岸的大道，又處西通湟水流域乃至青藏高原腹地，北通漠北匈奴故地的大道；既是古絲綢之路的必經之地，又當極為重要的大軍出征和軍事運輸補給的通道；既控扼陸路交通道口，又據黃河津渡。可謂地處東西、南北交通的十字路口。」〔註 247〕漢廷在令居周圍的活動可能對羌人的生活產生很大的衝擊，《西羌傳》載：「及武帝征伐四夷，開地廣境，北卻匈奴，西逐諸羌，乃度河、湟，築令居塞、初開河西，列置四郡，通道玉門，隔絕羌胡，使南北不得交關。於是障塞亭燧出長城外數千里。」〔註 248〕其中所說之事雖是不同時期，但有兩點值得注意，一則是「西逐諸羌」當從漢廷在令居附近的活動開始，其二，「隔絕羌胡」的戰略當在羌人的反抗發生之後。漢廷在令居一帶的活動終於招致了

〔註 244〕《後漢書·西羌傳》，北京：中華書局，1965 年，第 2876 頁。

〔註 245〕《漢書·爰盎晁錯傳》，北京：中華書局，1962 年，第 2282～2283 頁。

〔註 246〕〔北魏〕酈道元：《水經注校證·河水一》，陳橋驛校證，北京：中華書局，2008 年，卷二，第 50 頁。

〔註 247〕李並成：《河西走廊歷史地理（第一卷）》第 169 頁，甘肅人民出版社 1995 年。

〔註 248〕《後漢書·西羌傳》，北京：中華書局，1965 年，第 2876 頁。

羌人的聯合反抗，「西羌眾十萬人反，與匈奴通使，攻故安，圍枹罕。匈奴入五原，殺太守。」〔註249〕《西羌傳》載：「時先零羌與封養牢姐種解仇結盟，與匈奴通，合兵十餘萬，共攻令居、安故，遂圍枹罕。」〔註250〕對於羌人的這次聯合大反抗，武帝出動了十萬大軍方才將之平息，「六年冬十月，發隴西、天水、安定騎士及中尉、河南、河內卒十萬人，遣將軍李息、郎中令徐自爲征西羌，平之。」〔註251〕西羌之亂中聯絡匈奴的舉動引起了武帝的警惕，「隔絕羌胡」與系統經略河西的戰略由此而生，「是時（元鼎六年）漢東拔穢貉、朝鮮以爲郡，而西置酒泉郡以鬲絕胡與羌通之路。」〔註252〕對於此點，陳夢家在論述漢置酒泉郡的年代時曰：「張掖、酒泉在地理上足以隔絕匈奴與南羌，其置郡是平羌的結果。」〔註253〕在平定羌亂的同時，「又數萬人度河築令居」以強化這一戰略要衝的防守力量，而對於此點，陳夢家指出：「所謂『數萬人渡河築令居』，不能解釋爲築令居的障塞而應該是築令居以西的長城，因漢代的障或城較小，用不著數萬人力。」〔註254〕如此理解則是羌亂乃是擘劃整個河西防禦體系的開始。在平定羌亂之後，漢廷還有一個重要的戰略舉措就是設置護羌校尉，《西羌傳》載：「始置護羌校尉，持節統領焉。羌乃去湟中，依西海、鹽池左右。漢遂因山爲塞，河西地空，稍徙人以實之。」〔註255〕

還有一個值得注意的現象就是在武帝開始經營朔方至令居一線的時候，開始加強關中西向的防守，具體體現爲天水和安定這兩個新郡的設置上。「天水郡，武帝元鼎三年置。」〔註256〕「安定郡，武帝元鼎三年置。」〔註257〕而在二郡設立之前的元狩四年漠北之戰勝利後，安定、天水所出之隴西、北地二郡皆在移民充實之列：「（元狩）四年冬，有司言關東貧民徙隴西、北地、西河、上郡、會稽凡七十二萬五千口。」周振鶴的解釋是「隴

〔註249〕《漢書·武帝紀》，北京：中華書局，1962 年，第 188 頁。
〔註250〕《後漢書·西羌傳》，北京：中華書局，1965 年，第 2876 頁。
〔註251〕《漢書·武帝紀》，北京：中華書局，1962 年，第 188 頁。
〔註252〕《史記·匈奴列傳上》，北京：中華書局，1959 年，第 3913 頁。
〔註253〕陳夢家：「河西四郡的建置年代」，《漢簡綴述》，北京：中華書局，2004 年，第 185 頁。
〔註254〕陳夢家：「河西四郡的建置年代」，《漢簡綴述》，北京：中華書局，2004 年，第 187 頁。
〔註255〕《後漢書·西羌傳》，北京：中華書局，1965 年，第 2877 頁。
〔註256〕《漢書·地理志》，北京：中華書局，1962 年，第 1611 頁。
〔註257〕《漢書·地理志》，北京：中華書局，1962 年，第 1615 頁。

西、北地、上郡等三郡恢復秦時之規模，其後並移民以實之。」〔註258〕而有意思的是漢廷系統開發朔方至令居一線也正好是在漠北之戰結束後，元鼎二年漢廷已經在這一線的南境置令居縣，令居之置及漢廷在河西南段的地緣活動定然引起了羌人的不安，叛亂的徵兆應該已經為漢廷所感知，而元鼎三年所置的天水、安定二郡正有加強這一地區防守的意味。而當元鼎五年羌人終於聯合暴起之時，在武帝派遣給李息鎮壓羌亂的軍隊中，「隴西、天水、安定騎士」赫然在列，而如前章所論，在羌亂平息的元鼎六年，武帝又置武都郡以拱衛秦蜀地緣聯合體之結合部。這樣，北地、安定、天水、隴西、武都五郡一字排開呈新月狀，構成了防護縱向地軸的有效屏障，而安定、天水、隴西則首當其衝。漢廷在鎮壓了羌人叛亂之後，雖然設置了護羌校尉，但是由於令居所在之地乃戰略要衝所在，而斯時河西與西域的經營已經深入展開，所以到昭帝始元六年為加強對這一戰略要衝的控制而設置了金城郡，「以邊塞闊遠，取天水、隴西、張掖郡各二縣置金城郡。」〔註259〕金城郡設置後所領有的屬縣有大幅的擴張，周振鶴談到金城郡的設置及其變遷時指出：「金城郡之置，是為了加強邊塞的防務，以防備羌人北上為主。……增加新縣的原因，一則是人口之增多，一則是對羌用兵的勝利，使郡境有所擴大。」〔註260〕

武帝雖然鎮壓了羌人的叛亂，而此後漢廷在這一地區作了系統的地緣處置，但是羌人依然是暗潮洶湧，趙充國謂宣帝曰：「至征和五年，先零豪封煎等通使匈奴，匈奴使人至小月氏，傳告諸羌曰：『漢貳師將軍眾十餘萬人降匈奴。羌人為漢事苦。張掖、酒泉本我地，地肥美，可共擊居之。』以此觀匈奴欲與羌合，非一世也。」〔註261〕到了宣帝時期大規模的羌亂再起，這次的起因是由於光祿大夫義渠安國巡視西羌的時候承諾了奏聞先零羌渡湟水而牧的請求，「是時，光祿大夫義渠安國使行諸羌，先零豪言願時渡湟水北，逐民所不田處畜牧。安國以聞。充國劾安國奉使不敬。是後，羌人旁緣前言，抵冒渡湟水，郡縣不能禁。元康三年，先零遂與諸羌種豪二百餘人解仇交質盟詛。」〔註262〕「後月餘，羌侯狼何果遣使至匈奴借兵，

〔註258〕周振鶴：《漢代政區地理》，北京：人民出版社，1987年，第135頁。
〔註259〕《漢書·昭帝紀》，北京：中華書局，1962年，第224頁。
〔註260〕周振鶴：《漢代政區地理》，北京：人民出版社，1987年，第171頁。
〔註261〕《漢書·趙充國辛慶忌傳》，北京：中華書局，1962年，第2973頁。
〔註262〕《漢書·趙充國辛慶忌傳》，北京：中華書局，1962年，第2972頁。

欲擊鄯善、敦煌以絕漢道。」〔註263〕面對羌人的大舉反叛，漢廷任用趙充國、許延壽、辛武賢等將領對羌人實行鎮壓，「西羌反，發三輔、中都官徒弛刑，及應募佽飛射士、羽林孤兒，胡、越騎，三河、潁川、沛郡、淮陽、汝南材官，金城、隴西、天水、安定、北地、上郡騎士、羌騎，詣金城。」〔註264〕尤其是趙充國使用恩威並施而加強屯田的措施，最終平定了羌亂。神爵二年，「置金城屬國以處降羌。」〔註265〕元帝永光二年，「乡姐等七種羌寇隴西，遣右將軍馮奉世擊破降之。」〔註266〕定羌之後，元帝詔曰：「羌虜破散創艾，亡逃出塞，其罷吏士，頗留屯田，備要害處。」〔註267〕其採用的仍是趙充國平羌的成法。「自乡姐羌降之後數十年，四夷賓服，邊塞無事。至王莽輔政，欲燿威德，以懷遠為名，乃令譯諷旨諸羌，使共獻西海之地，初開以為郡，築五縣，邊海亭燧相望焉。……時王莽末，四夷內侵，及莽敗，眾羌遂還據西海為寇。更始、赤眉之際，羌遂放縱，寇金城、隴西。隗囂雖擁兵而不能討之，乃就慰納，因發其眾與漢相拒。」〔註268〕兩漢之際，天下大亂，羌亂遂不可收拾。

　　總體觀之，河西地區處於羌人與匈奴兩大民族之間，其擔負著出擊匈奴、經略西域、隔斷羌胡諸種地緣功能於一體，可謂西疆地緣戰略的中樞。其前期主要在於出擊匈奴、經略西域為中心而維護河西北段的地緣安全，而當西域已定、匈奴來朝之時，羌人成為河西地區主要的威脅，從漢廷經略河西的歷史觀之，西向地軸伸展的歷史即是漢廷同羌人與匈奴鬥爭的歷史。

5.2.5 漢廷經略西域的地緣層次

　　顧祖禹論及關中、河西、西域三者之間的關係而曰：「欲保秦、隴，必固河西；欲固河西，必斥西域。」〔註269〕經略河西成為經略西域的戰略基礎，而經略西域則是維護河西地緣安全的必要前提。而經略西域則是以天山為中心而展開的，無論聯盟烏孫還是設置都護及對車師的爭奪皆在天山南麓的北

〔註263〕《漢書‧趙充國辛慶忌傳》，北京：中華書局，1962年，第2973頁。
〔註264〕《漢書‧宣帝紀》，北京：中華書局，1962年，第260頁。
〔註265〕《漢書‧宣帝紀》，北京：中華書局，1962年，第262頁。
〔註266〕《後漢書‧西羌傳》，北京：中華書局，1965年，第2877頁。
〔註267〕《漢書‧馮奉世傳》，北京：中華書局，1962年，第3299頁。
〔註268〕《後漢書‧西羌傳》，北京：中華書局，1965年，第2878頁。
〔註269〕〔清〕顧祖禹：《讀史方輿紀要‧陝西十二》，賀次君、施和金點校，北京：中華書局，2005年，卷六十三，第2972頁。

道展開，而地處河西與北道要衝的樓蘭道的打通則是經略西域戰略成功的必要前提；西征大宛則是漢廷地緣力量到達蔥嶺之外的一個重要體現，由此起到了震懾蔥嶺外諸國，並進而達成了烏孫與漢之聯盟，從而最終實現了「斷匈奴右臂」的地緣戰略；奪占車師則最終斬斷了匈奴在天山以南的地緣據點，西域都護的設立則標誌著漢廷最終將西域納入到行政管轄之下，成為漢廷西疆戰略達成的重要標誌。

5.2.5.1 樓蘭道的打通與樓蘭國的地緣變遷

西漢經營西域是以天山為中心而展開的，無論實施聯烏孫以「斷匈奴右臂」的戰略，還是西征大宛、設立西域都護、爭奪車師等重大的地緣活動皆離不開天山南麓的北道。保障貫通敦煌到北道的通路的暢通成為經略西域的關鍵步驟，而樓蘭正處在這一樞紐位置上。蘇北海指出：「只有從敦煌向西北經玉門關、樓蘭、庫爾勒、龜茲一線，才是進可以攻，退可以守，隨時威懾敵人的戰略之路，從而樓蘭就成為漢與匈奴爭奪西域的戰略要地。」〔註270〕關於樓蘭道的具體路線，孟凡人指出：「所謂『樓蘭道』，就是指從敦煌之西的玉門關或陽關，越三隴沙，過阿奇克谷地和白龍堆，經土垠（居盧倉）或樓蘭古城，沿孔雀河岸至西域腹地之路。」〔註271〕張騫出使西域歸來對漢武帝言及樓蘭的形勢曰：「而樓蘭、姑師邑有城郭，臨鹽澤。鹽澤去長安可五千里。匈奴右方居鹽澤以東，至隴西長城，南接羌，鬲漢道焉。」〔註272〕張騫所帶回來的信息說明了匈奴自定樓蘭、烏孫等二十六國之後西域東向的地緣環境的概觀。武帝欲經略西域，而樓蘭首當其衝，打通樓蘭道成為漢廷經營西域的首要環節。

而到漢廷經略西域之時，樓蘭自文帝初年為匈奴所降服已逾半個多世紀，「匈奴西邊日逐王置僮僕都尉，使領西域，常居焉耆、危須、尉黎間。」〔註273〕其東向之車師更是為匈奴所控制，種種地緣上利害所在，加之匈奴長達半個多世紀的統治，使得樓蘭在地緣上與匈奴連為一體。而自張騫鑿空以來，一則漢廷對西域的興趣與日俱增，二則出使西域乃是利祿所在的捷徑，吏卒爭言出使西域：「自博望侯開外國道以尊貴，其後從吏卒皆爭上

〔註270〕蘇北海：「光照千秋的樓蘭古國和樓蘭古道」，《西域歷史地理》（第二卷），烏魯木齊：新疆大學出版社，2000年，第11頁。

〔註271〕孟凡人：《樓蘭新史》，北京：光明日報出版社，1990年，第46頁。

〔註272〕《史記·大宛列傳》，北京：中華書局，1959年，第3160頁。

〔註273〕《漢書·西域傳上》，北京：中華書局，1962年，第3872頁。

書言外國奇怪利害，求使。天子爲其絕遠，非人所樂往，聽其言，予節，募吏民毋問所從來，爲具備人眾遣之，以廣其道。」〔註274〕這樣，一方面是朝廷開闢西域的需要，一方面是利祿的誘惑，漢廷的使節大軍一時間蔚爲壯觀：「諸使外國一輩大者數百，少者百餘人，人所齎操大放博望侯時。其後益習而衰少焉。漢率一歲中使多者十餘，少者五六輩，遠者八九歲，近者數歲而反。」〔註275〕這眾多的使節中人等莠雜而多無行之輩，而且眾多的使節紛至沓來對於樓蘭這樣的綠洲小國而言也是一件不堪重負的事情。王師炳華先生指出：「軍事上的受制，政治依附，文化相通，經濟上不僅感受不到開通歐亞大陸交通路線的利益，而且陡增許多負擔，這就使樓蘭對漢通西域難有熱情。」〔註276〕處於通西域必經之道上的樓蘭的負擔尤其沉重，在漢廷經營西域的問題上採取與匈奴合作而遮擊漢使的態度，「樓蘭、姑師當道，苦之，攻劫漢使王恢等，又數爲匈奴耳目，令其兵遮漢使。」〔註277〕樓蘭成爲漢廷經略西域的首要障礙，有鑒於此，武帝決定拔除樓蘭這個障礙，元封三年，「漢使多言其國有城邑，兵弱易擊。於是武帝遣從票侯趙破奴將屬國騎及郡兵數萬擊姑師。王恢數爲樓蘭所苦，上令恢佐破奴將兵。破奴與輕騎七百人先至，虜樓蘭王，遂破姑師，因暴兵威以動烏孫、大宛之屬。還，封破奴爲浞野侯，恢爲浩侯。於是漢列亭障至玉門矣。」〔註278〕由於樓蘭的特殊地緣價值，匈奴在樓蘭王降服於漢之後馬上作出了反應，「樓蘭既降服貢獻，匈奴聞，發兵擊之。」〔註279〕懾於漢、匈雙方的壓力，樓蘭由單屬匈奴而變爲兩屬於漢、匈二國。但是，樓蘭屬漢後其處境並未得到改觀，其雖不敢正面與漢王朝抗爭，但暗中仍然傾向於匈奴一邊，太初三年，「貳師軍擊大宛，匈奴欲遮之，貳師兵盛不敢當，即遣騎因樓蘭候漢使後過者，欲絕勿通。時漢軍正任文將兵屯玉門關，爲貳師後距，捕得生口，知狀以聞。上詔文便道引兵捕樓蘭王。」〔註280〕面對武帝的指斥，樓蘭王道出了其地緣苦衷：「小國在大國間，不兩屬無以自安。願徙國入居漢

〔註274〕《史記‧大宛列傳》，北京：中華書局，1959年，第3171頁。
〔註275〕《史記‧大宛列傳》，北京：中華書局，1959年，第3170頁。
〔註276〕王炳華：「羅布淖爾考古與樓蘭——鄯善史研究」（未刊稿）。
〔註277〕《漢書‧西域傳上》，北京：中華書局，1962年，第3876頁。
〔註278〕《漢書‧西域傳上》，北京：中華書局，1962年，第3876頁。
〔註279〕《漢書‧西域傳上》，北京：中華書局，1962年，第3877頁。
〔註280〕《漢書‧西域傳上》，北京：中華書局，1962年，第3877頁。

地。」〔註281〕武帝體諒其特殊處境而並未追究，再次寬宥了樓蘭王，「亦因使候司匈奴。」〔註282〕樓蘭也因之而漸不為匈奴所信任。征和年間，樓蘭王在匈奴的質子得以先入為王，樓蘭與漢廷的關係再次疏遠，首先是樓蘭王在王后的唆使下託辭不入朝覲見，接著權衡屬漢後變本加厲的種種負擔最終倒向匈奴：「然樓蘭國最在東垂，近漢，當白龍堆，乏水草，常主發導，負水儋糧，送迎漢使，又數為吏卒所寇，懲艾不便與漢通。後復為匈奴反間，數遮殺漢使。」〔註283〕昭帝封傅介子詔書有「樓蘭王安歸嘗為匈奴間，候遮漢使者，發兵殺略衛司馬安樂、光祿大夫忠、期門郎遂成等三輩，及安息、大宛使，盜取節印、獻物」〔註284〕語，可見重新倒向匈奴的樓蘭對於漢廷經營西域造成巨大的威脅。

由於樓蘭的一再反覆，為了確保樓蘭道的暢通，昭帝元鳳四年，霍光下決心徹底解決這一問題。「元鳳四年，大將軍霍光白遣平樂監傅介子往刺其王。介子輕將勇敢士，齎金幣，揚言以賜外國為名。既至樓蘭，詐其王欲賜之，王喜，與介子飲，醉，將其王屏語，壯士二人從後刺殺之，貴人左右皆散走。介子告諭以：『王負漢罪，天子遣我誅王，當更立王弟尉屠耆在漢者。漢兵方至，毋敢動，自令滅國矣！』介子遂斬王嘗歸首，馳傳詣闕，懸首北闕下。」〔註285〕由於樓蘭處於漢、匈之間的特殊地緣位置使然，雖然漢廷對於這一西域蕞爾小國一再寬宥，卻始終無法保證樓蘭全心向漢並保障樓蘭道的暢通無阻。而一旦樓蘭道有失，則勢必影響到漢廷經營西域之全局。樓蘭的向背既是地緣形勢使然，那麼既保障樓蘭全心向漢，更重要的是同時保障樓蘭道的暢通，最好的辦法就是徹底遷徙樓蘭國。「乃立尉屠耆為王，更名其國為鄯善，為刻印章，賜以宮女為夫人，備車騎輜重，丞相將軍率百官送至橫門外，祖而遣之。王自請天子曰：『身在漢久，今歸，單弱，而前王有子在，恐為所殺。國中有伊循城，其地肥美，願漢遣一將屯田積穀，令臣得依其威重。』於是漢遣司馬一人、吏士四十人，田伊循以填撫之。其後更置都尉。伊循官置始此矣。」〔註286〕漢廷一方面立親漢的尉屠耆為王，同時將樓蘭遷

〔註281〕《漢書・西域傳上》，北京：中華書局，1962 年，第 3877 頁。
〔註282〕《漢書・西域傳上》，北京：中華書局，1962 年，第 3877 頁。
〔註283〕《漢書・西域傳上》，北京：中華書局，1962 年，第 3878 頁。
〔註284〕《漢書・傅常鄭甘陳段傳》，北京：中華書局，1962 年，第 3002 頁。
〔註285〕《漢書・西域傳上》，北京：中華書局，1962 年，第 3878 頁。
〔註286〕《漢書・西域傳上》，北京：中華書局，1962 年，第 3878 頁。

徙至阿爾金山下的若羌河流域，改國名為鄯善，同時在政治上極盡優渥之能事，刻印章、賜宮女、備車騎、百官禮送，對於西域小國如此待遇實屬罕見。同時在其王城扜泥城東北的伊循屯田以威懾可能的親匈奴勢力。但是，由於《漢書·西域傳》言及鄯善的變遷史僅僅「鄯善國，本名樓蘭，王治扜泥城」一句十二字一帶而過，使得這一問題歷來頗多爭議。長澤和俊在談到樓蘭變遷史時說：「尉屠耆原是樓蘭的質子，其國民也只是以鄯善人代替了樓蘭人。此後，王國仍繼續存在了下去。」〔註287〕穆舜英也說：「直到公元前77年西漢王朝為控制絲路的暢通，派平樂監傅介子前往樓蘭都城，刺殺了前王，另立新王，改樓蘭國名為鄯善國，遷國都於扜泥城……原樓蘭城成為鄯善國中的一個城市。」〔註288〕穆舜英指出了遷都但同時認為樓蘭舊地仍屬鄯善所有。但是更多的學者則認同遷徙鄯善與漢廷同時控制樓蘭舊地進行屯戍的處置。侯燦先生指出：「更名後的鄯善應予南遷，樓蘭王城遂成為漢代的屯墾戍守重地。」〔註289〕林梅村先生也指出：「西漢元鳳四年（前77年）遷都鄯善河（今若羌縣車爾臣河）流域的扜泥城，樓蘭國因此更名為鄯善國。」〔註290〕蘇北海指出：「現在把樓蘭王遷放於婼羌，又有漢屯田士兵進行保護，就可堅其向漢之心，而樓蘭城則可成為漢朝在樓蘭地區的屯戍中心。」〔註291〕

　　作為支持尉屠耆的鄯善國的一個重要舉措即是屯田伊循，最初的規模只是「遣司馬一人、吏士四十人。」但是由於鄯善國遷徙南道之後依然是「當漢道衝」的重要地位，伊循屯田在地緣上還有一個控馭南道的戰略作用，且其處於樓蘭與扜泥城之間的衝要之地，可以起到連接樓蘭道而將南北二道的東部連貫成一個整體的地緣網絡的作用，因而伊循屯田的規模有一個漸次擴大的過程，王炳華先生與孟凡人先生都注意到了土垠漢簡中有「伊循都尉」的字樣，二位先生都認為伊循屯田在樓蘭遷國後有一個很大

〔註287〕〔日〕長澤和俊：「樓蘭王國史研究序說」，《絲綢之路史研究》，鍾美珠譯，天津：天津古籍出版社，1990年，第176頁。

〔註288〕穆舜英：「古樓蘭文明的發現及研究」，馬大正、王嶸、楊鐮主編：《西域考察與研究》，烏魯木齊：新疆人民出版社，1997年，第444頁。

〔註289〕侯燦：「論樓蘭城的發展及其衰廢」，《高昌樓蘭研究論集》，烏魯木齊：新疆人民出版社，1990年，第230頁。

〔註290〕林梅村：「樓蘭國始都考」，《漢唐西域與中國文明》，北京：文物出版社，1998年，第281頁。

〔註291〕蘇北海：「光照千秋的樓蘭古國和樓蘭古道」，《西域歷史地理》（第二卷），烏魯木齊：新疆大學出版社，2000年，第12頁。

的發展〔註 292〕。且《漢書·馮奉世傳》中有：「前將軍增舉奉世以衛候使持節送大宛諸國客。至伊脩城，都尉宋將言莎車與旁國共攻殺漢所置莎車王萬年，並殺漢使者奚充國。」〔註 293〕伊脩城，藤田豐八曰：「此伊脩城爲《西域傳》之伊循城，殆無疑義。」〔註 294〕孟先生據此推斷「伊循都尉府的設置也應早於神爵二年。」〔註 295〕馮奉世出使大宛的途中正值「從鄯善以西皆絕不通」的危殆局面，馮奉世正是以伊循爲前出基地而發西域列國兵最終撲滅莎車之亂的：「遂以節諭告諸國王，因發其兵，南北道合萬五千人進擊莎車，攻拔其城。」〔註 296〕由於西漢屯田樓蘭史無明載，歷來同樓蘭鄯善是否即爲一體混雜於一起，爭議頗多。但是隨著樓蘭考古的進展，學界對於這一地區的認識有了一個新的進展。黃文弼先生在上世紀三十年代在羅布淖爾地區發現了 72 枚漢簡，簡文所涉年號上迄宣帝黃龍元年（前49 年），下止於成帝元延五年（前 8 年），簡牘內容所涉皆爲漢廷經略西域之盛時，對於明晰樓蘭地區的地緣價值具有極高的學術價值，黃先生在談到此點時不無欣慰的指出：「須知此數百里荒涼之區，在漢代，力極經營，耗費人力物力成爲軍事及政治之根據地，北捍匈奴，南服于闐，今由此簡皆可以證明也。」〔註 297〕黃先生所論雖是就兩漢而言，但於西漢而言其意義亦在其中矣。進入上世紀八十年代以來，樓蘭考古取得了更大的進展，王師炳華先生是參與樓蘭考古的重要學者，親歷樓蘭地區諸多重要的考古現場，反覆考察了樓蘭地區的文化遺存，他在細緻研究相關文獻及土垠漢簡，並結合多年來實地考察的發現，還原了西漢王朝在土垠、樓蘭一帶進行屯田戍守的相關政治軍事活動，他尤其指出了地處樓蘭道衝要的土垠的地緣價值：「守住了「土垠」，就有可能在孔雀河北岸移民屯田，就可以有效防阻匈奴征騎南下，保證西域都護府與敦煌間的交通安全。」〔註 298〕關

〔註 292〕王炳華：「羅布淖爾考古與樓蘭──鄯善史研究」（未刊稿）。孟凡人：《樓蘭新史》，北京：光明日報出版社，1990 年，第 84～85 頁。

〔註 293〕《漢書·馮奉世傳》，北京：中華書局，1962 年，第 3294 頁。

〔註 294〕〔日〕藤田豐八：《西域研究·扜泥城與伊循城》，楊鍊譯，上海：商務印書館，1935 年，第 1～2 頁。

〔註 295〕孟凡人：《樓蘭新史》，北京：光明日報出版社，1990 年，第 85 頁。

〔註 296〕《漢書·馮奉世傳》，北京：中華書局，1962 年，第 3294 頁。

〔註 297〕黃文弼：《西北史地論叢·羅布淖爾漢簡考釋》，上海：上海人民出版社，1981年，第 354 頁。

〔註 298〕王炳華：「居盧訾倉故址研究」，《絲路考古兩題》，香港大學饒宗頤學術館學

於屯戍樓蘭地區的地緣價值,深諳西域形勢的班勇說得明白:「又宜遣西域長史將五百人屯樓蘭,西當焉耆、龜茲徑路,南強鄯善、於窴心膽,北捍匈奴,東近敦煌。如此誠便。」〔註299〕在論及漢廷對於樓蘭徙國這一重大決策的時候王炳華先生指出:「漢王朝如此決策,有兩方面的收穫:其一,南遷樓蘭到若羌河谷,扶持親漢勢力尉屠耆、據守若羌河谷,大大強化對絲路南道的影響;二,漢王朝直接控制孔雀河谷,可保絲路北道交通安全,十分有利於漢通西域戰略的全面展開。」〔註300〕

　　要之,西漢王朝在打通樓蘭道的問題上經歷了間接控制到直接控制的轉變,而在這一歷程中,樓蘭王國從樓蘭道之衝要轉換為南道之衝要的地緣變遷,而漢廷在這一地緣措置之中一方面強化了對於樓蘭地區的控制,使之成為河西地緣力量到達西域都護的戰略中繼站;而另一方面徙樓蘭於若羌河谷同時開展並擴大伊循屯田則為加大對南道的控制力度奠定了堅實的基礎。

5.2.5.2 西征大宛及與聯盟烏孫

　　西征大宛乃是漢廷經營西域深入展開的標誌性事件,自征服大宛開始漢廷不但在天山以南的城廓諸國建立起權威,並將影響力輻射到蔥嶺外諸國,更為重要的是漢廷的聯盟烏孫而「斷匈奴右臂」的戰略最終得以達成。關於大宛的位置也有不少的爭議,但學界主流意見是在費爾干納盆地〔註301〕。漢廷與大宛的聯繫始於張騫首次出使西域,張騫與大宛一者欲借力而通月氏,一者則貪戀漢之財貨,在大宛的幫助下,張騫最終得以完成通月氏的使命:「大宛之迹,見自張騫。……居匈奴中,益寬,騫因與其屬亡鄉月氏,西走數十日至大宛。大宛聞漢之饒財,欲通不得,見騫,喜,問曰:『若欲何之?』騫曰:『為漢使月氏,而為匈奴所閉道。今亡,唯王使人導送我。誠得至,反漢,

　　　　術論文／報告系列(二十二),香港:香港大學饒宗頤學術館,2010 年,第
　　　　169 頁。
〔註299〕《後漢書・班梁列傳》,北京:中華書局,1965 年,第 1588 頁。
〔註300〕王炳華:「羅布淖爾考古與樓蘭——鄯善史研究」(未刊稿)。
〔註301〕相關討論參見:余太山:「大宛康居綜考」,《西北民族研究》,1991 年第 1 期,
　　　　第 17 頁,又見氏著:「大宛」,《塞種史研究》,北京:中國社會科學出版社,
　　　　1992 年,第 70 頁。岑仲勉:「大宛」,《漢書西域傳地裏校釋》,北京:中華
　　　　書局,2004 年,第 283~298 頁。〔日〕白鳥庫吉:「大宛國考」,《塞外史地
　　　　論文譯叢》(第二輯)王古魯譯,上海:商務印書館,1940 年,第 157~215
　　　　頁。〔日〕桑原騭藏:《張騫西征考》,楊鍊譯,上海:商務印書館,1934 年,
　　　　第 29~33 頁。

漢之賂遺王財物不可勝言。』大宛以爲然，遣驩，爲發導繹，抵康居，康居傳致大月氏。」〔註302〕

　　武帝爲汗血馬而對大宛用兵而導致天下騷動素爲後世所非，即便在武帝當世，好面折人君的汲黯謂武帝曰：「凡王者作樂，上以承祖宗，下以化兆民。今陛下得馬，詩以爲歌，協於宗廟，先帝百姓豈能知其音邪？」〔註303〕在昭帝時期的鹽鐵論議中，文學亦非之曰：「張騫言大宛之天馬汗血，安息之眞玉大鳥，縣官既聞如甘心焉，乃大興師伐宛，歷數期而後克之。夫萬里而攻人之國，兵未戰而物故過半，雖破宛得寶馬，非計也。」〔註304〕劉向亦謂之：「貳師將軍李廣利捐五萬之師，靡億萬之費，經四年之勞，而僅獲駿馬三十匹，雖斬宛王毋鼓之首，猶不足以復費，其私罪惡甚多。」〔註305〕狄宇宙也認爲：「毫無疑問，公元前 104 年～前 101 年間李廣利領導的戰爭主要是爲了得到品種優良的馬。」〔註306〕余嘉錫亦是以馬立論，所不同的是其著眼於漢之馬政而非武帝個人之私好，其曰：「故武帝大修馬政，廣求善種以求蕃息孳生，其聞天馬而甘心者，欲得汗血之種也。」〔註307〕張維華先生亦是持因馬伐宛論，所不同的是他在指出大宛之役的主要原因乃是漢朝國家統一加強、統治力量大發展的產物的同時，並不同意伐宛取馬乃是用於軍國需要，而主張其與武帝受到方士昇天說的影響有關〔註308〕。從武帝兩度因獲西域良馬而賦詩爲賀來看，在那個馬背上的年代，武帝鍾情於良馬也是很自然的事情。但是起因於汗血馬的大宛之役是否即是戰役的主要目標卻是值得商榷的。岳慶平先生在不認同因馬伐宛的同時特別強調了維護漢帝國尊嚴的重要性〔註309〕。田餘慶先生指出：「漢武帝伐大宛的戰爭，《史》、

〔註302〕《史記·大宛列傳》，北京：中華書局，1959 年，第 3158 頁。
〔註303〕《史記·樂書》，北京：中華書局，1959 年，第 1178 頁。
〔註304〕王利器：《鹽鐵論校注·西域第四十六》，北京：中華書局，2006 年，卷第八，第 501 頁。
〔註305〕《漢書·傅常鄭甘陳段傳》，北京：中華書局，1962 年，第 3017～3018 頁。
〔註306〕〔美〕狄宇宙：《古代中國與其強鄰：東亞歷史上游牧力量的興起》，賀嚴、高書文譯，北京：中國社會科學出版社，2010 年，第 271 頁。
〔註307〕余嘉錫：「漢武伐大宛爲改良馬政考」，《余嘉錫文史論集》，長沙：嶽麓出版社，1997 年，第 161 頁。
〔註308〕張維華：《漢史論集·漢武帝伐大宛與方士思想》，濟南：齊魯書社，1980 年，第 340～355 頁。
〔註309〕岳慶平：「論漢武帝伐宛的原因即目的」，《社會科學輯刊》，1987 年第 1 期，第 62 頁。

《漢》僅以求汗血馬來解釋，自然是不夠周全的。……只是認爲漢向大宛一帶（而不是特指大宛一地）進軍之事，從漢武帝向西開邊的階段和步驟考察，是多年以來漢朝軍事戰略上步步行動的必然結果，而不只是漢武帝一時的物欲所致。」〔註310〕親歷謀劃西域戰略的武帝重臣桑弘羊談到二伐大宛的必要性時曰：「初，貳師不克宛而還也，議者欲使人主不遂忿，則西域皆瓦解而附於胡，胡得眾國而益強。」〔註311〕談到武帝伐大宛的原因時，余太山先生說：「應該看到，伐宛事件爆發的根本原因在於當時大宛已成爲漢王朝經營西域的巨大障礙。」〔註312〕余英時的觀點則兼含馬與軍事兩重因素，他指出：「漢朝決定冒險，爲的是獲得該地區的神話般的馬匹和顯示軍事力量。如果漢朝能夠征服遠在費爾干納的一個國家，那麼西域的所有國家都將在中國的支配之下。」〔註313〕

　　從事件的開始來看，武帝似乎並無動兵蔥嶺外的打算，在大宛將汗血馬「匿不肯與漢使」的時候，武帝卻是「使壯士車令等持千金及金馬以請宛王貳師城善馬」〔註314〕，千金買寶馬，並無強橫奪取的意思。大宛在作了一番地緣考量之後決定殺漢使奪財物，「宛國饒漢物，相與謀曰：『漢去我遠，而鹽水中數敗，出其北有胡寇，出其南乏水草。又且往往而絕邑，乏食者多。漢使數百人爲輩來，而常乏食，死者過半，是安能致大軍乎？無奈我何。且貳師馬，宛寶馬也。』遂不肯予漢使。漢使怒，妄言，椎金馬而去。宛貴人怒曰：『漢使至輕我！』遣漢使去，令其東邊郁成遮攻殺漢使，取其財物。」〔註315〕大宛的舉動引起了武帝極大的憤怒，決定對大宛動武：「於是天子大怒。諸嘗使宛姚定漢等言宛兵弱，誠以漢兵不過三千人，彊弩射之，即盡虜破宛矣。天子已嘗使涅野侯攻樓蘭，以七百騎先至，虜其王，以定漢等言爲然，而欲侯寵姬李氏，拜李廣利爲貳師將軍，發屬國六千騎，及郡國惡少年數萬人，以往伐宛。期至貳師城取善馬，故號『貳師將軍』。趙始成爲軍正，

〔註310〕田餘慶：《秦漢魏晉史探微・論輪臺詔》，北京：中華書局，2006 年，第 44～45 頁。
〔註311〕王利器：《鹽鐵論校注・西域第四十六》，北京：中華書局，2006 年，卷第八，第 500 頁。
〔註312〕余太山：「大宛康居綜考」，《西北民族研究》，1991 年第 1 期，第 27 頁。
〔註313〕〔英〕崔瑞德、〔英〕魯惟一編：《劍橋中國秦漢史・漢朝的對外關係》，楊品泉等譯，張書生、楊品泉校，北京：中國社會科學出版社，1995 年，第 442 頁。
〔註314〕《史記・大宛列傳》，北京：中華書局，1959 年，第 3174 頁。
〔註315〕《史記・大宛列傳》，北京：中華書局，1959 年，第 3174 頁。

故浩侯王恢使導軍，而李哆爲校尉，制軍事。是歲太初元年也。」〔註316〕但是武帝在太初元年的首伐大宛並未大動干戈，其出動的主力部隊僅六千騎，且將這次出軍作爲借機犒賞寵姬李氏之兄李廣利的一次機會：「天子……，以定漢等言爲然，而欲侯寵姬李氏，乃以李廣利爲將軍，伐宛。」〔註317〕但是，貳師將軍的大宛之征大出人之意料，不但沿途西域各國不予補給，大宛之兵也遠非姚定漢所謂的三千漢軍即可下，未達王都的遠征軍回師敦煌的時候僅剩一兩成：「貳師將軍軍既西過鹽水，當道小國恐，各堅城守，不肯給食。攻之不能下。下者得食，不下者數日則去。比至郁成，士至者不過數千，皆饑罷。攻郁成，郁成大破之，所殺傷甚眾。……還至敦煌，士不過什一二。」〔註318〕

太初元年的這次大宛之征宛如一枚試金石，眞實地反映出漢廷斯時在西域的實際地緣影響。仔細盤點斯時漢廷經略西域的狀況，發現其成就著實寥寥：元封六年（前105年），烏孫在面臨匈奴威脅的情況下正式與漢聯姻，武帝將細君公主嫁給烏孫王，但是斯時之烏孫尙在漢廷與匈奴二者之間首鼠兩端，同時也娶匈奴女爲夫人。「匈奴聞其與漢通，怒欲擊之。又漢使烏孫，乃出其南，抵大宛、月氏，相屬不絕。烏孫於是恐，使使獻馬，願得尙漢公主，爲昆弟。天子問群臣，議許，曰：『必先內聘，然後遣女。』烏孫以馬千匹聘。漢元封中，遣江都王建女細君爲公主，以妻焉。賜乘輿服御物，爲備官屬宦官侍御數百人，贈送甚盛。烏孫昆莫以爲右夫人。匈奴亦遣女妻昆莫，昆莫以爲左夫人。」〔註319〕而另一方面，武帝雖派趙破奴、王恢等人壓服了樓蘭，但是斯時之樓蘭亦是暗中向匈奴。不但斯時之樓蘭道不穩定，西域列國對待漢使的態度也與對待匈奴大不一般。「西北外國使，更來更去。宛以西，皆自以遠，尙驕恣晏然，未可詘以禮羈縻而使也。自烏孫以西至安息，以近匈奴，匈奴困月氏也，匈奴使持單于一信，則國國傳送食，不敢留苦；及至漢使，非出幣帛不得食，不市畜不得騎用。所以然者，遠漢，而漢多財物，故必市乃得所欲，然以畏匈奴於漢使焉。」〔註320〕太初元年的大宛之征充分暴露出漢廷在西域的影響力之弱小，而尤其是李廣利面對相對弱小的大宛卻大敗而還，漢廷如何處置這一問題勢必

〔註316〕《史記・大宛列傳》，北京：中華書局，1959年，第3174～3175頁。
〔註317〕《漢書・張騫李廣利傳》，北京：中華書局，1962年，第3698頁。
〔註318〕《史記・大宛列傳》，北京：中華書局，1959年，第3175頁。
〔註319〕《漢書・西域傳下》，北京：中華書局，1962年，第3903頁。
〔註320〕《史記・大宛列傳》，北京：中華書局，1959年，第3173頁。

成為西域政策的風向標而為列國所觀望，尤其為對待漢廷態度不甚明朗的烏孫所觀望，武帝派張騫二使烏孫之時即以招引其歸河西故地與和親政策相利誘，細君和親烏孫之時，「賜乘輿服御物，為備官屬宦官侍御數百人，贈送甚盛。」〔註321〕昆莫年老又將細君嫁給他的孫子岑陬，這對於崇尚禮儀的漢家公主而言是極難忍受的事情，但是，武帝斷然拒絕了公主的請求而報之以「從其國俗，欲與烏孫共滅胡。」〔註322〕「公主死，漢復以楚王戊之孫解憂為公主，妻岑陬。」〔註323〕武帝在籠絡烏孫的問題上可謂用苦良心。問題是烏孫之所以與漢聯姻是因為畏懼匈奴，而大宛正好在烏孫的西南方，漢廷如果連一個兵力遠遜於自己的大宛都無法擺平，那麼漢廷對於烏孫就沒有實際的地緣意義。設若烏孫都再次倒向匈奴，就必然會引發一場強烈的多米諾骨牌效應，從而使得漢廷在西域的所有努力廢於一旦。太初元年之敗引起了武帝的高度警惕，從而也催生了整個西疆戰略的大調整。武帝在浞野侯兩萬大軍沒於匈奴的情形下斷然拒絕了公卿建議「罷擊宛軍」的建議，一方面大舉進軍大宛，同時將河西的防禦與西域的經略進行了整合。「天子已業誅宛，宛小國而不能下，則大夏之屬輕漢，而宛善馬絕不來，烏孫、侖頭易苦漢使矣，為外國笑。乃案言伐宛尤不便者鄧光等，赦囚徒材官，益發惡少年及邊騎，歲餘而出敦煌者六萬人，負私從者不與。牛十萬，馬三萬餘匹，驢騾橐它以萬數。多齎糧，兵弩甚設，天下騷動，傳相奉伐宛，凡五十餘校尉。宛王城中無井，皆汲城外流水，於是乃遣水工徙其城下水空以空其城。益發戍甲卒十八萬，酒泉、張掖北，置居延、休屠以衛酒泉，而發天下七科適，及載糒給貳師。轉車人徒相連屬至敦煌。而拜習馬者二人為執驅校尉，備破宛擇取其善馬云。」〔註324〕面對來勢洶洶的征宛大軍，沿途小國一改昔日不給食的態度而熱情相迎，唯一不識時務的侖頭則被李廣利大軍報以屠城之懲：「於是貳師後復行，兵多，而所至小國莫不迎，出食給軍。至侖頭，侖頭不下，攻數日，屠之。」〔註325〕余太山先生推測大宛「很可能在某種程度上也受到康居的役屬。」〔註326〕當李廣利大軍兵臨大宛國都城下之時，康居也派出了援軍，

〔註321〕《漢書‧西域傳下》，北京：中華書局，1962 年，第 3903 頁。
〔註322〕《漢書‧西域傳下》，北京：中華書局，1962 年，第 3904 頁。
〔註323〕《漢書‧西域傳下》，北京：中華書局，1962 年，第 3904 頁。
〔註324〕《史記‧大宛列傳》，北京：中華書局，1959 年，第 3176 頁。
〔註325〕《史記‧大宛列傳》，北京：中華書局，1959 年，第 3176 頁。
〔註326〕余太山：「大宛康居綜考」，《西北民族研究》，1991 年第 1 期，第 35 頁。

「是時康居候視漢兵，漢兵尚盛，不敢進。」〔註327〕在城池旦夕即破的危局下，大宛貴族相與而謀，決定以大宛王毋寡與汗血馬爲交換籌碼謀求妥協，李廣利大軍孤懸絕域而又有康居援兵在側，最終雙方達成妥協：「軍吏皆以爲然，許宛之約。宛乃出其善馬，令漢自擇之，而多出食食給漢軍。漢軍取其善馬數十匹。中馬以下牡牝三千餘匹，而立宛貴人之故待遇漢使善者名昧蔡以爲宛王，與盟而罷兵。終不得入中城。乃罷而引歸。」〔註328〕

太初三年的二伐大宛引發了深刻的地緣互動，漢軍破大宛之後追殺郁成王至康居，康居懾於漢軍兵威不得不交出郁成王：「郁成王亡走康居，桀追至康居。康居聞漢已破宛，乃出郁成王予桀，桀令四騎士縛守詣大將軍。」〔註329〕而環塔里木盆地的城廓諸國則紛紛遣子貢獻示好於漢：「貳師將軍之東，諸所過小國聞宛破，皆使其子弟從軍入獻，見天子，因以爲質焉。」〔註330〕在漢軍圍攻大宛之時，烏孫的態度則表現得極爲警惕，畢竟大宛近在咫尺，身爲盟國的烏孫在漢廷用兵大宛的問題上表現得比較消極：「初，貳師後行，天子使使告烏孫，大發兵並力擊宛。烏孫發二千騎往，持兩端，不肯前。」〔註331〕但是隨著大宛之戰的勝利，漢廷主導了西域的地緣格局，這就等於大大壓縮了烏孫在外交上的戰略空間，其必須在漢、匈二者之間作出一個抉擇，再也難以繼續「執兩端」了。談到大宛之戰勝利後對烏孫的影響，桑弘羊謂之：「烏孫之屬駭膽，請爲臣妾。」〔註332〕而隨著漢廷在西域的伸展與匈奴戰略空間的壓縮，其爭奪烏孫的問題上再也不是那麼溫情了，昭帝末年，「匈奴發騎田車師，車師與匈奴爲一，共侵烏孫。」〔註333〕漢廷和烏孫在面對匈奴的問題上終於有了共同的話題，宣帝初年，「公主及昆彌皆遣使上書，言：『匈奴復連發大兵侵兵烏孫，取車延、惡師地，收人民去，使使謂烏孫趣持公主來，欲隔絕漢。昆彌願發國半精兵，自給人馬五萬騎，盡力擊匈奴。唯天子出兵以救公主、昆彌。』」〔註334〕漢廷馬上作出了呼應而派遣了五將軍統率十

〔註327〕《史記·大宛列傳》，北京：中華書局，1959 年，第 3177 頁。

〔註328〕《史記·大宛列傳》，北京：中華書局，1959 年，第 3177 頁。

〔註329〕《史記·大宛列傳》，北京：中華書局，1959 年，第 3178 頁。

〔註330〕《史記·大宛列傳》，北京：中華書局，1959 年，第 3178 頁。

〔註331〕《史記·大宛列傳》，北京：中華書局，1959 年，第 3178 頁。

〔註332〕王利器：《鹽鐵論校注·西域第四十六》，北京：中華書局，2006 年，卷第八，第 500 頁。

〔註333〕《漢書·西域傳下》，北京：中華書局，1962 年，第 3905 頁。

〔註334〕《漢書·西域傳下》，北京：中華書局，1962 年，第 3905 頁。

五萬大軍大舉出擊匈奴：「漢兵大發十五萬騎，五將軍分道並出。……遣校尉
常惠使持節護烏孫兵，昆彌自將翕侯以下五萬騎從西方人，至右谷蠡王庭，
獲單于父行及嫂、居次、名王、犁污都尉、千長、騎將以下四萬級，馬、牛、
羊、驢、橐駝七十餘萬頭，烏孫皆自取所虜獲。還，封惠爲長羅侯。是歲，
本始三年也。漢遣惠持金幣賜烏孫貴人有功者。」〔註335〕至此，武帝以來積
極推行的「斷匈奴右臂」遂告成功。不久，隨著烏孫、烏桓、丁零、漢軍的
聯合打擊，加上天災，匈奴不僅斷其右臂，更是四面交困，日益衰微：「其冬，
單于自將萬騎擊烏孫，頗得老弱，欲還。會天大雨雪，一日深丈餘，人民畜
產凍死，還者不能什一。於是丁令乘弱攻其北，烏桓入其東，烏孫擊其西。
凡三國所殺數萬級，馬數萬匹，牛、羊甚眾。又重以餓死，人民死者什三，
畜產什五，匈奴大虛弱，諸國羈屬者皆瓦解，攻盜不能理。其後漢出三千餘
騎，爲三道，併入匈奴，捕虜得數千人還。匈奴終不敢取當，茲欲鄉和親，
而邊境少事矣。」〔註336〕

　　茲後，隨著匈奴的日益衰微，烏孫也由昔日「結爲昆弟」的戰略同盟
逐步變爲納入漢廷管轄之下的屬國，經由西域都護、解憂公主、馮嫽的共
同努力，西漢王朝有效地維繫著對烏孫的地緣控制。在談到解憂公主、馮
嫽對維護漢廷在烏孫的管轄所作出的卓越貢獻時，王炳華先生指出：「在漢
與匈奴、漢與烏孫、匈奴與烏孫這幾組具體矛盾中，匈奴勢力日麼；漢王
朝在西域的政治影響日強；烏孫對匈奴的奴隸制掠奪政策反抗日烈，而自
身在漢朝的和親政策實踐中感受到許多重大的政治、經濟利益，等等。沒
有這些基本的條件，無論解憂、馮嫽個人具有怎樣超群出眾的能力，也難
有迴天之力。」〔註337〕是論可謂是對於漢、烏、匈三角地緣關係的一個總
結。

5.2.5.3 西域都護的設立與爭奪車師

　　大宛之役勝利後，漢廷經略西域進入了一個嶄新的階段，「自貳師將軍伐
大宛之後，西域震懼，多遣使來貢獻。漢使西域者益得職。於是自敦煌西至
鹽澤，往往起亭，而輪臺、渠犁皆有田卒數百人，置使者校尉領護，以給使

〔註335〕《漢書‧西域傳下》，北京：中華書局，1962年，第3905頁。
〔註336〕《漢書‧匈奴傳上》，北京：中華書局，1962年，第3787頁。
〔註337〕王炳華：「西遷伊犁後烏孫的社會經濟政治狀況」，《西域考古歷史論集》，北
　　　　京：中國人民大學出版社，2008年，第672頁。

外國者。」〔註338〕張維華先生指出：「大抵在未設都護以前，西域最高之官，均以校尉爲本職，而冠以『使者』二字，以明與其他校尉不同，合稱之，則爲使者校尉。」〔註339〕而關於使者校尉與西域都護之關係，余太山先生指出：「所謂『使者校尉』，無疑是後來西域都護的雛形。」〔註340〕看似漢廷在西域的形勢一派大好，加大屯田、完善亭障等軍事設施自然是順理成章的步驟，正是在這種情況下，搜粟都尉桑弘羊與丞相御史奏言：「故輪臺東捷枝、渠犁皆故國，地廣，饒水草，有溉田五千頃以上，處溫和，田美，可益通溝渠，種五穀，與中國同時孰。其旁國少錐刀，貴黃金采繒，可以易穀食，宜給足不乏。臣愚以爲可遣屯田卒詣故輪臺以東，置校尉三人分護，各舉圖地形，通利溝渠，務使以時益種五穀，張掖、酒泉遣騎假司馬爲斥候，屬校尉，事有便宜，因騎置以聞。田一歲，有積穀，募民壯健有累重敢徙者詣田所，就畜積爲本業，益墾溉田，稍築列亭，連城而西，以威西國，輔烏孫，爲便。臣謹遣徵事臣昌分部行邊，嚴敕太守、都尉明烽火，選士馬，謹斥候，蓄茭草。願陛下遣使使西國，以安其意。」〔註341〕桑弘羊等人的奏議有三重意思：其一，利用伐大宛之威不失時機在渠犁一帶展開屯田；其二，將烽燧亭障向烏孫方向延伸，以起到「威西國，輔烏孫」的目的；其三，督促延邊加強防務。其中直接關聯西域的有兩條：屯田與修亭障。田餘慶先生總結漢廷在西疆拓土大抵是發動戰爭——建立據點——修亭障——屯田幾個步驟〔註342〕，桑弘羊的建議本是舊調重彈，本來是水到渠成的事情，但是，太史公在論及當時的形勢時說：「是時，軍旅連出，師行三十二年，海內虛耗。」〔註343〕不但國家財力空虛，而且李廣利投降也給了武帝以心理重創，田餘慶先生還細緻地分析了當時關東流民洶洶、宮廷內部矛盾重重的危殆局面〔註344〕。正是在這樣的背景下，武帝在徵和四年發佈了著名的輪臺詔，而決定改弦易轍，進而定下了國內外政策的基調：「當今務在禁苛暴，止擅賦，力本農，修馬復

〔註338〕《漢書·西域傳上》，北京：中華書局，1962 年，第 3873 頁。

〔註339〕張維華：「西漢都護通考」，《漢史論集》，濟南：齊魯書社，1980 年，第 251 頁。

〔註340〕余太山：「大宛康居綜考」，《西北民族研究》，1991 年第 1 期，第 28 頁。

〔註341〕《漢書·西域傳下》，北京：中華書局，1962 年，第 3912 頁。

〔註342〕田餘慶：「論輪臺詔」，《秦漢魏晉史探微》，北京：中華書局，2006 年，第 48 頁。

〔註343〕《漢書·西域傳下》，北京：中華書局，1962 年，第 3912 頁。

〔註344〕田餘慶：「論輪臺詔」，《秦漢魏晉史探微》，北京：中華書局，2006 年，第 49 ～54 頁。

令，以補缺，毋乏武備而已。」〔註345〕

　　昭帝期間及宣帝初期霍光輔政，他基本遵循武帝晚年定下的大政方針而與民休息，但在經營西域的問題上卻並未放鬆〔註346〕，昭帝始元年間即派出賴丹爲校尉屯田輪臺、渠犁，以實行桑弘羊於征和四年之建議〔註347〕：「初，貳師將軍李廣利擊大宛，還過杅彌，杅彌遣太子賴丹爲質於龜茲。廣利責龜茲曰：『外國皆臣屬於漢，龜茲何以得受杅彌質？』即將賴丹入至京師。昭帝乃用桑弘羊前議，以杅彌太子賴丹爲校尉，將軍田輪臺，輪臺與渠犁地皆相連也。」〔註348〕賴丹以校尉之名義屯田輪臺當是漢廷特命，自當同於前之「使者校尉」，張維華曰：「賴丹入賀於漢，必不以校尉稱，其以校尉往田輪臺，爲在西域之加銜也。」其又曰：「按漢制，凡出於朝廷之特命者，往往具使者之稱，……西域校尉之稱使者，亦是此意。」〔註349〕賴丹屯田輪臺之時「輪臺與渠犁地皆相連也」，漢廷在輪臺屯田的擴大〔註350〕引起了迫近輪臺的西域大國龜茲的強烈反應：「龜茲貴人姑翼謂其王曰：『賴丹本臣屬吾國，今佩漢印綬來，迫吾國而田，必爲害。』王即殺賴丹，而上書謝漢，漢未能

〔註345〕《漢書‧西域傳下》，北京：中華書局，1962年，第3914頁。

〔註346〕田餘慶先生指出：「罷卒屯田，是經營西域勢所必需，而罷屯田事於西漢所省不大，從『思富養民』的意義上說並不如罷築亭障重要。」田餘慶：「論輪臺詔」，《秦漢魏晉史探微》，北京：中華書局，2006年，第52頁。

〔註347〕張維華先生考《傅介子傳》、《西域傳》龜茲條而曰：「太子賴丹屯田輪臺，當在昭帝始元年間，即傅介子斬樓蘭王之先。」見氏著：「西漢都護通考」，《漢史論集》，濟南：齊魯書社，1980年，第248頁。此外，在昭帝派遣賴丹屯田輪臺之前，張春樹考證武帝時期侖頭（輪臺）已有屯田，規模約在數百人，昭帝屯田即是實行桑弘羊所議的擴大屯田之事，見氏著：「論漢武帝時屯田西域侖頭（輪臺）的問題」，《漢代邊疆史論集》，臺北：食貨出版社，1977年，第123～127頁。余太山先生則認爲輪臺屯田當在昭帝時方才實行，斟酌兩者之論，張說似可從。余先生之論見氏：「兩漢西域都護考」，《兩漢魏晉南北朝與西域關係史研究》，北京：中國社會科學出版社，1995年，第234頁。

〔註348〕《漢書‧西域傳下》，北京：中華書局，1962年，第3916頁。

〔註349〕張維華：「西漢都護通考」，《漢史論集》，濟南：齊魯書社，1980年，第252頁。

〔註350〕關於漢廷屯田輪臺之事，張維華曰：「漢屯田西域，其最初地區，必在輪臺。自貳師伐大宛後，始申其義，至昭帝初方見實施。惟可得而言者，漢初田輪臺，僅可視爲初步計劃，不得認爲大規模之經營。蓋桑弘羊之議，未獲採納，昭帝雖遣賴丹，然不旋踵而被害，屯田之事，必遭頓挫，漢於此時，尚不能充分發展其企圖。」見氏：「西漢都護通考」，《漢史論集》，濟南：齊魯書社，1980年，第250頁。

征。」〔註 351〕賴丹事件之後，傅介子請求對龜茲進行斬首行動以示懲戒，霍光答曰：「龜茲道遠，且驗之於樓蘭。」〔註 352〕霍光之所以沒有完全批准傅介子的請求，是基於當時北道的地緣形勢來考量的，元鳳四年之時，北道西向「匈奴復使四千騎田車師」〔註 353〕，而西北的烏孫斯時尚無明確的聯漢抗匈的態度，於此態勢不明朗之際對北道大國龜茲冒然動兵自然有失審慎。而昭帝末年，趙充國大軍兵出遼東斬首（烏桓）六千級而還，匈奴東疆的威脅加劇，進一步謀求西進以緩解危機：「匈奴由是恐，不能出兵。即使使之烏孫，求欲得漢公主。擊烏孫，取車延、惡師地。」〔註 354〕匈奴的西進加劇了同烏孫之間的地緣緊張，烏孫因公主一再上書求援於漢，本始二年，五將軍大舉出擊，而在西向則「以惠為校尉，持節護烏孫兵。」〔註 355〕薛宗正指出：「此役常惠的身份非常特殊，既領『校尉』官名，又是『使者』，所達的王命就是發烏孫兵擊匈奴。由此可見，常惠所領官銜全名就是使者校尉，直接代表朝廷處理一切西域軍政事務。」〔註 356〕本始二年的漢、烏聯合對匈奴作戰雖然取得了勝利，但是斯時北疆的形勢並不容樂觀：輪臺東向，雖然由於五將軍的出擊，「車師田者驚去，車師復通於漢。」〔註 357〕但是匈奴並不甘心於車師的丟失而隨時有捲土重來的可能；西向的龜茲因賴丹事件一直未有一個體面的解決方案而依然存在巨大的隱患；西北的烏孫在對匈奴作戰中一枝獨秀而實力大增，且烏孫對於執漢節的使者校尉並無恭敬之心，在戰勝匈奴後頗有驕狂之意，以至於敢公然盜走常惠的印綬、使節：「惠從吏卒十餘人隨昆彌還，未至烏孫，烏孫人盜惠印綬節。」〔註 358〕節杖乃是王命的象徵，常惠失節後「自以當誅」，但是，卻意外的獲封為長羅侯，對於烏孫也是未加責備而是「復遣惠持金幣還賜烏孫貴人有功者」，漢廷對於烏孫的小心處置自然是不願破壞漢、烏聯盟的大局。但是，如不採取有力措施以加強北道的管理，烏孫可能由此而坐大成為新的匈奴；車師亦無法最終穩定；龜茲問題不解決

〔註 351〕《漢書・西域傳下》，北京：中華書局，1962 年，第 3916 頁。
〔註 352〕《漢書・傅常鄭甘陳段傳》，北京：中華書局，1962 年，第 3002 頁。
〔註 353〕《漢書・西域傳下》，北京：中華書局，1962 年，第 3922 頁。
〔註 354〕《漢書・匈奴傳上》，北京：中華書局，1962 年，第 3785 頁。
〔註 355〕《漢書・傅常鄭甘陳段傳》，北京：中華書局，1962 年，第 3004 頁。
〔註 356〕薛宗正：「西漢的使者校尉與屯田校尉」，《新疆社會科學》，2007 年第 5 期，第 105 頁。
〔註 357〕《漢書・西域傳下》，北京：中華書局，1962 年，第 3922 頁。
〔註 358〕《漢書・傅常鄭甘陳段傳》，北京：中華書局，1962 年，第 3004 頁。

輪臺的據點也無法長期立足。凡此種種說明漢廷加強北道管理並統籌整個西域已經迫在眉睫。「常惠在即將赴烏孫犒賞匈奴之戰的立功者前建言借機處置遺留的賴丹事件，在這一問題上宣帝與霍光的意見並不一致，宣帝不主張對龜茲動武，而霍光則而決定先拿龜茲開刀來強化對北道的控制，遂許常惠以「便宜行事」，「惠與吏士五百人俱至烏孫，還過，發西國兵二萬人，令副使發龜茲東國二萬人，烏孫兵七千人，從三面攻龜茲，兵未合，先遣人責其王以前殺漢使狀。王謝曰：『乃我先王時爲貴人姑翼所誤耳，我無罪。』惠曰：『即如此，縛姑翼來，吾置王。』王執姑翼詣惠，惠斬之而還。」〔註359〕常惠一行五百人先到達烏孫以爭取烏孫出兵，然後乃發龜茲東、西兩本諸國兵各兩萬人，此處的龜茲東國二萬人可能即包括在本始二年重新附漢的車師兵。由於五將軍出擊匈奴是在本始二年秋，常惠自遙遠的西域一來一往費時必然不少，這次征伐龜茲之役當在本始三年間。伐龜茲之事本身也如同太初元年的大宛之征，亦是一塊驗證漢廷地緣控制力的試金石，所不同的是這塊試金石試出了漢廷在北道具有相當強的影響力來，這當然與漢匈之間的彼長此消的地緣變遷有關。

本始年間地緣形勢的新變化使得全面統籌西域管理提上了日程。但是關於西域都護的設置時間《西域傳》、《宣帝紀》、《百官公卿表》記載不一致，如前所揭，《西域傳》繫之於神爵三年，《宣帝紀》言神爵二年日逐王來降事曰：「秋，匈奴日逐王先賢撣將人眾萬餘來降。使都護西域騎都尉鄭吉迎日逐，破車師，皆封列侯。」〔註360〕似乎神爵二年之前都護已然設置，而《百官公卿表》則爲地節二年，歷來是聚訟所在。司馬光〔註361〕、王先謙〔註362〕、徐松〔註363〕、黃文弼〔註364〕皆以爲當在神爵二年，此一觀點長期以來成爲主要觀點。但是隨著居延漢簡的出土，這一觀點遭到了強烈的挑戰，居延漢簡118·

〔註359〕《漢書·傅常鄭甘陳段傳》，北京：中華書局，1962年，第3004頁。

〔註360〕《漢書·宣帝紀》，北京：中華書局，1962年，第262頁。

〔註361〕〔宋〕司馬光：《資治通鑒·漢紀十八》，〔元〕胡三省音注，北京：中華書局，1995年，卷二十六，第859頁。

〔註362〕〔清〕王先謙：《漢書補注·百官公卿表》，商務印書館，1959年，第1130頁。

〔註363〕〔清〕徐松：《漢書西域傳補注》，王雲五主編：《叢書集成初編》，上海：商務印書館，1937年，卷上，第11頁。

〔註364〕黃文弼：《西北史地論叢·羅布淖爾漢簡考釋》，上海：上海人民出版社，1981年，第309頁。

17 簡曰：「乃元康二年五月癸未以使都護檄書遣尉丞赦將施刑士五十人送致將車□發」〔註365〕，由於簡文性質乃是公文而具有正式性的特點，這就似乎使得神爵二年說遭到了直接的否定。有鑒於此，張維華先生系統梳理相關史料而撰成「西域都護通考」一文，張先生提出了地節二年建號而神爵二年開府之說，對於《漢書》中兩（三）說混雜的現象，他指出：「以意度之，必是漢頒都護之號在先，而立府在後，後人未加深察，遂混而爲一。」〔註366〕余太山先生大抵同意張說，但是他認爲《宣帝紀》所謂神爵二年「不過表明已有『西域都護』之號，不能據以證實西域都護初置於神爵二年。」〔註367〕而主張「立府施政則始於神爵三年。」〔註368〕而茲後的段晴〔註369〕、劉國防〔註370〕、劉洪波〔註371〕、薛宗正〔註372〕等學者雖有細節的出入，但是大抵認同張、余所主的建號開府分離說。但是，就在居延漢簡 118·17 同條還有：「元康四年二月己未朔乙亥使護鄯善以西校尉吉副衛司馬富昌丞慶都尉宣建都□」〔註373〕，既然至遲元康二年已經有都護之置，爲何元康四年鄭吉還任「護鄯善以西使者」呢？這就又陷入了新的矛盾。對於這種現象張維華、余太山兩位先生都有注意，張維華先生的解釋是：「鄭吉初田渠犁，官爲侍郎，後遷衛司馬，位甚低微，不足膺此尊秩，故都護之號雖頒，而仍以校尉名官。」〔註374〕余先生的解釋則是：日逐王來降之前，「所謂『西域』，

〔註365〕謝桂華、李均明、朱國炤：《居延漢簡合校》上冊，北京：文物出版社，1987年，第 192 頁。

〔註366〕張維華：「西漢都護通考」，《漢史論集》，濟南：齊魯書社，1980 年，第 255 頁。

〔註367〕余太山：「兩漢西域都護考」，《兩漢魏晉南北朝與西域關係史研究》，北京：中國社會科學出版社，1995 年，第 236 頁。

〔註368〕余太山：「兩漢西域都護考」，《兩漢魏晉南北朝與西域關係史研究》，北京：中國社會科學出版社，1995 年，第 237 頁。

〔註369〕段晴撰：「懸泉漢簡和西域史事」，《西域研究》，2002 年第 3 期，第 10 頁。

〔註370〕劉國防：「漢西域都護的始置及其年代」，《新疆通史》編撰委員會編：《新疆歷史研究論文選編（兩漢卷）》，烏魯木齊：新疆人民出版社，2008 年，第 92 頁～98。

〔註371〕劉洪波「關於西域都護的始置時間」，《中國史研究》，1986 年第 3 期。

〔註372〕薛宗正：「西漢的使者校尉與屯田校尉」，《新疆社會科學》，2007 年第 3 期。

〔註373〕謝桂華、李均明、朱國炤校：《居延漢簡合校》上冊，北京：文物出版社，1987年，第 192 頁。

〔註374〕張維華：「西漢都護通考」，《漢史論集》，濟南：齊魯書社，1980 年，第 255 頁。

不過是『鄯善以西數國』而已」〔註375〕，二者在道理上可以相通。劉國防先生則將使者校尉與護鄯善以西使者「均可視爲都護之前身。」〔註376〕

　　那麼這個「護鄯善以西使者」究竟是什麼情況呢？它具體反映著什麼樣的地緣政治信息呢？它與西域都護的設置之間究竟是什麼樣的關係呢？關於「護鄯善以西使者」《西域傳》載曰：「至宣帝時，遣衛司馬使護鄯善以西數國。……時漢獨護南道，未能盡並北道也。然匈奴不自安矣。其後日逐王畔單于，將眾來降，護鄯善以西使者鄭吉迎之。……是歲，神爵三年也。乃因使吉並護北道，故號曰都護。都護之起，自吉置矣。」〔註377〕《鄭吉傳》則曰：「至宣帝時，吉以侍郎田渠黎，積穀，因發諸國兵攻破車師，遷衛司馬，使護鄯善以西南道。」〔註378〕這裡面有幾個信息值得注意，鄭吉破車師在地節二年：「地節二年，漢遣侍郎鄭吉、校尉司馬憙將免刑罪人田渠犁，積穀，欲以攻車師。至秋收穀，吉、憙發城郭諸國兵萬餘人，自與所將田士千五百人共擊車師，攻交河城，破之。王尚在其北石城中，未得，會軍食盡，吉等且罷兵，歸渠犁田。收秋畢，復發兵攻車師王於石城。王聞漢兵且至，北走匈奴求救，匈奴未爲發兵。王來還，與貴人蘇猶議欲降漢，恐不見信。蘇猶教王擊匈奴邊國小蒲類，斬首，略其人民，以降吉。」〔註379〕地節二年因伐車師之聲威建號都護對於「招徠西域諸國，使背匈奴而向漢」〔註380〕是大有裨益的，更重要的從當時的形勢看，已然事實上並護南北二道了。但是又當如何解釋「因發諸國兵攻破車師，遷衛司馬，使護鄯善以西南道」呢？似乎地節二年伐車師之後即遷鄭吉爲衛司馬，而使之「護鄯善以西南道」。但是這裡的記載屬於籠統記載，其前後並不見得有緊承的時間關係。而《資治通鑒》將「護鄯善以西南道」確繫於元康二年，而《考異》亦不言其事，許是司馬光斯時有確鑿之證據不爲今人所見。其曰：「魏相上書諫曰：『臣聞之：救亂誅暴，謂之義兵，兵義者王；敵加於己，不得已而起者，謂之應兵，兵應者

〔註375〕余太山：「兩漢西域都護考」，《兩漢魏晉南北朝與西域關係史研究，北京：中國社會科學出版社，1995 年，》第 237 頁。

〔註376〕劉國防：「漢西域都護的始置及其年代」，《新疆通史》編撰委員會編：《新疆歷史研究論文選編（兩漢卷）》，烏魯木齊：新疆人民出版社，2008 年，第 96 頁。

〔註377〕《漢書・西域傳上》，北京：中華書局，1962 年，第 3873～3874 頁。

〔註378〕《漢書・傅常鄭甘陳段傳》，北京：中華書局，1962 年，第 3005 頁。

〔註379〕《漢書・西域傳下》，北京：中華書局，1962 年，第 3922～3923 頁。

〔註380〕余太山：「兩漢西域都護考」，《兩漢魏晉南北朝與西域關係史研究》，北京：中國社會科學出版社，1995 年，第 238 頁。

勝；爭恨小故，不忍憤怒者，謂之忿兵，兵忿者敗；利人土地、貨寶者，謂之貪兵，兵貪者破；恃國家之大，矜民人之眾，欲見威於敵者，謂之驕兵，兵驕者滅。此五者，非但人事，乃天道也。間者匈奴嘗有善意，所得漢民，輒奉歸之，未有犯於邊境；雖爭屯田車師，不足致意中。今聞諸將軍欲興兵入其地，臣愚不知此兵何名者也！今邊郡困乏，父子共犬羊之裘，食草萊之實，常恐不能自存，難以動兵。'軍旅之後，必有凶年，'言民以其愁苦之氣傷陰陽之和也。出兵雖勝，猶有後憂，恐災害之變因此以生。今郡國守相多不實選，風俗尤薄，水旱不時。按今年計子弟殺父兄、妻殺夫者凡二百二十二人，臣愚以為此非小變也。今左右不憂此，乃欲發兵報纖介之忿於遠夷，殆孔子所謂'吾恐季孫之憂不在顓臾而在蕭牆之內也'。』上從相言，止。遣長羅侯常惠將張掖、酒泉騎往車師，迎鄭吉及其吏士還渠犁。召故車師太子軍宿在焉耆者，立以為王；盡徙車師國民令居渠犁，遂以車師故地與匈奴。以鄭吉為衛司馬，使護鄯善以西南道。」〔註381〕

　　揆諸吐魯番盆地的地緣形勢與漢廷經營車師的情形，可知車師的地緣變遷乃是影響漢廷在西域行政設置變化的重要因素。吐魯番盆地北傍天山山系之博格達山，南向向塔里木盆地敞開，中間隔以低矮的庫魯克塔格山，該山成為樓蘭與車師的天然分界線；其東向延展則與蒙古高原連為一體；其北向可通過博格達山的隘口通往山北。匈奴控制車師南下可以威脅樓蘭，隨時有切斷樓蘭道進而威脅渠犁、輪臺屯田的可能。從漢廷觀之，漢廷斯時的大道主要在孔雀河流域，而逾庫魯克塔格山攻擊車師則無異於仰攻，從渠犁去往車師中間尚須穿越霍拉山、覺羅塔格山，殊為不易。正因為如此，當地節二年之後，匈奴再爭車師之時，鄭吉上書謂之：「車師去渠犁千餘里，間以河山，北近匈奴，漢兵在渠犁者勢不能相救，願益田卒。」〔註382〕車師的爭奪成為漢匈對抗的一個戰略焦點。武帝天漢二年首爭車師不利而退；征和四年，「遣重合侯馬通將四萬騎擊匈奴，道過車師北，復遣開陵侯將樓蘭、尉犁、危須凡六國兵別擊車師，勿令得遮重合侯。諸國兵共圍車師，車師王降服，臣屬漢。」〔註383〕但是到昭帝時，匈奴再次奪得車師，值得注意的匈奴亦開始在此地屯田以加強防守。宣帝本始二年，隨著五將軍大舉出擊匈奴，「車師田者

〔註381〕〔宋〕司馬光：《資治通鑑·漢紀十七》，〔元〕胡三省音注，北京：中華書局，1995年，卷二十五，第828～829頁。

〔註382〕《漢書·西域傳下》，北京：中華書局，1962年，第3923頁。

〔註383〕《漢書·西域傳下》，北京：中華書局，1962年，第3922頁。

驚走」而車師再次屬漢。但是在匈奴的壓力下，車師很快又倒向匈奴：「匈奴怒，召其太子軍宿，欲以爲質。軍宿，焉耆外孫，不欲質匈奴，亡走焉耆。車師王更立子烏貴爲太子。及烏貴立爲王，與匈奴結婚姻，教匈奴遮漢道通烏孫者。」〔註384〕於是有了地節二年鄭吉的伐車師之役，正是在當時北道盡屬於漢的背景下，既爲了穩定漢廷在車師的控制，同時便於全面統籌西域事務，漢廷於是年建立了西域都護。所以不但《百官公卿表》係西域都護之置於地節二年，《鄭吉傳》贊亦曰：「至於地節，鄭吉建都護之號」〔註385〕但是，匈奴不甘心車師之失，再次兵臨車師，「匈奴聞車師降漢，發兵攻車師，吉、憙引兵北逢之，匈奴不敢前。吉、憙即留一候與卒二十人留守王，吉等引兵歸渠犁。」〔註386〕當時車師的形勢極爲不穩定，漢廷的區區二十卒自然不能令車師王安心處於是處，「車師王恐匈奴兵復至而見殺也，乃輕騎奔烏孫。」〔註387〕漢廷審於斯時之形勢，一方面妥善安置了車師王家眷，一方面詔令鄭吉還屯渠犁繼續積蓄力量待機再爭車師，正是在這種授意之下，「於是吉始使吏卒三百人別田車師。」〔註388〕但是鄭吉在這一舉動令匈奴芒刺在背，「得降者，言單于大臣皆曰：『車師地肥美，近匈奴，使漢得之，多田積穀，必害人國，不可不爭也。』果遣騎來擊田者，吉乃與校尉盡將渠犁田士千五百人往田，匈奴復益遣騎來，漢田卒少不能當，保車師城中。匈奴將即其城下謂吉曰：『單于必爭此地，不可田也。』圍城數日乃解。」〔註389〕匈奴的志在必爭之勢乃是鄭吉上書請求在車師擴大屯田，加強防務的背景。漢王朝斯時的廷議否決了鄭吉的請求，但是在屯田的規模上卻有所擴大，只不過是在渠犁，完全實行了昔日桑弘羊請求的「三校尉」的規模，同時派兵解救出被圍困的鄭吉所部：「公卿議以爲道遠煩費，可且罷車師田者。詔遣長羅侯將張掖、酒泉騎出車師北千餘里，揚威武車師旁。胡騎引去，吉乃得出，歸渠犁，凡三校尉屯田。」〔註390〕

而導致漢廷決定暫時放棄車師的原因自然不全是魏相所謂的義理之辭，因爲就在車師的形勢惡化的前後，元康元年，一直比較穩定的南道出現了莎

〔註384〕《漢書·西域傳下》，北京：中華書局，1962 年，第 3922 頁。
〔註385〕《漢書·傅常鄭甘陳段傳》，北京：中華書局，1962 年，第 3032 頁。
〔註386〕《漢書·西域傳下》，北京：中華書局，1962 年，第 3923 頁。
〔註387〕《漢書·西域傳下》，北京：中華書局，1962 年，第 3923 頁。
〔註388〕《漢書·西域傳下》，北京：中華書局，1962 年，第 3923 頁。
〔註389〕《漢書·西域傳下》，北京：中華書局，1962 年，第 3923 頁。
〔註390〕《漢書·西域傳下》，北京：中華書局，1962 年，第 3923 頁。

車的叛亂。莎車的叛亂乃是由解憂公主之子萬年而起，斯時莎車王無子而鍾愛公主之次子，希望能立之爲王，這樣既可以令莎車在西域的兩大勢力漢與烏孫之間左右逢源，但是由於萬年暴惡不得人心，而給了莎車王弟呼屠徵殺萬年而自立的機會，呼屠徵既殺萬年必然要開釁於漢，於是利用了當時漢廷忙於北道之車師的時機聯絡諸國發動了叛亂：「宣帝時，烏孫公主小子萬年，莎車王愛之。莎車王無子，死，死時萬年在漢。莎車國人計欲自託於漢，又欲得烏孫心，即上書請萬年爲莎車王。漢許之，遣使者奚充國送萬年。萬年初立，暴惡，國人不說。莎車王弟呼屠徵殺萬年，並殺漢使者，自立爲王，約諸國背漢。……是歲，元康元年也。」〔註391〕莎車叛亂之時，正逢馮奉世執節護送大宛使者歸國而到達伊脩（伊循）城，當時的形勢頗爲危急：「時，匈奴又發兵攻車師城，不能下而去。莎車遣使揚言北道諸國已屬匈奴矣，於是攻劫南道，與歃盟畔漢，從鄯善以西皆絕不通。」〔註392〕正因爲當時北道的形勢也很緊張，所以「都護鄭吉、校尉司馬意皆在北道諸國間。」〔註393〕這說明當時的都護之置仍未變化。在當時危急的情勢之下，馮奉世斷然決定矯命發諸國兵共擊莎車，「奉世與其副嚴昌計，以爲不亟擊之則莎車日強，其勢難制，必危西域。遂以節諭告諸國王，因發其兵，南北道合萬五千人進擊莎車，攻拔其城。莎車王自殺，傳其首詣長安。諸國悉平，威振西域。」〔註394〕因爲萬年的身份關乎漢與烏孫二國，「南北道合萬五千人」必有烏孫兵無疑。元康元年的莎車之亂雖然很快被撲滅，但是其一時間使得「鄯善以西皆絕不通」的危殆局面必然令漢廷印象深刻。莎車事件乃是漢廷決定暫緩爭奪車師的原因之一。而同時由於「盡徙車師國民令居渠犁，遂以車師故地與匈奴」〔註395〕而產生的地緣格局的變化，西域都護已經是名至而實不歸了，有鑒於此，元康二年「以鄭吉爲衛司馬，使護鄯善以西南道」而相對應改設「護鄯善以西使者（校尉）」就是自然而然之事，這就是爲何居延漢簡所見的同條簡文中元康二年時爲都護而元康四年卻爲「護鄯善以西使者」的原因，因簡牘性質爲公文，不可能出現張維華先生所說的「位甚低微」而「仍以校尉名官」的說法，余太山先生的斯時「『西域』不過是鄯善以西數國而已」於理通而於

〔註391〕《漢書‧西域傳下》，北京：中華書局，1962 年，第 3897～3898 頁。
〔註392〕《漢書‧馮奉世傳》，北京：中華書局，1962 年，第 3294 頁。
〔註393〕《漢書‧馮奉世傳》，北京：中華書局，1962 年，第 3294 頁。
〔註394〕《漢書‧馮奉世傳》，北京：中華書局，1962 年，第 3294 頁。
〔註395〕《漢書‧西域傳下》，北京：中華書局，1962 年，第 3924 頁。

漢簡的公文行文的嚴肅性則不通。薛宗正先生理解的「護鄯善以西使者」即是護南道的說法也是有問題的，因爲即近在元康元年的莎車之亂中亦是南北道並俱發，漢廷斯時對於西域的控制力唯獨盈縮於車師而已〔註396〕，元康二年退出車師之前時任都護的鄭吉「意皆在北道諸國間」，茲後雖改設爲「護鄯善以西使者」的名號，斷無置北道於不理的道理，而斯時亦未見北道有任何其他的相關任命見諸史冊。莎車之亂毫無疑問加強了漢廷對南道的重視，「鄯善以西皆不通」的事實成爲一個深刻的地緣烙印而爲後人所記起，當兩漢之際長安尤披戰火，可能很多公文記載毀於戰火，使得身爲東漢人的班固無法窺見這一重大歷史事件的全貌，是以不僅西域都護之置、還是護鄯善以西使者的變化以及其所謂的「護鄯善以西南道」諸多地緣痕迹一併出現於其記載之中，而令後人莫衷一是。

　　車師對待漢廷的態度亦如樓蘭，非其本身主觀好惡之原因，皆是地緣形勢所在使然，是以當其一如樓蘭一樣離開是非之地而遷徙渠犁之後其地緣態度也隨之而改觀：「車師王得近漢田官，與匈奴絕，亦安樂親漢。」〔註397〕而神爵二年日逐王來歸最終使得匈奴在車師的威脅爲之而大爲消解，「其後置戊己校尉屯田，居車師故地。」〔註398〕西域都護設立之後，其「中西域而立」優越的地緣位置大大有利於漢廷對於西域諸國的管理和控馭，除了領護城廓諸國之外，還承擔著督察烏孫及康居等行國的動靜而適時欲以地緣干預：「都護督察烏孫、康居諸外國，動靜有變以聞。可安輯，安輯之；可擊，擊之。」

〔註396〕懸泉置漢簡出土後，簡Ⅱ0216③：111、Ⅰ0111②：73、Ⅴ1312③：44 諸條皆顯示出伊循隸屬於敦煌的信息，參見張德芳、胡平生編撰：《敦煌懸泉漢簡釋粹》，上海：上海古籍出版社，2001 年，第 125～126 頁。土垠漢簡一五簡曰：「河平四年十一月庚戌朔，辛酉，與守居盧訾倉，車師戊校」，劉國防先生據此指出：「宣帝以鄭吉爲都護鄯善以西使者（校尉），無非是據實而言。……至遲到河平四年（前 25 年），伊循屯田已由敦煌太守節制轉歸西域都護領屬。至此，西域都護的管轄範圍開始名實相符。」見氏撰：「漢西域都護的始置及其年代」，收入《新疆通史》編撰委員會編：《新疆歷史研究論文選編（兩漢卷）》，烏魯木齊：新疆人民出版社，2008 年，第 98 頁。需要指出的是，河西本來即是經略西域的前出基地，而敦煌更是發揮著戰略橋頭堡的作用，「護鄯善以西」與不領屬伊循並不矛盾，在一定的時候敦煌與西域都護彼此之間防務隨時勢而作一定的調整亦在情理之中。

〔註397〕《漢書·西域傳下》，北京：中華書局，1962 年，第 3924 頁。

〔註398〕《漢書·西域傳下》，北京：中華書局，1962 年，第 3924 頁。戊己校尉之事牽涉較爲複雜，本書暫不討論。

〔註399〕而茲後匈奴在倍受打擊的情況下由於內部矛盾加劇而分裂爲五單于，甘露三年，呼韓邪單于來朝，匈奴問題至此向前推進了一大步，茲後郅支單于開始向西發展而繼續與漢對抗，而至建昭三年陳湯、甘延壽斬郅支而歸，匈奴問題於此畫上完美的句號，勒內·格魯塞在評述郅支西遷與陳湯殺郅支事件時說：「他打敗了伊犁河畔的烏孫人，把額敏河畔的呼揭人和鹹海草原上的堅昆人納入他的統治之下，使他們成爲他的盟邦，他甚至侵犯曾經輕率地幫助過他的索格底亞那人（康居人），他在楚河和恒羅斯河畔的草原上紮營。這是西方大匈奴帝國的胚芽。但是中國人沒有給他鞏固地位的時間。」〔註400〕《西域傳》曰：「自宣、元後，單于稱藩臣，西域服從。」

漢廷在河西與西域的經略乃是河南之戰與漠北之戰後匈奴地緣重心西移後的一個必然選擇，而漢匈之戰端初開之時，爲在匈奴西方尋求奧援而實現「斷匈奴右臂」的戰略，這一戰略隨著漢匈之間的地緣互動而產生的態勢變化逐漸演化成型，至本始二年漢、烏聯盟正式聯手對匈奴作戰而告完成。而漢廷對西域的經營本是出於漢匈對抗的戰略考慮而作出的決策，但是到武帝後期乃至宣、元時期，漢廷經略西域的問題漸漸同匈奴對抗的問題日益合一，至神爵二年日逐王來降而西域都護再次設立，匈奴內部分裂而郅支所部日益西徙。而隨著甘露三年呼韓邪單于來朝與建昭三年，陳湯誅郅支，匈奴問題遂告解決。在這一歷史過程中，曾經由於新舊地軸合璧而大關中地緣格局形成之時消弭於其中的西向地軸開始了歷史性的延拓，從而最終奠定了漢帝國的地緣骨架，也從此奠定了中國古代王朝北疆地緣政治結構的基礎。

5.3 武帝時期的東疆經略與東方格局

5.3.1 武帝時期的東方地緣格局

武帝時期東方的地緣格局變化主要集中在東北、東南與南越地區三個方向，在東北主要是圍繞著「斷匈奴左臂」而進行的對烏桓的控馭以及當時發動的對朝鮮的戰爭，漢廷在東北的經略從漢匈對抗的格局來看乃是其對匈奴戰略的一個重要組成部分，所不同的是由於匈奴在漢軍的持續打擊下地緣重

〔註399〕《漢書·西域傳上》，北京：中華書局，1962 年，第 3874 頁。
〔註400〕〔法〕勒內·格魯塞：《草原帝國》藍琪譯，項英傑校，北京：商務印書館，2003 年，第 67 頁。

心逐漸西移，而使得東北不太爲史家所重而已；東南則有兩者：閩越與淮南，閩越問題又關聯著南越問題，閩越的解決在地緣上乃是消滅掉南越之側翼，而淮南、衡山乃是王國問題的餘波，斯時已不關大局；南疆則是圍繞著南越問題而展開的地緣新拓展。

5.3.1.1「斷匈奴左臂」與漢廷在東北疆的經略

馬邑之謀後，漢匈戰端全面開啓，漢廷東北疆戰火綿延，這種狀況自然是與斯時匈奴的地緣分佈格局直接相關，匈奴自冒頓單于統一之後，整個匈奴帝國分爲左右賢王庭與單于庭三大轄區，至元封六年匈奴地緣重心西移之前，漢匈帝國在東方的地緣格局是：「諸左王將居東方，直上谷以東，接穢貉、朝鮮。」尤其值得注意的是，左賢王乃是匈奴地位僅次於單于之王，而且是單于的儲君，《漢書・匈奴傳》載：「而單于朝出營，拜日之始生，夕拜月。其坐，長左而北向。」〔註401〕日出東方而月落西方，「長左而北向」即爲以東方爲貴，這反映在左賢王的地緣布局上亦是如此，李春梅指出：「除單于以外，統治地位最尊貴的左賢王分封在匈奴單于庭的東方，左而東的布局體現了匈奴統治地位的高低，但此左而東是以面朝南爲前提的。」〔註402〕除此之外，「匈奴謂賢曰『屠耆』，故常以太子爲左屠耆王。」〔註403〕《後漢書・南匈奴傳》說得更爲直接：「左賢王即是單于儲副。」〔註404〕尊貴的地位必然有相應的實力，元狩四年的漠北之戰，霍去病斬獲最多的即是左賢王所部：「去病與左賢王戰，斬獲首虜七萬餘級，封狼居胥山乃還。」〔註405〕太初二年趙破奴北擊匈奴，「左王與戰，兵八萬騎圍破奴，破奴爲虜所得，遂沒其軍。」〔註406〕足見左賢王軍力之強大。另外，據李春梅考證推測，「上谷到遼東這一帶以北以西都是屬於左賢王的匈奴地區。」〔註407〕西漢時期，東北長城之外自西而東分佈的民族依次爲烏桓、夫餘、高句麗、肅慎等民族，揆諸史冊，烏桓的生產方式以射獵游牧爲主，夫餘、高句麗則以農耕爲主，肅慎則以農耕輔之

〔註401〕《漢書・匈奴傳上》，北京：中華書局，1962 年，第 3751 頁。

〔註402〕李春梅：「匈奴政權左賢王若干問題探析」，《內蒙古社會科學》，2008 年第 5 期，第 33 頁。

〔註403〕《史記・匈奴列傳》，北京：中華書局，1959 年，第 2890 頁。

〔註404〕《後漢書・南匈奴列傳》，北京：中華書局，1965 年，第 2941 頁。

〔註405〕《漢書・武帝紀》，北京：中華書局，1962 年，第 178 頁。

〔註406〕《漢書・衛青霍去病傳》，北京：中華書局，1962 年，第 2493 頁。

〔註407〕李春梅：「匈奴政權左賢王若干問題探析」，《內蒙古社會科學》，2008 年第 5 期，第 36 頁。

以射獵爲生，此般民族分佈及經濟形態，即說明這一地區至多乃是左賢王的間接控制地區，而且除了烏桓有明確記載爲匈奴所控制之外，遼東以東的夫餘、高句麗、肅愼皆未見有確切的記載爲匈奴之附屬，因而所謂的「接穢貉、朝鮮」可能是左賢王部勢力所達的間接控制地區，並非是其牧區所在。但是儘管如此，左賢王的牧區卻是當以今天的呼倫貝爾草原爲中心的水草豐美地區爲中心，這在西漢時期當是其重要的力量源泉。正因爲如此，武帝時期尤其是在漠北之戰左賢王軍破之前，漢廷之東北疆屢遭戰火。

武、昭、宣時期西漢東北疆戰事一覽表：

時　　間	地　點	進攻方	概　　況	出　　處
元光五年	上谷	漢軍	元光五年，青爲車騎將軍，擊匈奴，出上谷；太僕公孫賀爲輕車將軍，出雲中；大中大夫公孫敖爲騎將軍，出代郡；衛尉李廣爲驍騎將軍，出雁門：軍各萬騎。青至蘢城，斬首虜數百。騎將軍敖亡七千騎；衛尉李廣爲虜所得，得脫歸：皆當斬，贖爲庶人。賀亦無功。	《史記‧衛將軍驃騎列傳》
元朔二年	漁陽	匈奴	其冬，匈奴數千人盜邊，漁陽尤甚。漢使將軍韓安國屯漁陽備胡。	《漢書‧匈奴傳》
元朔三年	遼西	匈奴	匈奴二萬騎入漢，殺遼西太守，略二千餘人。又敗漁陽太守軍千餘人，圍將軍安國。安國時千餘騎亦且盡，會燕救之，至，匈奴乃去	《漢書‧匈奴傳》
元朔五年	右北平	漢軍	元朔之五年春，漢令車騎將軍青將三萬騎，出高闕；……大行李息、岸頭侯張次公爲將軍，出右北平：咸擊匈奴。	《史記‧衛將軍驃騎列傳》
元狩元年	上谷	匈奴	胡數萬騎入上谷，殺數百人。	《漢書‧匈奴傳》
元狩二年	右北平	漢軍	漢使博望侯及李將軍廣出右北平，擊匈奴左賢王。左賢王圍李廣，廣軍四千人死者過半，殺虜亦過當。會博望侯軍救至，李將軍得脫，盡亡其軍。	《漢書‧匈奴傳》
元狩三年	右北平	匈奴	明年春，匈奴入右北平、定襄各數萬騎，殺略千餘人。	《漢書‧匈奴傳》
元狩四年	右北平	漢軍	驃騎將軍亦將五萬騎，車重與大將軍軍等，而無裨將。悉以李敢等爲大校，	《史記‧衛將軍驃騎列傳》

			當裨將，出代、右北平千餘里，直左方兵，所斬捕功已多大將軍。軍既還，天子曰：「驃騎將軍去病率師，躬將所獲葷粥之士，約輕齎，絕大幕，涉獲章渠，以誅比車耆，轉擊左大將，斬獲旗鼓，歷涉離侯。濟弓閭，獲屯頭王、韓王等三人，將軍、相國、當戶、都尉八十三人，封狼居胥山，禪於姑衍，登臨翰海。執鹵獲醜七萬有四百四十三級，師率減什三，取食於敵，遠行殊遠而糧不絕，以五千八百戶益封驃騎將軍。」右北平太守路博德屬驃騎將軍，會與城，不失期，從至檮餘山，斬首捕虜二千七百級，以千六百戶封博德為符離侯。	
始元六年	未確知	匈奴 漢軍	漢復得匈奴降者，言烏桓嘗發先單于冢，匈奴怨之，方發二萬騎擊烏桓。……於是拜明友為度遼將軍，將二萬騎出遼東。匈奴聞漢兵至，引去。……烏桓時新中匈奴兵，明友既後匈奴，因乘烏桓敝，擊之，斬首六千餘級，獲三王首，還，封為平陵侯。	《漢書·匈奴傳》
本始二年	未確知	烏桓	其冬，單于自將萬騎擊烏孫，頗得老弱，欲還。會天大雨雪，一日深丈餘，人民畜產凍死，還者不能什一。於是丁令乘弱攻其北，烏桓入其東，烏孫擊其西。凡三國所殺數萬級，馬數萬匹，牛、羊甚眾。又重以餓死，人民死者什三，畜產什五，匈奴大虛弱，諸國羈屬者皆瓦解，攻盜不能理。	《漢書·匈奴傳》
神爵四年	未確知	烏桓	其明年，烏桓擊匈奴東邊姑夕王，頗得人民，單于怒。	《漢書·匈奴傳》

　　從上表可以清晰地發現漢匈開戰初期，漢廷東北疆以漁陽和右北平為中心的地帶雙方展開了激烈的戰鬥，斯時由於左賢王所部正好當東北疆之門戶，李春梅說：「可以大致斷定，上谷以東的這些行動多是左賢王所為。」〔註 408〕而斯時由於匈奴的基本地緣格局尚未發生遷移，匈奴左部也是漢軍打擊的重點，

〔註408〕李春梅：「匈奴政權左賢王若干問題探析」，《內蒙古社會科學》，2008 年第 5 期，第 36 頁。

漢軍右路出擊多以右北平爲中心而發起，即便是元狩四年的漠北戰略決戰，右北平的漢軍也發揮著重要的策應作用。透過上表我們還可以清晰的發現，自元狩四年漠北之戰後，再未見匈奴對漢廷東北疆的侵襲，而相應的是曾爲冒頓所破的烏桓則表現日益活躍。這種現象與既與元狩四年匈奴左部遭受沉重的打擊有關，也與是役之後漢軍在這一地區的地緣措置直接相關。「及武帝遣驃騎將軍霍去病擊破匈奴左地，因徙烏桓於上谷、漁陽、右北平、遼西、遼東五郡塞外，爲漢偵察匈奴動靜。其大人歲一朝見，於是始置護烏桓校尉，秩二千石，擁節監領之，使不得與匈奴交通。」〔註409〕烏桓本是東胡遺族，爲冒頓所破後，聚保烏桓山，因之爲號，自此後役屬於匈奴，「烏桓自爲冒頓所破，眾遂孤弱，常臣伏匈奴，歲輸牛、馬、羊皮，過時不具，輒沒其妻子。」〔註410〕漠北之役後，武帝將烏桓遷徙到東北延邊諸郡，而設置護烏桓校尉領屬之，漢廷的戰略考慮有三：一則是「爲漢偵察匈奴動靜」；二則是厚延邊諸郡之形勢；三則是「使不得與匈奴交通」而孤立匈奴。而這第三點即當是所謂的「斷匈奴左臂」的戰略。

以「左臂」而言及地緣形勢者見於《楚世家》之楚人射雁者諷喻楚頃襄王之語，其談到秦國的地緣形勢時曰：「故曰秦爲大鳥，負海內而處，東面而立，左臂據趙之西南，右臂傅楚鄢郢，膺擊韓魏，垂頭中國，處既形便，勢有地利，奮翼鼓媛，方三千里，則秦未可得獨招而夜射也。」〔註411〕而「斷匈奴左臂」之說並不如「斷匈奴右臂」一般而見於武帝當世，而見於《韋賢傳》太僕王舜與中壘校尉劉歆的奏議中：「東伐朝鮮，起玄菟、樂浪，以斷匈奴之左臂；西伐大宛，並三十六國，結烏孫，起敦煌、酒泉、張掖，以隔婼羌，裂匈奴之右肩。」〔註412〕但是，值得注意的是其在言及漢廷對抗匈奴之兩翼時措辭分量並不一致，於西疆謂之「右肩」，而於東北疆則曰「左臂」，地緣輕重溢於言表，這大抵與後人清晰地獲知漢廷對匈作戰過程中地緣重心轉移的歷史過程有關。另外一點，他將「斷匈奴左臂」的具體內容界定爲「東伐朝鮮，起玄菟、樂浪」，雖然定朝鮮而置四郡的確可以穩定加強東北疆的形勢，但是如前所論朝鮮與漢匈對抗實則無直接的地緣關涉，甚至到王莽時期，僅見的一次發朝鮮兵擊匈奴也是作鳥獸散而罷：「王莽初，發句驪兵以伐匈

〔註409〕《後漢書·烏桓鮮卑列傳》，北京;中華書局，1965 年，第 2981 頁。

〔註410〕《後漢書·烏桓鮮卑列傳》，北京：中華書局，1965 年，第 2981 頁。

〔註411〕《史記·楚世家》，北京：中華書局，1959 年，第 1731 頁。

〔註412〕《漢書·韋賢傳》，北京：中華書局，1962 年，第 3126 頁。

奴，其人不欲行，強迫遣之，皆亡出塞為寇盜。」〔註413〕但是，儘管如此，班固也似乎時常將「斷匈奴左臂」的意味隱含於行文之中，「漢使楊信使於匈奴。是時，漢東拔濊貉、朝鮮以為郡，而西置酒泉郡以隔絕胡與羌通之路。又西通月氏、大夏，以翁主妻烏孫王，以分匈奴西方之援。又北益廣田至眩雷為塞，而匈奴終不敢以為言。」〔註414〕而武帝對朝鮮動武乃在元封二年，此時漠北戰事早已結束數年而「漠南無王庭」，似乎不會有「斷匈奴左臂」的地緣考量，如果這個條件成立，就更不用說關聯著去匈奴左部遙遠的朝鮮。為什麼會出現這種現象呢？這得從漢初遼東地區的地緣形勢說起，漢初由於北當匈奴而東當異姓諸王，無力經營遙遠的朝鮮地區，故而在地緣上有所收縮，正是在這種情勢之下形成了一個真空地帶，這就為衛滿在這一地區發展勢力帶來了難得的機遇：「漢興，為遠難守，復修遼東故塞，至浿水為界，屬燕。燕王盧綰反，入匈奴，滿亡命，聚黨千餘人，椎結蠻夷服而東走出塞，渡浿水，居秦故空地上下障，稍役屬真番、朝鮮蠻夷及故燕、齊亡在者王之，都王險。」〔註415〕到惠帝、呂后時期，衛氏朝鮮已經有一定的勢力，漢廷採取羈縻的政策：「會孝惠、高后天下初定，遼東太守即約滿為外臣，保塞外蠻夷，毋使盜邊；蠻夷君長欲入見天子，勿得禁止。以聞，上許之，以故滿得以兵威財物侵降其旁小邑，真番、臨屯皆來服屬，方數千里。」〔註416〕但是，獲得了漢廷政治認可的朝鮮開始迅猛發展自己的勢力，很快達到了「方數千里」的遼闊疆域。並且不斷地招納漢廷潛逃之人，在羽翼日益豐滿的形勢下，衛滿之孫右渠開始阻止周邊部族與漢廷的聯繫而儼然為一方霸主。「傳子至孫右渠，所誘漢亡人滋多，又未嘗入見；真番、辰國欲上書見天子，又雍閼弗通。」〔註417〕元封二年，武帝派遣使者涉何譙曉諭右渠當尊奉漢命，但是右渠置之不理。涉何尋機刺殺了朝鮮裨王長以示懲戒，涉何歸來後為武帝所嘉獎而封為遼東東部都尉。右渠隨即發兵攻殺了涉何。武帝斷然不能容忍匈奴左部方去而朝鮮卻日益坐大。同年，「天子募罪人擊朝鮮。其秋，遣樓船將軍楊僕從齊浮勃海，兵五萬，左將軍荀彘出遼東，誅右渠。」〔註418〕在漢廷的

〔註413〕《後漢書‧東夷列傳》，北京：中華書局，1965 年，第 2814 頁。
〔註414〕《漢書‧匈奴傳上》，北京：中華書局，1962 年，第 3773 頁。
〔註415〕《漢書‧西南夷兩粵朝鮮傳》，北京：中華書局，1962 年，第 3863～3864 頁。
〔註416〕《漢書‧西南夷兩粵朝鮮傳》，北京：中華書局，1962 年，第 3864 頁。
〔註417〕《漢書‧西南夷兩粵朝鮮傳》，北京：中華書局，1962 年，第 3864 頁。
〔註418〕《漢書‧西南夷兩粵朝鮮傳》，北京：中華書局，1962 年，第 3865 頁。

持續攻擊下，「（元封三年）夏，朝鮮斬其王右渠降，以其地爲樂浪、臨屯、玄菟、眞番郡。」〔註419〕

　　觀乎斯時朝鮮之形勢誠然爲漢廷的一個地緣隱患，而定朝鮮後得以拓地列郡自然是功績昭昭，言及東北疆之地緣成就自是可圈可點。然則其實則與「斷匈奴左臂」無直接關涉。恰好是不爲漢人言及的烏桓卻發揮著這一功能。元狩四年後，在漢廷的領護之下，烏桓不再有爲匈奴奴役的沉重負擔，在地緣上也更加安全，其時烏桓的勢力必然有一個大的發展，而斯時匈奴左部伴隨著整個帝國卻是在元封六年後日漸西移，「左方兵直云中」，元封二年對朝鮮用兵而於次年方定朝鮮而置四郡，這與元封六年前後的匈奴重心轉移相隔時間很近，可能正是這種原因，斯時人們談及東北疆的地緣形勢自然將二者關聯到一起。在匈奴戰略重心日漸西移的局勢之下，烏桓開始蠢蠢欲動而「間數犯塞」，始元六年其公然發掘匈奴單于的墳墓，「匈奴怨之，方發二萬騎擊烏桓。」〔註420〕霍光徵詢大臣的意見，趙充國主張坐觀而收漁翁之利，而范明友則主張擊之，「於是拜明友爲度遼將軍，將二萬騎出遼東。匈奴聞漢兵至，引去。初，光誡明友：『兵不空出，即後匈奴，遂擊烏桓。』烏桓時新中匈奴兵，明友既後匈奴，因乘烏桓敝，擊之，斬首六千餘級，獲三王首，還，封爲平陵侯。匈奴由是恐，不能出兵。即使使之烏孫，求欲得漢公主。擊烏孫，取車延、惡師地。」〔註421〕匈奴正是由於東疆的雙重威脅而恐懼，更加謀求向西方發展。范明友大破烏桓後，烏桓一度以漢爲敵直至宣帝年間方才再次附漢：「由是烏桓復寇幽州，明友輒破之。宣帝時，乃稍保塞降附。」〔註422〕而茲後的本始二年匈奴所面臨的三面攻擊中就有「烏桓攻其東」，神爵四年，烏桓再次攻擊了匈奴東邊姑夕王。烏桓成爲漢廷在東疆對付匈奴的一支重要力量。

5.3.1.2 東南餘波與東南疆理

　　武帝時期東南地區地緣政治變遷主要體現在閩越地區的叛亂及淮南、衡山之亂。且淮南、閩越及會稽皆彼此相近，地緣上的互動之故而又有頗多關涉。早在景帝三年七國之亂之時即已有閩中越人的身影，「孝景三年，吳王濞

〔註419〕《漢書‧武帝紀》，北京：中華書局，1962年，第194頁。
〔註420〕《漢書‧匈奴傳上》，北京：中華書局，1962年，第3784頁。
〔註421〕《漢書‧匈奴傳》，北京：中華書局，1962年，第3784～3785頁。
〔註422〕《後漢書‧烏桓鮮卑列傳》，北京：中華書局，1965年，第2981頁。

反，欲從閩粵，閩粵未肯行，獨東甌從。及吳破，東甌受漢購，殺吳王丹徒，以故得不誅。」〔註423〕建元三年武帝即位伊始，閩越再次發兵攻東甌，「建元三年，閩越舉兵圍東甌，東甌告急於漢。……乃遣助以節發兵會稽。會稽守欲距法，不爲發。助乃斬一司馬，諭意指，遂發兵浮海救東甌。未至，閩越引兵罷。」〔註424〕是役之後，東甌越人深感閩越的威脅而請求內徙，「東粵請舉國徙中國，乃悉與眾處江、淮之間。」〔註425〕東越內徙後，「東甌國屬地再次被閩越擁有。」〔註426〕建元六年，閩越兵鋒指向南越，「南粵守天子約，不敢擅發兵，而以聞。上遣大行王恢出豫章，大司農韓安國出會稽，皆爲將軍。兵未逾領，閩粵王郢發兵距險。」〔註427〕在漢廷兩路大軍進擊的情勢之下，閩越王郢之弟餘善殺郢而降，但是武帝並未以餘善爲王，而是另擇無諸孫繇君丑爲王：「詔罷兩將軍兵，曰：『郢等首惡，獨無諸孫繇君丑不與謀。』乃使郎中將立丑爲粵繇王，奉閩粵祭祀。」〔註428〕但是殺郢之後的餘善斯時已然在閩越中梳理權威，鑒於當時的情勢漢廷決定承認現狀而分而治之：「餘善以殺郢，威行國中，民多屬，竊自立爲王，繇王不能制。上聞之，爲余善不足復興師，曰：『餘善首誅郢，師得不勞。』因立餘善爲東粵王，與繇王並處。」〔註429〕

元鼎五年，南越反，餘善在漢與南越之間首鼠兩端，一方面上書請出兵擊南越，而與此同時，「兵至揭陽，以海風波爲解，不行，持兩端，陰使南粵。」〔註430〕其後南越已破，樓船將軍楊僕建議趁勢解決東越問題，「上以士卒勞倦，不許。罷兵，令諸校留屯豫章梅領待命。」〔註431〕元鼎六年，餘善得知楊僕的建言亦觀之漢軍駐紮其側蓄勢待發的態勢，決定先發兵反叛：「乃遂發兵距漢道，號將軍騶力等爲『吞漢將軍』，入白沙、武林、梅領，殺漢三校尉。是時，漢使大司農張成、故山州侯齒將屯，不敢擊，卻就便處，皆坐畏懦誅。

〔註423〕《漢書・西南夷兩粵朝鮮傳》，北京：中華書局，1962年，第3860頁。
〔註424〕《漢書・嚴朱吾丘主父徐嚴終王賈傳》，北京：中華書局，1962年，第2776頁。
〔註425〕《漢書・西南夷兩粵朝鮮傳》，北京：中華書局，1962年，第3860頁。
〔註426〕黃榮春：《閩越源流考略》，上海：海潮攝影藝術出版社，2002年，第112頁。
〔註427〕《漢書・西南夷兩粵朝鮮傳》，北京：中華書局，1962年，第3860頁。
〔註428〕《漢書・西南夷兩粵朝鮮傳》，北京：中華書局，1962年，第3861頁。
〔註429〕《漢書・西南夷兩粵朝鮮傳》，北京：中華書局，1962年，第3861頁。
〔註430〕《漢書・西南夷兩粵朝鮮傳》，北京：中華書局，1962年，第3861頁。
〔註431〕《漢書・西南夷兩粵朝鮮傳》，北京：中華書局，1962年，第3861頁。

餘善刻『武帝』璽自立，詐其民，爲妄言。」〔註432〕武帝處決了畏懦的張成和山州侯齒，武帝派遣四路大軍並伐東越：「上遣橫海將軍韓說出句章，浮海從東方往；樓船將軍僕出武林，中尉王溫舒出梅嶺，粵侯爲戈船、下瀨將軍出如邪、白沙，元封元年冬、咸入東粵。」〔註433〕平定了餘善之亂後，鑒於其地崎嶇多阻而民風勁悍之故，亦採取遷徙之策而徹底解除這一地區的隱患：「於是天子曰『東粵狹多阻，閩粵悍，數反覆』，詔軍吏皆將其民徙處江、淮之間。東粵地遂虛。」〔註434〕據周振鶴考察：「但是徙民亦不能徹底，其後遺民又往往漸出，以是漢廷乃在東歐地置回浦縣，又以閩越故地東冶置冶縣，兩縣皆屬會稽郡。會稽郡南界遂至南海海境，就地域的廣大而言，竟爲漢末百三郡國之冠。」〔註435〕

　　閩中的地緣形勢最爲顧祖禹所不屑論之，其曰：「福建僻處海隅，褊淺迫隘，用以爭雄天下，則甲兵糧糧不足以供也；用以固守一隅，則山川間阻不足以恃也。」〔註436〕顧氏所論立意有二：一則是爭雄天下，二則是自守閩中。誠然，放在爭雄天下計，閩中自不必論；僅坐守計，則如其前言，即便十二之齊地亦然會坐以待斃。但問題是斯時之閩越不但不是坐守之輩，反而是四面出擊，文帝初年尚且役屬於南越的閩越頗爲趙佗所不屑，其爲陸賈曰：「東有閩粵，其眾數千人，亦稱王。」〔註437〕但是正因爲閩越的積極發展，到武帝時已然成爲「卒不下數十萬」〔註438〕的強大勢力，地緣形勢所在，其西出可進擊豫章，北出則入會稽，南下南越則有建瓴之勢。而事實上，早在景帝之時其即合縱七國，嚴助以武帝意旨曉諭淮南王劉安曰：「又數舉兵侵陵百越，併兼鄰國，以爲暴強，陰計奇策，入燔尋陽樓船，欲招會稽之地，以踐句踐之迹。」〔註439〕足見其對於西向之豫章與北向之會稽皆有野心。王夫之曰：「若夫東甌之接吳、會，閩、越之連餘干，尤股掌之相屬也。其民雞犬相聞，田疇相入，市賈相易，昏姻相通，而畫之以爲化外，則生類之性暌，而

〔註432〕《漢書・西南夷兩粵朝鮮傳》，北京：中華書局，1962年，第3862頁。
〔註433〕《漢書・西南夷兩粵朝鮮傳》，北京：中華書局，1962年，第3862頁。
〔註434〕《漢書・西南夷兩粵朝鮮傳》，北京：中華書局，1962年，第3863頁。
〔註435〕周振鶴：《西漢政區地理》，北京：人民出版社，1987年，第40頁。
〔註436〕〔清〕顧祖禹：《讀史方輿紀要・福建讀史方輿紀要敘》，賀次君、施和金點校，北京：中華書局，2006年，卷95，第4362頁。
〔註437〕《漢書・西南夷兩粵朝鮮傳》，北京：中華書局，1962年，第3851頁。
〔註438〕《漢書・嚴朱吾丘主父徐嚴終王賈傳》，北京：中華書局，1962年，第2781頁。
〔註439〕《漢書・嚴朱吾丘主父徐嚴終王賈傳》，北京：中華書局，1962年，第2787頁。

天地之氣閥矣。」〔註440〕這正是武帝不惜以四路大軍出擊這一崎嶇之地的原因。

　　淮南厲王因叛而徙死後，文帝欲封其子而王淮南地，賈誼戒之曰：「淮南雖小，黥布嘗用之矣，漢存特幸耳。夫擅仇人足以危漢之資，於策不便。雖割而爲四，四子一心也。予之眾，積之財，此非有子胥、白公報於廣都之中，即疑有專諸、荊軻起於兩柱之間，所謂假賊兵爲虎翼者也。願陛下少留計！」〔註441〕但是文帝念及厲王之死，最終仍以淮南之地析分爲三而王其子。景帝三年，七國之亂時淮南王亦有反意，因王國相斯時控制了兵權而後得以完。武帝初年，淮南王再次流露出望天子之位的意味：「王前朝，武安侯爲太尉，時迎王至霸上，謂王曰：『上未有太子，大王最賢，高祖孫，即宮車晏駕，非大王立當誰哉！』淮南王大喜，厚遺金財物。」〔註442〕建元六年，閩越發兵擊南越，南越求救於漢，武帝派軍擊閩越，由於閩越地近淮南，而淮南亦將閩中越人視爲自己地緣上的奧援，元朔五年，淮南事急，伍被爲劉安的謀劃中即有「南通勁越」〔註443〕的地緣考慮，武帝用兵閩中使得劉安頓感緊張，劉安隨即上書極言伐閩越之不便〔註444〕，王夫之謂此而曰：「淮南王安之諫伐南越（閩越），不問而知其情也。讀其所上書，訐天子之過以搖人心，背漢而德己，豈有憂國恤民仁義之心哉？」〔註445〕夫之所言不假，然其根本原因乃是在於此舉引發了淮南王之地緣憂慮的緣故。是役之後，武帝使嚴助赴淮南曉諭伐閩越之意旨，「助由是與淮南王相結而還。」〔註446〕其後武帝從嚴助所欲而拜爲會稽太守，斯時嚴助爲會稽太守而地近淮南，加之此前與淮南王之交接，且嚴助赴任會稽後「數年，不聞問。」當此任上定然與淮南王多有聯繫，茲後淮南王事發而「事與助相連」或指其事，會稽乃東南非常之地，嚴助一去數年不聞不問的狀態引起了武帝的警惕，「賜書曰：『制詔會

〔註440〕〔清〕王夫之：《讀通鑒論上・武帝》，舒士彥點校，北京：中華書局，1998年，第51頁。

〔註441〕《漢書・賈誼傳》，北京：中華書局，1962年，第2263頁。

〔註442〕《史記・魏其武安侯列傳》，北京：中華書局，1959年，第2855頁。

〔註443〕《漢書・蒯伍江息夫傳》，北京：中華書局，1962年，第2171頁。

〔註444〕《漢書・嚴朱吾丘主父徐嚴終王賈傳》，北京：中華書局，1962年，第2777～2785頁。

〔註445〕〔清〕王夫之：《讀通鑒論上・武帝》，舒士彥點校，北京：中華書局，1998年，第51頁。

〔註446〕《漢書・嚴朱吾丘主父徐嚴終王賈傳》，北京：中華書局，1962年，第2789頁。

稽太守：君厭承明之廬，勞侍從之事，懷故土，出爲郡吏。會稽東接於海，南近諸越，北枕大江。間者，闊焉久不聞問，具有《春秋》對，毋以蘇秦從橫。』」〔註447〕茲後，以嚴助爲侍中，未久淮南事發而誅嚴助。淮南王交接嚴助的具體情形不得而知，但是透過伍被的謀劃可見其一斑：「略衡山以擊廬江，有尋陽之船，守下雉之城，結九江之浦，絕豫章之口，強弩臨江而守，以禁南郡之下，東保會稽，南通勁越，屈強江、淮間，可以延歲月之壽耳，未見其福也。」〔註448〕在伍被的地緣戰略中，截斷大江而退保東南，外聯閩中越人以爲固，而會稽則被視爲其立足的根本。當然其前劉安自己亦有一個謀劃，其曰：「今我令緩先要成皋之口，周被下潁川兵塞轘轅、伊闕之道，陳定發南陽兵守武關，河南太守獨有雒陽耳，何足憂？然此北尙有臨晉關、河東、上黨與河內、趙國界者通谷數行。人言『絕成皋之道，天下不通』。據三川之險，招天下之兵，公以爲何如？」〔註449〕劉安的戰略好大喜功，斷然不念及斯時之淮南不僅國小力弱，且不具備七國時之外在合縱的形勢而儼然一副直搗長安的態勢，對於這種大而無當的謀劃，伍被曰：「臣見其禍，未見其福也。」元朔五年，淮南因太子之事而被削二縣，元狩元年，淮南王反而國除爲九江郡。而與淮南事相牽連的還有衡山王，衡山本來對於淮南頗有戒心：「衡山王聞淮南王作爲畔逆具，亦心結賓客以應之，恐爲所併。」〔註450〕到元朔六年方與淮南王解除前嫌而共同進退：「（元朔）六年，過淮南。淮南王乃昆弟語，除前隙，約束反具。」〔註451〕元狩元年，衡山國除爲衡山郡。

5.3.1.3 平定南越與開拓南疆

如前章所揭，秦漢之際，趙佗利用秦末之亂而趁機在嶺南發展勢力，劉邦初定天下而力有不逮，未能一舉而定南越，自陸賈出使南越後，趙佗陽尊漢而實則形勢自任，高后時漢、越不睦，斯時之南越稱帝發兵與漢相抗，並趁機在嶺南拓展勢力，當時的南越「東西萬餘里。乃乘黃屋左纛，稱制，與中國侔。」〔註452〕茲後，文帝命陸賈再使南越，趙佗去帝號而再

〔註447〕《漢書‧嚴朱吾丘主父徐嚴終王賈傳》，北京：中華書局，1962 年，第 2789 頁。
〔註448〕《漢書‧蒯伍江息夫傳》，北京：中華書局，1962 年，第 2171 頁。
〔註449〕《漢書‧蒯伍江息夫傳》，北京：中華書局，1962 年，第 2170 頁。
〔註450〕《漢書‧淮南衡山濟北王傳》，北京：中華書局，1962 年，第 2153 頁。
〔註451〕《漢書‧淮南衡山濟北王傳》，北京：中華書局，1962 年，第 2156 頁。
〔註452〕《漢書‧西南夷兩粤朝鮮傳》，北京：中華書局，1962 年，第 3848 頁。

次尊漢，但時至景帝時仍然保持政治的獨立性：「遂至孝景時，稱臣遣使入朝請。然其居國，竊如故號；其使天子，稱王朝命如諸侯。」〔註453〕張榮芳認為南越國最盛時的疆域「包括了現今整個廣東、廣西、海南島和越南大部分地區。」〔註454〕

待到武帝建元四年，趙佗之孫趙胡為南粵王，而斯時閩越的勢力日張，南越已頗感壓力。如前揭，建元六年，閩越王伐南越，趙胡上書求援於漢曰：「兩粵俱為藩臣，毋擅興兵相攻擊。今東粵擅興兵侵臣，臣不敢興兵，唯天子詔之。」〔註455〕其所謂的「不敢興兵」不過是欲藉重於漢而抗禦閩越所作出的一種姿態而已。漢軍定閩越後，嚴助赴南越曉諭武帝旨意，「南粵王胡頓首曰：『天子乃興兵誅閩粵，死亡以報德！』遣太子嬰齊入宿衛。謂助曰：『國新被寇，使者行矣。胡方日夜裝入見天子。』助去後，其大臣諫胡曰：『漢興兵誅郢，亦行以驚動南粵。且先王言事天子期毋失禮，要之不可以怵好語入見。入見則不得復歸，亡國之勢也。』於是胡稱病，竟不入見。」〔註456〕趙胡雖派太子嬰齊入侍，但仍不願入朝覲見。及至嬰齊之世南越仍保持著相當的政治獨立性，但是南越的這種騎牆的態度已經為武帝所不滿，元鼎四年，嬰齊沒後，「漢使安國少季諭王、王太后入朝，令辯士諫大夫終軍等宣其辭，勇士魏臣等輔其決，衛尉路博德將兵屯桂陽，待使者。」〔註457〕觀其形勢，漢廷斯時大有先禮後兵的打算。嬰齊沒後太子興即位，太后為嬰齊入侍時所娶邯鄲女，斯時太后與漢使通而國人不附，欲依漢而自立，乃請內附。「太后恐亂起，亦欲倚漢威，勸王及幸臣求內屬。即因使者上書，請比內諸侯，三歲一朝，除邊關。於是天子許之，賜其丞相呂嘉銀印，及內史、中尉、太傅印，餘得自置。除其故黥、劓刑，用漢法。諸使者皆留填撫之。王、王太后飭治行裝重資，為入朝具。」〔註458〕但是，太后與內附的打算遭到了南越相呂嘉的強烈反對，呂嘉三世相王，在南越的關係盤根錯節而最為實力派，「相呂嘉年長矣，相三王，宗族官貴為長吏七十餘人，男盡尚王女，女盡嫁

〔註453〕《漢書・西南夷兩粵朝鮮傳》，北京：中華書局，1962年，第3853頁。
〔註454〕張榮芳：「略論漢初的南越國」，《秦漢史論集（外三篇）》，廣州：中山大學出版社，1995年，第130頁。
〔註455〕《漢書・西南夷兩粵朝鮮傳》，北京：中華書局，1962年，第3853頁。
〔註456〕《漢書・西南夷兩粵朝鮮傳》，北京：中華書局，1962年，第3853～3854頁。
〔註457〕《漢書・西南夷兩粵朝鮮傳》，北京：中華書局，1962年，第3854頁。
〔註458〕《漢書・西南夷兩粵朝鮮傳》，北京：中華書局，1962年，第3854～3855頁。

王子弟宗室，及蒼梧秦王有連。其居國中甚重，粵人信之，多爲耳目者，得眾心愈於王。王之上書，數諫止王，王不聽。有畔心，數稱病不見漢使者。」〔註459〕呂嘉發兵攻滅太后與王興、千秋、終軍等漢使者。「元鼎五年秋，衛尉路博德爲伏波將軍，出桂陽，下湟水；主爵都尉楊僕爲樓船將軍，出豫章，下橫浦；故歸義粵侯二人爲戈船、下瀨將軍，出零陵，或下離水，或抵蒼梧；使馳義侯因巴、蜀罪人，發夜郎兵，下牂柯江；咸會番禺。」〔註460〕平定呂嘉之亂後，「遂以其地爲儋耳、珠崖、南海、蒼梧、鬱林、合浦、交趾、九眞、日南九郡。」〔註461〕

5.4 小結

　　隨著武帝外事四夷而拓展四疆的事業的展開，到宣、元之世西漢帝國的疆域有了一個很大的拓展。伴隨著這一歷史進程，西漢帝國的地緣政治骨架也由此而奠定，在遼闊的疆域之中，最爲重要的仍然是軸線地區。元朔二年，隨著河南地的收復而北向地軸再次回歸；而南向地軸在武帝時期也作爲獨立的地緣輻射中心向西南和東南兩個維度演繹出新的內涵；而隨著武帝的廣關，以大關中格局爲特徵的縱向地軸達到空前的規模。在西向，隨著元狩二年的河西之戰的勝利，漢廷漸次開始了經略河西與西域的事業，這是漢匈對抗在西北地區的繼續，在這一過程之中，西向新地軸實現了歷史性的延拓，隨著神爵二年西域都護的設置、甘露三年呼韓邪單于的來朝及建昭三年郅支單于被誅，有漢以來的匈奴問題最終定格。而在東向隨著武帝時期推恩令下而王國日漸析分，東向地軸也隨之而消解，但是有鑒於秦代郡縣制在控馭局部地緣區域的支離破碎之弊，隨著刺史制度的建立，東疆刺史所在地區亦隱然有地軸的影子。而在縱向地軸之東部疆域，東北疆定朝鮮而置四郡，於其南則收兩粵而置九郡，皆是蔚爲壯觀的地緣新拓展，而漢廷在東北疆的地緣實踐乃是對匈奴地緣戰略的一個重要組成部分，但是放在漢匈對抗的大格局之下，斯時東疆之地緣活動的意義則在其次。總體觀之，自武帝以來，地軸格局在發生著全面而深刻的變遷，這種變遷即是西漢的帝國地緣政治的歷史發展，也同時奠定了帝國基本的骨架基礎。

〔註459〕《漢書·西南夷兩粵朝鮮傳》，北京：中華書局，1962 年，第 3855 頁。
〔註460〕《漢書·西南夷兩粵朝鮮傳》，北京：中華書局，1962 年，第 3857 頁。
〔註461〕《漢書·西南夷兩粵朝鮮傳》，北京：中華書局，1962 年，第 3859 頁。

結　語

　　西漢帝國的地緣政治結構繼承了秦帝國的地緣擘畫，而秦帝國的地緣政治結構則淵源於春秋戰國時期列國的地緣競爭，春秋戰國的地緣結構則又發端於西周的寓地緣於血緣之中的天下秩序。西周的天下秩序成爲西漢帝國地緣政治結構形成之前的一個遠源，西周的天下秩序包含著人倫秩序、地緣秩序與華夷秩序三個子系統，在三個子系統之中，人倫秩序是血緣紐帶，是系統的精神靈魂；地緣秩序是系統的地理關聯，是系統的物質基礎；華夷秩序則是系統中心的外在背景，它體現爲系統強大之時以文明的引力「修文德以來之」，而在系統出現危機的時候通過強調華夷之別而喚起中心諸夏的地緣整合，進而起到強化系統的作用。在通常的狀態下，地緣秩序隱藏於道義的最深處而成爲控馭天下秩序的幽微法門。西周時期以周天子爲核心而基於華夏諸國並關聯向慕華夏文明的四夷而建立起一個鬆散而模糊的天下秩序，這一秩序在春秋時代事實上由以周天子爲核心沈降到以推行「尊王攘夷」的理念的霸國爲中心的秩序變體，這是五霸的政治邏輯；到了戰國時期，地域的競爭空前激烈，包裹在地利、地緣之外的「尊王」的道義名號與「親親」的人文外衣已不復存在，地緣的看待與地緣的實踐空前繁榮；而在極其殘酷的地緣競爭中建立起來的秦帝國處處以地緣控制爲務，基本的人文關懷蕩然無存，帝國儼然成了一個不需要以天爲參照的純然「地國」；繼之而生西漢帝國在反思秦亡的基礎上改造了天下秩序，一方面鑒戒於秦的孤立之敗確立了「非劉氏而王天下共擊之」的原則而實行郡國並行體制，假血緣之紐帶以實行地緣之控馭再次成爲西漢王朝地緣政治的重要特徵；茲後隨著王國問題的日漸嚴重而漸次回歸到郡縣體制之下，血緣的色彩日漸淡去而地緣的色彩則日益

加強，但是另一方面隨著武帝外事四夷事業的展開，西漢帝國開始將曾經天下秩序中的朝貢關係嫁接到邊疆地區少數民族的管理體制上，而建立起藩屬體制以作爲郡縣帝國秩序的有效補充。在這一歷史過程之中，血緣的色彩經歷著由濃漸淡以至於蕩然無存，而後復濃又淡的歷史過程，而先秦以至於西漢帝國的地緣政治結構也因之而發生變遷。這不僅表現於具體的地緣政治實踐之中，也相應地反映在自先秦至於漢代的地緣政治思想之中。而與此歷史演變過程相伴隨的是春秋戰國以來的競雄式地緣政治思維向帝國時期的控馭式地緣政治思維的變化。

西周時期，周人以西部邊陲之小部族而入主中土，面對遼闊的大平原與斯時勢力猶存的殷商遺民，創造性地實行了寓地緣於血緣之中的封建制度，在這一宏偉擘畫漸次開展的歷史進程之中，西周通過營造東都洛邑而實現了渭河平原與伊洛平原的歷史性結合，並通過分封齊、魯等國而將這一橫向的地緣聯合拓展至山東半島附近，從而建立起控馭北中國最重要的地緣軸線；而其在南向則繼承了商王朝對江淮地區的經營，自洛邑向南經豫西山地綿延以至於南陽，隱然成爲經略江漢、江淮的又一軸線，而其中南陽尤其處於樞紐地位，其東出則可控馭淮流、其南進則直指江漢腹地。在北向的晉中、晉南地區亦有霍、唐、虞等重要封國，不過此一線在西周時期相對沉寂。總體言之，西周以洛邑爲中心構建了十字形架構的地緣政治結構，橫向地軸爲宗周——成周——齊、魯一線，宗周爲根本所在，成周爲控馭東部之大本營，而齊、魯則爲其前哨，於地軸之兩側諸多封國呈放射型展開，北及幽燕，南達江淮；從縱向觀察亦有一隱形之軸線，其北依太行、南連南陽，前鋒則直指荊楚核心的江漢平原，東出則勢關淮水。從根本上看，西周坐守關中而東向進取，依託眾多的封國而開闢了以西馭東的地緣模式，從這種意味上看北至幽燕，南至淮水都是廣義上的東方，唯獨南陽江漢一帶算是自洛邑而南的一個延長線。這大抵是西周立國的基本地緣構架所在。

平王東遷後，王室勢力沈降而無力控馭既有的天下系統，這就爲諸侯伸展勢力大開方便之門，值得注意的是春秋四大國之晉、楚、齊、秦則在西周的縱橫軸線之上，而恰好是西周地緣軸線斷裂後的產物。司馬遷謂四大國之地理形勢曰：「齊、晉、秦、楚其在成周微甚，封或百里或五十里。晉阻三河，齊負東海，楚介江淮，秦因雍州之固，四海迭興，更爲伯主，文武所褒大封，皆威而服焉。」縱觀春秋時期地緣政治的大勢，楚、晉兩個縱向地軸上的國

家主導了春秋大多數時候地緣政治的格局，秦爲晉所控扼爲出路而苦苦戰鬥，崤之戰後不得不改變地緣戰略而以經略西疆爲主；齊國自桓公之後幾無大的建樹，唯當晉、楚疲憊或內亂之時而力圖振作，待時局變遷而霸業也因之而停息，吳、越乃東南異數，吳、越的崛起大大豐富了軸線之外地區的地緣活動，其不僅因與楚交爭而豐富了長江一線的地緣內涵，也使得過渡地帶的淮河一線戰火頻仍，於其北向則開闢了北達泗上的地緣活動，於東南內地緣計，吳、越二國地緣環境相同，待吳銳意北進之時而越攝其後。從全局的地緣互動來看，晉聯吳以爲犄楚之勢，秦楚大多數時候亦是聯結以抗晉，楚爲吳所挫則又聯越而制吳，對東向地軸晉長期聯魯以制齊，而中間地帶之鄭、宋諸國自圖霸而不得後多唯大國之馬首是瞻，中間地帶也日朘月削。此乃春秋地緣政治格局之大概。

戰國初年一個重大的地緣變化即是晉國的一分爲三。當春秋之世，晉國作爲中原大國在地緣政治舞臺上長時間佔據主導地位，一則，其橫亙於秦國東進要衝，有效地將秦人封鎖在狹小的關中腹地而難有大的地緣作爲；其二，由於其在中原列國中獨大的政治地位得以聯合諸夏成功地阻擋了楚國北進的勢頭；其三，由於其雄峙於大平原之上，對於關東列國有建瓴之勢，能有效地左右中間地帶的諸侯國，阻止中間地帶成長出新的地緣大國的可能；其四，晉國利用與魯國特殊的血脈關係以羈絆齊國，成功地將齊人的地緣力量凍結在不至於打破地緣平衡的程度，使得齊人在地緣政治上自桓公之後長時期無所作爲。然則進入戰國之後，三家分晉打破了這一格局，隨著自智氏到魏人重新統一三晉的努力次第失敗，楚、齊、秦三個偏霸一方的諸侯國尤其是後二者的地緣力量得以空前釋放。對於齊人而言，三晉承受著秦人日益緊張的地緣壓力而無暇東顧，齊國沒有了昔日的地緣制衡之後，放開手腳進行地緣擴張，成長爲東部地緣大國；楚人在春秋時期地緣發展的基礎之上進而向東方發展，尤其是隨著秦人南進的壓迫而加大經營東國的力度；秦人的地緣環境最爲優越，一則百二秦關足以屏蔽來自關東的軍事威脅，二則當其獲得巴蜀的大後方之後實力大增，可以通過控馭三晉而對東方的齊、北部的燕國以及中間地帶僅存之國施加地緣影響。但是對於三晉而言，太行山既是秦人東進的障礙也同時成爲三晉抗禦秦國的屏障，這在相當長的歷史時期造成了一種地緣上的膠著局面，但是，在東方情況則有所不同，一旦齊人的地緣擴張過於兇猛，在坦蕩的大平原上除了黃河就沒有什麼有效的阻擋齊人西進的險

阻了，三晉也不得不緊張地關注齊人的地緣動向，而對於齊人而言，一旦其越過了山東半島天然的地緣屏障之後所作的地緣擴張的防禦成本將隨之而倍增，而且這種擴張給諸侯國造成的緊張也將極大地惡化它尋求同盟的可能，這便是六國連兵伐齊的地緣動因。在地緣心理上，三晉對齊國的底線只是希望其成為其抗禦秦人的後續力量，而不希望一強不滅，一強又起。總體觀之，三家分晉成為春秋以來地緣格局演變的根本原因，而隨著秦人將魏國的勢力逐出河西，尤其是其南吞巴蜀而建立起秦蜀地緣聯合體以來，戰國中後期的歷史即是其以新地軸之實力衝擊舊地軸之形勢並最終一統六國的歷史。是以秦人開啓的縱向新地軸乃是其席卷天下而完成一統的關鍵步驟。

伴隨著秦國最終統一六國而新舊地軸實現了歷史性的合璧，而與此同時隨著蒙恬的北逐匈奴，縱向地軸得以延伸到陰山一線，北向地軸實現了空前的形勢完固。秦人以關中而取天下，隨著新舊地軸的合璧，秦人理所當然地將大關中視為帝國控馭的根本所在。但是隨著秦朝建立後地緣活動著力於南北二端而導致了中空的局面，加之其不恤民力而用法殘暴，始皇沒後，陳勝振臂而天下蜂起，秦帝國的地緣體系迅速土崩瓦解。秦漢之際，項羽恃戰勝之威而主導列國，在項氏的大分封中，對於東西地軸的齊秦二地皆一分為三而予以肢解，而將劉邦勢力分封於巴蜀，力圖暫且凍結劉邦勢力，待到戡定東方之後再行解決。由於斯時東方未寧，項羽定都的彭城亦位於東向地軸之上，以便於隨時預於形勢，然則齊地倔強於彭城之側，而舊地軸之上的趙國亦日漸坐大，劉邦東出而再度奪取關中，而自韓信一舉摧毀了舊地軸之上的趙國，天下形勢向著劉邦急劇傾斜，而項羽終於在數線作戰的窘境中走向滅亡。趙國能在秦漢之際有搶眼之表現與其佔據舊地軸之北段不無關係，而當其歷井陘之敗，斯無趙矣。東向地軸之意義在秦漢之際表現得尤為明顯，韓信始定三齊，劉邦即入壁奪其軍，旋即遷韓入楚，而斯時之楚國所在之地含淮北淮南一部的廣大地域，且關聯齊魯，是以韓信入楚未暇即執之入京始後安。斯時，田肯賀劉邦而謂齊地以「東秦」。

從項羽到劉邦，斯時對於定都問題的反覆討論足可見關中模式對於時人的深刻影響。而關中模式首先從秦人據有漢中與蜀地而打開東進局面開始，而後劉邦也正是由蜀地而關中而東向奪天下，再次演繹了這種模式。自從秦始皇奪取河南地以後，河套地區對於關中的地緣意義日益彰顯，從時人的觀念可以見其一斑，戰國時人言及關中形勝皆謂之以「披山帶渭」，而秦人一統

後，皆謂之「被山帶河」，從「渭」到「河」雖爲一字之別，但其中的地緣意味極爲深遠。河套的得失在秦時似乎顯得不怎麼重要，但是當西漢立國之始而匈奴頻繁來襲之時，則足見其對於關中政權的地緣意義。劉邦最終定都關中乃是由於其「阻三面而固守，獨以一面東制諸侯」的獨特地緣戰略地位，但是這種地位隨著冒頓統一匈奴而隨著被打破。西漢初年，不僅要面對東向的王國問題，還在漫長的國境線上面臨強大而統一的匈奴帝國的地緣衝擊，戰略壓力極大。這種情勢乃是西漢初年實行對匈奴妥協的和親政策的地緣政治背景。這一政策所造就的相對和平的地緣環境爲漢初諸帝不失時機地解決東向的王國問題提供了寶貴的時間。西漢初年，劉邦在奪取天下之後馬不旋踵次第翦滅了異姓諸王，因功封王一轉而爲因親封王，寓地緣於血緣之中再次成爲漢初地緣政治的重要組成部分，這種現象體現在地緣結構上就是漢廷在關東地區大啓九國，而其中尤其值得注意的是由於劉邦對於齊地至於關中一線的高度重視，而使得東向地軸得以再次伸展。然而，這種局面很快隨著血緣的日漸淡化而成爲漢廷的潛在威脅，文帝時期利用諸侯國無後、有罪及諸侯王去世等機會而實行賈誼的「眾建諸侯而少其力」之策，剖分齊國爲六、淮南爲三，而與此同時強化對皇子的分封，實行「以親制疏、以近制遠」的策略，從而將王國問題的解決向前推進了一步，文帝的種種處置使得橫向地軸呈現出重心逐步西移的趨勢。景帝時期在文帝的基礎上屬行削藩而終於激起了七國之亂，景帝挾戰勝之威一方面進一步析分王國，一方面從制度上收回王國的事權，從而將這一問題向前推進了一大步，隨著景帝的削奪王國支郡舉措的展開，東向地軸呈現出日漸虛無化的傾向。

隨著武帝外事四夷而拓展四疆的事業的展開，到宣、元之世西漢帝國的疆域有了一個很大的拓展。伴隨著這一歷史進程，西漢帝國的地緣政治骨架也由此而奠定，在遼闊的疆域之中，最爲重要的仍然是軸線地區。元朔二年，隨著河南地的收復而北向地軸再次回歸；而南向地軸在武帝時期也作爲獨立的地緣輻射中心向西南和東南兩個維度分別演繹出不同的新內涵；而隨著武帝的廣關，以大關中格局爲特徵的縱向地軸達到了空前的規模。在西向，隨著元狩二年的河西之戰的勝利，漢廷漸次開始了經略河西與西域的事業，這是漢匈對抗在西北地區的繼續，在這一過程之中，西向新地軸實現了歷史性的延拓，隨著神爵二年西域都護的設置、甘露三年韓邪單于的來朝及建昭三年郅支單于被誅，有漢以來的匈奴問題最終定格。而在東向隨著武帝時期推

恩令下而王國日漸析分，東向地軸也隨之而消解，但是有鑒於秦代郡縣制在控馭局部地緣區域的支離破碎之弊，隨著刺史制度的建立，東疆刺史所在地區亦隱然有地軸的影子。而在縱向地軸之東部疆域，東北疆定朝鮮而置四郡，於其南則收兩粵而置九郡，皆是蔚爲壯觀的地緣新拓展，而漢廷在東北疆的地緣實踐乃是對匈奴地緣戰略的一個重要組成部分，但是放在漢匈對抗的大格局之下，斯時東疆之地緣活動的意義則在其次。總體觀之，自武帝以來，地軸格局在發生著全面而深刻的變遷，這種變遷的結果乃是在地緣政治的架構上再次呈現出西周時期的十字形架構模式，所不同的是武帝時期的縱向地軸在東、北、南三個方位上都有延展，而呈現出所謂的大關中格局，而隨著漢匈對抗的深入而漢廷經略河西與西域事業的展開，西向地軸實現了歷史性的展拓，而斯時之東向地軸隨著王國問題的解決而僅僅依約於刺史州部之間，不易顯見罷了。這種變遷乃是西漢的帝國地緣政治歷史發展的結果，而正是在這一歷史進程中也相應地奠定了帝國地緣政治的基本骨架。

餘論　緣於地緣與超越地緣：西漢帝國地緣政治中諸要素之檢討

　　西漢帝國的地緣政治涵蓋的要素大大超越前代，首先，從地緣控馭模式上看，其將秦朝推行於整個帝國尙不成熟的郡縣制進行了改造而建立州制，從而大大強化了對於遼闊疆域的地緣監控；其次，其將分封制嫁接到邊疆民族的管理體制中而建立了藩屬體制，實現了對於少數民族地區有效地管理；其三，其大力推行馬政，發展騎兵，從而實現了以機動制馭機動的作戰方式，最終贏得了對匈奴作戰的勝利；其四，其將既往單純用於戰略防守的軍事設施長城用於戰略進攻中的防守，建立起恢宏的國防體系；其五，其將農耕文明的方式與國防建設緊密結合起來而在邊疆地區尤其是在河西、西域等宜農地區的經略中發揮著巨大的作用；其六，其通過管鹽鐵、改革幣值、推行均輸等一系列國家經濟措施，大大超越了既往的獎勵耕戰的「人——地」模式，實現了國家的經濟控制，從而打擊了分裂勢力。總體觀之，武帝乃至其後的昭宣之世所實行的一系列地緣舉措乃是時代的新高度，西漢帝國的地緣戰略從根本上早已不是純粹基於農耕而汲取地力的地緣控馭模式，而是集中了農耕、工商乃至部分兼容了游牧經濟的混合體制。

（一）郡縣體制下地緣控制的成熟

　　秦朝建立的郡縣制帝國成爲一個基於農耕生產方式純粹地緣化的疆域控馭模式，雖然郡縣制實行的時間已然很久，但是將郡縣制全面推行到整個帝國疆域之時，其控馭模式並不成熟，秦末之時，強大的秦帝國迅即土崩瓦解。究竟是封建制還是郡縣制更有利於維護帝國的控製成爲漢初一個

討論的焦點。漢廷經歷了由異姓王而同姓王而以親馭疏而漸收事權的一個漸次解決王國問題的歷史過程，在此過程中血緣漸淡而地緣漸濃。推恩令頒而王國自析，刺史制設而中央威權日重。而隨著武帝撻伐四夷事業的推進，如何合理處置歸順的邊疆民族成為制度建設上的一個必需。武帝秉循因俗為制的原則將既往的封建制進行了改造，從而建立起天下朝貢地緣體系的藩屬體制。

1、以封建去封建與王國問題的消解

景帝時期挾平定七國叛亂之威開始對王國問題進行大刀闊斧的地緣與制度改造，斯時王國之封域大為縮小而王國之事權大為收縮，已然將王國問題的解決向前推進了一大步，從而為武帝時期最終解決王國問題奠定了堅實的基礎。

元朔二年，主父偃鑒於斯時王國仍然擁有相當的勢力，建言實行推恩的方式以析分王國，從而徹底解決王國問題：「偃說上曰：『古者諸侯地不過百里，強弱之形易制。今諸侯或連城數十，地方千里。緩則驕奢易為淫亂；急則阻其強而合從以朔京師。今以法割削，則逆節萌起，前日朝錯是也。今諸侯子弟或十數，而適嗣代立，餘雖骨肉，無尺地之封，則仁孝之道不宣。願陛下令諸侯得推恩分子弟，以地侯之。彼人人喜得所願，上以德施，實分其國。必稍自銷弱矣。』於是上從其計。」〔註1〕《武帝紀》曰：「春正月，詔曰：『梁王、城陽王親慈同生，願以邑分弟，其許之，諸侯王請與子弟邑者，朕將親覽，使有列位焉。』於是藩國始分，而子弟畢侯矣。」〔註2〕《王子侯表》亦曰：「至於孝武，以諸侯王彊土過制，或替差失軌，而子弟為匹夫，輕重不相準，於是制詔御史：『諸侯王或欲推私恩分子弟邑者，令各條上，朕且臨定其號名。』自是支庶畢侯矣。」〔註3〕柳春藩先生指出：「武帝時分封王子侯的制度，具有加強中央集權的意義，可以說它是一種在新的條件下的特殊形式的『廢封建、置郡縣』。」〔註4〕至此為止，西漢解決王國問題從賈誼首倡的「眾建諸侯而少其力」而利用王國君主有罪或死亡而出現的機會實行剖分王國，到晁錯之時尋找諸侯王之過失而強行削藩，到主父偃所倡的「推

〔註1〕《漢書・嚴朱吾丘主父徐嚴終王貫傳》，北京：中華書局，1962年，第2802頁。

〔註2〕《漢書・武帝紀》，北京：中華書局，1962年，第170頁。

〔註3〕《漢書・王子侯表》，北京：中華書局，1962年，第427頁。

〔註4〕柳春藩：《秦漢封國食邑賜爵制》，瀋陽：遼寧人民出版社，1984年，第88頁。

恩」走完了三部曲。從本質上說，主父偃之推恩之法頗得賈誼「眾建諸侯而少其力」之遺意，所不同的是賈誼之時王國勢力強大，文帝行之則往往是尋機而為，而主父偃之時則形勢迥異，行之則水到渠成，並無阻礙。王夫之指出：「分藩國推恩封王之子弟為列侯，決於主父偃，而始於賈誼。誼之說至是而始讎，時為之也。當誼之時，侯王強，天下初定，吳、楚皆深鷙驕悍而不聽天子之裁制，未能遽然行業。武帝承七國敗亡之餘，諸侯之氣已燼，偃單車臨齊而齊王自殺，則諸王救過不遑，而以分封子弟為安榮，偃之說乃以乘時而有功。因此而知封建之必革而不可復也，勢已積而俟之一朝也。」〔註5〕

　　推恩令下，王子侯國一度激增，但是侯國皆歸漢郡所轄，推恩令所導致的是一個帝進而王退的歷史後果。但是武帝並不滿足於此，析分王國為侯國不過是其解決王國問題的第一步，元鼎五年，其再次利用酎金之過將這眾多的侯國大加廢除，方才走完了最後一步。「九月，列侯坐獻黃金酎祭宗廟不如法奪爵者百六人。」〔註6〕據柳春藩先生統計，武帝時期推恩令下後，王子侯國一度達到 178 個之多，茲後坐酎金國除者高達 64 個，有罪除國達 30 個，無後及其他原因除國有 19 個，到武帝末年王子侯國數量僅剩 65 個，只相當於最初的三分之一強〔註7〕。值得注意的，武帝還有意識地尋機打擊功臣侯國，酎金之罪中失國的列侯達 42 個之多，亦不是個別現象。不僅如此，武帝還作左官之律與附益之法以達到在政治上有意貶抑王國的意圖，正因為如此，王國地位一落千丈，武帝之後，王國在政治上再無大的作為了：「諸侯惟得衣食稅租，不與政事。至於哀、平之際，皆繼體苗裔，親屬疏遠，生於帷牆之中，不為士民所尊，勢與富室亡異。」〔註8〕

2、刺史制度與地緣控制的成熟

　　元封五年，武帝開拓四夷的事業已經大抵完成，而王國問題已經得到了解決，漢初假血緣之力而拱衛中央的措施已然是昔日黃花，面對空前遼闊的疆域與錯綜複雜的各地形勢，如何在郡縣體制下有效地管理遼闊的疆域，而不至於重蹈始皇之覆轍乃是武帝斯時面對的一個迫切的任務。武帝在總結秦代以來的監察制度的基礎上於是年創設了刺史制度：「武帝元封五年初置部刺

〔註5〕〔清〕王夫之：《讀通鑒論上·武帝》，舒士彥點校，北京：中華書局，1998年，第 57 頁。
〔註6〕《漢書·武帝紀》，北京：中華書局，1962 年，第 187 頁。
〔註7〕柳春藩：《秦漢封國食邑賜爵制》，瀋陽：遼寧人民出版社，1984 年，第 90 頁。
〔註8〕《漢書·諸侯王表》，北京：中華書局，1962 年，第 396 頁。

史，掌奉詔條察州，秩六百石，員十三人。」〔註9〕關於刺史刺事的詔條，師古引《漢官典職儀》曰：「刺史班宣周行郡國，省察治狀，黜陟能否，斷治冤獄，以六條問事，非條所問即不省。一條，強宗豪右田宅踰制，以強凌弱，以眾暴寡。二條，二千石不奉詔書遵承典制，倍公向私，旁詔守利，侵漁百姓，聚斂為奸。三條，二千石不恤疑獄，風厲殺人，怒則任刑，喜而淫賞，煩擾刻暴，剝截黎元，為百姓所疾，山崩石裂，妖祥訛言。四條，二千石選署不平，苟阿所愛，蔽賢寵頑。五條，二千石子弟怙恃榮勢，請託所監。六條，二千（石）違公下比，承附豪強，通行貨賂，割損正令也。」〔註10〕從詔條內容看，除一條是用以打擊地方豪強勢力之外，五條所指皆是品秩在二千石的地方主官，其涵蓋的內容也極為廣泛，涉及到政令的執行、是否侵漁百姓、司法是否公正、是否依附豪強、是否選舉公正等諸多方面。六條之中五條皆指向各郡太守一級的主官，就是為了防止各郡太守坐大而形成地方割據勢力，從而保障漢帝國龐大的地緣機器能正常的運轉。

關於刺史的監察轄區，歷來爭議頗多，周振鶴先生在顧頡剛與譚其驤先生〔註11〕關於州制研究成果的基礎上進一步推定出武帝時期十三州部所轄郡國的範圍〔註12〕，根據周先生推定的轄區，可以清晰地發現，在東向地軸區自西向東設有豫州刺史部、兗州刺史部與青州刺史部，而西向地軸則為涼州刺史部。由於武帝時期大力強化縱向地軸而形成所謂大關中格局，縱向地軸所涉疆域極為遼闊，舊地軸之北段為并州刺史部，新地軸之北段為朔方刺史部，整個南向地軸則為益州刺史部，而中間的左右內史（太初元年析分為三輔）及三河、弘農為京畿核心區，不在刺史監察範圍之列，征和四年（前89年）設司隸校尉：「武帝征和四年初置。持節，從中都官徒千二百人，捕巫蠱，督大奸猾。後罷其兵。察三輔、三河、弘農。」〔註13〕司隸校尉前後變化較大，武帝後其監察範圍也並不確定，並不同於東漢之司隸校尉部。但

〔註9〕《漢書·百官公卿表》，北京：中華書局，1962年，第741頁。

〔註10〕《漢書·百官公卿表》，北京：中華書局，1962年，第742頁。

〔註11〕參見譚其驤：「討論兩漢州制致顧頡剛先生書」、「《兩漢州制考》跋」，《長水集（上）》，北京：人民出版社，2009年，第22～44頁。顧頡剛：「兩漢州制考」，《國立中央研究院歷史語言研究所集刊外編·蔡元培先生六十五歲慶祝論文集》，第855～902頁。

〔註12〕周振鶴：「漢武帝十三刺史部所屬郡國考」，《復旦學報（社會科學版）》，1993年第5期。

〔註13〕《漢書·百官公卿表》，北京：中華書局，1962年，第737頁。

是從武帝時期的刺史部的轄區及京畿核心區的狀態觀察，大抵形成了以長安為核心的十字形地緣政治架構。此外，東南地區及淮河下游江河過渡地帶的軟腹部尚有揚州刺史部及徐州刺史部；大抵相當於今天兩湖地區有荊州刺史部；南部南越地區有交趾刺史部；河北地區為冀州刺史部；東北疆昔日燕地加之新辟之樂浪四郡則屬於幽州刺史部，凡十三州部。刺史制度的創設以秩級僅六百石的低級官吏刺舉地方行政主吏，大大強化了中央對地方的地緣控制。刺史制度的設立，倍受歷代眾多史家稱譽。顧炎武謂之：「夫秩卑而命之尊，官小而權之重，此小大相制，內外相維之意也。」對於刺史監察的六條準則更是譽為「百代不易之良法。」〔註14〕王鳴盛亦曰：「刺史權重矣，而又內隸於御史中丞，使內外相維。」〔註15〕周振鶴先生在分析武帝當時的疆域狀況與刺史制度創設之奧妙時說：「在郡級行政區只有四五十個之時，由中央政府直接管轄是合理的，但當時郡級政區增加到一百以上，對中央政府而言，管理幅度就太大了，勢必要影響到管理效率，如果在郡以上再加一級政區，形成三級制，則管理幅度雖可相應縮小，但卻要因管理層次的增加而影響政令貫徹與下情上達，於是刺史部的設置便成為解決這一難題的最聰明的辦法。」〔註16〕

3、藩屬體制與天下朝貢新體系的建立

隨著武帝外事四夷的事業拓展，越來越多的邊疆民族滙入到西漢帝國的地緣體系之中，單純以郡縣體制來處置這諸多不同民族習慣乃至於不同生產方式的民族自然顯得不合時宜，既能因俗為制又能實行有效地控製成為漢帝國解決邊疆少數民族地區地緣控制的一種必需。隨著王國問題的解決，郡縣體制呈現出一種大擴展的態勢，而在此形勢之下西漢在邊疆地區的藩屬體制，則可以看作是此種背景下封建制在邊疆少數民族地區的一種保留與嫁接。關於天下朝貢體系的最終建立的時間，學者有不同的意見，但是在帝國形態下其發端於西漢的藩屬體制則是不爭的事實。而西漢帝國的藩屬體制淵源於先秦的五服制，《禹貢》記載五服制的具體情形曰：「五百里甸服：百里

〔註14〕〔清〕顧炎武：《日知錄·部刺史》，〔清〕黃汝成集釋，欒保群、呂宗力校點，石家莊：花山文藝出版社，1990年，第407頁。

〔註15〕〔清〕王鳴盛：《十七史商榷·刺史隸御史中丞》，黃曙輝點校，上海：上海書店出版社，2005年，卷十四，第100頁。

〔註16〕周振鶴：「漢武帝十三刺史部所屬郡國考」，《復旦學報（社會科學版）》1993年第5期。

賦納總，二百里納銍，三百里納秸服，四百里粟，五百里米。五百里侯服：百里採，二百里男邦，三百里諸侯。五百里綏服：三百里揆文教，二百里奮武衛。五百里要服：三百里夷，二百里蔡。五百里荒服：三百里蠻，二百里流。」〔註17〕顧頡剛、余英時、周振鶴等學者皆認為五服制在一定程度上反映了早期中國的地緣政治現實，但同時又是對曾經的地緣政治結構現狀的理想化發揮的產物〔註18〕。余英時先生尤其指出：「五服制並不是一種空洞的思想。正好相反，它在漢代對外關係的發展中扮演一個重要的歷史角色。」〔註19〕雖然隨著郡縣制在帝國遼闊的疆域內大幅拓展而五服制的圈層似乎在形式上呈現出萎縮，但是余英時與周振鶴先生皆注意到了漢代的郡有內郡、邊郡、初郡之別〔註20〕，這正是五服制在郡縣體制上所留下的印痕。

關於漢代藩屬體制的研究，李大龍先生所著《漢唐藩屬體制研究》一書系統梳理了漢代藩屬體制的具體情形。李先生指出，西漢王朝初期的的藩屬體系由兩個層次構成：「一個層次是由『藩臣』、『外臣』體系構成的，包括了閩越、東甌、南越、衛氏朝鮮等政權；另一個層次是由『敵國』體系構成的，主要是匈奴及其所屬其他邊疆民族政權。」〔註21〕隨著武帝在四夷地區經略的深入展開，第一個層次經歷著由屬國向郡縣制轉化的過程。而隨著漢匈對抗的過程中產生了大量的匈奴來降將領，特殊的屬國體制也應運而生，這種屬國雖然在出擊匈奴之時也成為重要的力量，但是在管理上卻大體採取因俗為制的原則，因而被李大龍先生稱為帶有「半自治」的色彩的區域。而分別

〔註17〕 李學勤主編：《十三經注疏·尚書·禹貢》，北京：北京大學出版社，1999年，第167～170頁。

〔註18〕 參見顧頡剛：「畿服」，《史林雜識》，北京：中華書局，1963年，第1～19頁。〔英〕崔瑞德、〔英〕魯惟一編：《劍橋中國秦漢史·漢朝的對外關係》，楊品泉等譯，張書生、楊品泉校，北京：中國社會科學出版社，1995年，第411頁。周振鶴：「建構中國歷史政治地理學的設想」，《歷史地理》第十五輯，上海：上海人民出版社，1999年，第4頁。

〔註19〕 〔英〕崔瑞德、〔英〕魯惟一編：《劍橋中國秦漢史·漢朝的對外關係》，楊品泉等譯，張書生、楊品泉校，北京：中國社會科學出版社，1995年，第410頁。

〔註20〕 〔英〕崔瑞德、〔英〕魯惟一編：《劍橋中國秦漢史·漢朝的對外關係》，楊品泉等譯，張書生、楊品泉校，北京：中國社會科學出版社，1995年，第410頁。周振鶴：「中國歷史上兩種基本政治地理格局的分析」，《歷史地理》第十五輯，上海：上海人民出版社，2004年，第4頁。

〔註21〕 李大龍：《漢唐藩屬體制研究》，北京：中國社會科學出版社，2006年，第64頁。

因斷匈奴左右臂而設置的「護羌校尉」與「護烏桓校尉」則將羌人與烏桓納入到西漢王朝的藩屬體系之中，屬國都尉、護羌校尉、護烏桓校尉共同組成了李大龍所謂的「特設機構」，在這重藩屬體系中，因地緣關係的重要程度不同漢廷介入管理的程度也有所不同。在到甘露二年呼韓邪單于款五原塞至甘露三年正式來朝，匈奴最終也納入到漢廷的藩屬體系之中，所不同的是匈奴具有更大的獨立性。這樣，漢代的地緣體系就分爲漢郡、特設半自治藩屬地區、外藩（匈奴）三級體系，而漢郡亦有內郡與外郡之別，依約爲五服制之層級。

（二）漢匈對抗中的駿馬、長城與農夫

在漢匈對抗的歷史過程中，馬匹、長城、屯田分別發揮著不同的地緣功能，馬匹用於軍事在冷兵器時代發揮著巨大的地緣衝擊力的作用，麥金德在談到游牧民族對心臟地帶歷史的影響時說：「這些就是一群冷酷無情而又無理想的牧民，掃過無障礙的平原所產生的收穫，也是巨大的亞洲鐵錘任意打擊這一空曠空間的成果。」〔註 22〕漢廷得以最終戰勝匈奴在很大程度上取決於騎兵的建立與壯大，正是這一變化最終消解掉了匈奴的機動優勢。而與此同時漢廷將昔日用於純粹地緣防守的長城用於戰略進攻中防守體系的建立，不斷鞏固戰略成果而漸次逼近匈奴腹地。在這一過程之中，漢廷還將農耕的方式帶到所有適宜於灌溉農業的地區，將這些地區改造爲漢軍的戰略據點，從某種意義上說，漢廷對匈奴的勝利乃是這三者交相爲用的歷史過程。

1、馭駿馬以騁塞北

如前章所論，趙武靈王胡服騎射始而率先建立起強大的騎兵部隊，到秦漢時期時騎兵已經成爲重要的軍事力量。但是歷經秦末之亂，漢初經濟殘破，馬政大衰，馬價騰躍至「一匹則百金。」〔註 23〕「自天子不能具醇駟，而將相或乘牛車。」〔註 24〕高祖七年，劉邦親率大軍與冒頓之匈奴軍戰於平城，「高帝先至平城，步兵未盡到，冒頓縱精兵三十餘萬騎圍高帝於白登，七日，漢兵中外不得相救餉。匈奴騎，其西方盡白，東方盡駹，北方盡驪，

〔註 22〕〔英〕哈·麥金德：《歷史的地理樞紐》，林爾蔚、陳江譯，北京：商務印書館，2007 年，第 56 頁。
〔註 23〕《史記·平準書》，北京：中華書局，1959 年，第 1417 頁。
〔註 24〕《漢書·食貨志》，北京：中華書局，1962 年，第 1127 頁。

南方盡騂馬。」〔註25〕是役之中不僅馬步之優劣立見，而匈奴的三十萬鐵騎必然令高祖印象深刻。劉邦回朝後定然有一個大力加強騎兵與馬政的決策。在漢初法律草創之初即在秦律基礎上增加了廄律：「漢承秦制，蕭何定律，除參夷連坐之罪，增部主見知之條，益事律《興》、《廄》、《戶》三篇，合為九篇。」〔註26〕張家山漢簡二年律令中不但如前揭有限制關中馬匹出關的規定，《田律》、《金布律》等條皆有許多涉馬的條款，臧知非有專文討論〔註27〕，不具。

到文帝年間，晁錯上文帝書分析匈奴之於漢軍之長短優劣時曰：「今匈奴地形、技藝與中國異。上下山阪，出入溪澗，中國之馬弗與也；險道傾仄，且馳且射，中國之騎弗與也；風雨罷勞，饑渴不困，中國之人弗與也：此匈奴之長技也。」〔註28〕並且建言：「今令民有車騎馬一匹者，復卒三人。車騎者，天下武備也，故為復卒。」〔註 29〕這必然更加促使文帝對馬政的重視，是以文帝年間馬政當有相當之起色，文帝三年匈奴來犯時，「發邊吏車騎八萬詣高奴」〔註30〕其中當以騎兵為主，文帝十四年，軍臣單于十四萬騎來犯，「於是文帝以中尉周舍、郎中令張武為將軍，發車千乘，十萬騎，軍長安旁以備胡寇。」〔註31〕出動騎兵規模已達十萬。「孝景時，……益造苑馬以廣用，而宮室列觀輿馬益增脩矣。」〔註32〕到武帝初年，「眾庶街巷有馬，阡陌之間成群，而乘字牝者儐而不得聚會。」〔註33〕師古曰：「漢官儀曰云牧師諸苑三十六所，分置北邊、西邊，分養馬三十萬頭。」〔註 34〕興盛的養馬業為漢廷出擊匈奴奠定了堅實的基礎。為了管理有效管理馬政，除了師古所謂的牧師諸苑三十六所之外，漢中央還設立了專司馬政的官員：「太僕，秦官，掌輿馬，有兩丞。屬官有大廄、未央、家馬三令，各五丞一尉。又車府、路軨、騎馬、駿馬四令丞；又龍馬、閑駒、橐泉、騊駼、承華五監長丞；又邊郡六牧師菀

〔註25〕　《漢書·匈奴傳上》，北京：中華書局，1962 年，第 3753 頁。
〔註26〕　《晉書·刑法志》，北京：中華書局，1974 年，第 922 頁。
〔註27〕　臧知非：「張家山漢簡所見漢初馬政及相關問題」，《史林》，2004 年第 6 期。
〔註28〕　《漢書·爰盎晁錯傳》，北京：中華書局，1962 年，第 2281 頁。
〔註29〕　《漢書·食貨志》，北京：中華書局，1962 年，第 1133 頁。
〔註30〕　《漢書·匈奴傳上》，北京：中華書局，1962 年，第 3756 頁。
〔註31〕　《漢書·匈奴傳上》，北京：中華書局，1962 年，第 3761 頁。
〔註32〕　《史記·平準書》，北京：中華書局，1959 年，第 1419 頁。
〔註33〕　《史記·平準書》，北京：中華書局，1959 年，第 1420 頁。
〔註34〕　《漢書·百官公卿表》，北京：中華書局，1962 年，第 729 頁。

令各三丞；又牧橐、昆蹏令丞皆屬焉。中太僕掌皇太后輿馬，不常置也。武帝太初元年更名家馬爲馬挏馬，初置路軨。」〔註35〕

　　繁盛的養馬業是組織騎兵必要的物質基礎，但還不等於說馬業盛即是戰鬥力強。騎兵作戰的戰術素養和戰略思維的轉變還是需要一個過程的。到馬邑之謀時，漢軍仍然是傳統的伏擊戰的思維，最終導致無果而還。茲後，武帝乃決定改弦更張啓用新將領而實行主動出擊的戰術。這種轉換很快就收到了成效，霍去病在元狩二年長途奔襲河西而取得了輝煌的戰果，這說明晁錯所謂的「匈奴之長技」已然成爲過去，匈奴之腹地也不再可以高枕而臥。正是在這個前提之下，才有了元狩四年的漠北之戰，斯時出馬之盛史所未有：「兩軍之出塞，塞閱官及私馬凡十四萬匹。」〔註36〕但是，長期頻繁地在塞北惡劣的環境下作戰，漢軍戰馬的損耗極爲嚴重，元朔年間「漢軍馬死者十餘萬匹。」〔註37〕元狩四年漠北之戰，「復入塞者不滿三萬匹。」太初二年（前103年），武帝已經開始實行「籍吏民馬，補車騎馬」〔註38〕的舉措以補充軍馬的損耗。到太初三年的二伐大宛之時，漢廷的軍民供應已經非常困難了，以至於不得不動用牛與駱駝來從事後勤供應之需，並且造成了天下騷動的局面：「乃案言伐宛尤不便者鄧光等，赦囚徒材官，益發惡少年及邊騎，歲餘而出敦煌者六萬人，負私從者不與。牛十萬，馬三萬餘匹，驢騾橐它以萬數。多齎糧，兵弩甚設，天下騷動，傳相奉伐宛，凡五十餘校尉。」〔註39〕如此形勢之下，伐大宛雖主要不是因馬之故，但不能說完全沒有馬的因素。以夷制夷的戰略早在晁錯上文帝書時已經提到，武帝之所以苦心孤詣地一再聯絡烏孫，也很有可能與戰馬難以爲繼的情勢下利用「國多馬」的烏孫來對抗匈奴的考慮。直至征和四年，武帝下輪臺詔決定偃武休兵之際，仍不忘修馬復令。

　　欲保持對匈的戰略優勢馬就成爲關鍵，由於戰馬嚴重損耗之故，武帝時期一再改革馬政以求適應軍事之需要：「天子爲伐胡，盛養馬，馬之來食長安者數萬匹，卒牽掌者關中不足，乃調旁近郡。」〔註40〕「兵革數動，民多買復及五大夫，征發之士益鮮。於是除千夫五大夫爲吏，不欲者出馬。」

〔註35〕　《漢書・百官公卿表》，北京：中華書局，1962年，第729頁。
〔註36〕　《史記・衛將軍驃騎列傳》，北京：中華書局，1959年，第2938頁。
〔註37〕　《史記・平準書》，北京：中華書局，1959年，第1428頁。
〔註38〕　《史記・衛將軍驃騎列傳》，北京：中華書局，1959年，第3928頁。
〔註39〕　《史記・大宛列傳》，北京：中華書局，1959年，第3176頁。
〔註40〕　《史記・平準書》，北京：中華書局，1959年，第1425頁。

〔註41〕「而令民得畜牧邊縣，官假馬母，三歲而歸，及息什一，」〔註42〕元鼎五年，「車騎馬乏絕，縣官錢少，買馬難得，乃著令，令封君以下至三百石以上吏，以差出牝馬天下亭，亭有畜牸馬，歲課息。」〔註43〕凡此種種，都足可見馬在漢匈對抗中的重要地位。正因爲馬的重要，在漢人的觀念中形成了所謂「天用莫如龍，地用莫如馬」〔註44〕的意識，馬居然與龍相提並論，而在武帝的幣制改革中，以馬爲名的貨幣爲第二等貨幣：「二曰以重養小，方之，其文馬，值五百。」〔註45〕正因爲如此，武帝兩賦天馬自然是可想而知的事情。「自貳師沒後，漢新失大將軍士卒數萬人，不復出兵。」〔註46〕我想更主要的原因還因爲戰馬枯竭之故。

2、挾長城以捍北國

孟子曾謂齊宣王曰：「挾太山以超北海，語人曰：『我不能。』是誠不能也。」〔註47〕而觀之極具有進取精神的西漢王朝，誠可謂：「挾長城以捍北國，吾能也。」如前所論，戰國時期各國皆在地緣形勢不利的地帶修長城以資防守之用。如前章所論，秦朝建立後在燕趙長城及秦昭襄王長城的基礎上修建了始皇長城，西起臨洮、東至遼東，成爲抗禦匈奴的邊防線。凡此種種，皆是以長城作爲戰略防守的工具。時值武帝時期，長城則隨漢軍逶迤而行而至於疏勒河流域〔註48〕，而相關的烽燧設施則出陽關至於鹽澤，又一路向西達

〔註41〕《史記·平準書》，北京：中華書局，1959年，第1428頁。

〔註42〕《史記·平準書》，北京：中華書局，1959年，第1438頁。

〔註43〕《史記·平準書》，北京：中華書局，1959年，第1439頁。

〔註44〕《史記·平準書》，北京：中華書局，1959年，第1427頁。

〔註45〕《漢書·食貨志》，北京：中華書局，1962年，第1164頁。

〔註46〕《漢書·匈奴傳上》，北京：中華書局，1962年，第3781頁。

〔註47〕焦循：《孟子·梁惠王上》，沈文倬點校，北京：中華書局，1987年，卷三，第85頁。

〔註48〕關於邊塞與長城之關係，陳夢家、張維華、景愛諸位先生說法不一，陳夢家曰：「漢代所築，皆稱爲塞而不以長城爲名。」其言下之意乃是漢邊塞即是長城。見氏撰：「漢武邊塞考略」，《漢簡綴述》，北京：中華書局，2004年，第205頁。張維華先生曰：「漢之邊塞，有時稱之曰長城，有時稱之曰障，有時稱之曰障塞，亦有時稱之曰塞。大抵塞爲通稱，長城爲綿互相接之邊垣，障爲一地之防禦工事，或指城堡而言。蓋漢承前人之舊制，增益創設，防邊之術，愈加周密，此亦言漢之邊塞者所不可忽。」見氏撰：「漢邊塞」，《中國長城建置考（上編）》，北京：中華書局，1979年，第138頁。景愛先生則明確區分了長城與邊塞的不同，參見氏撰：《中國長城史》，上海：上海人民出版社，2006年，第193頁。爲謹愼見，從景說。

於天山腳下，不能不感慨斯時漢人之想像力與氣魄。

　　關於漢代長城，王國良、張維華、陳夢家、景愛等諸多學者皆有系統研究，茲不贅述，但就漢長城寓防守於戰略進攻之中的性質略作說明。於北疆言之，太初三年，「漢使光祿勳徐自爲出五原塞數百里，遠者千里，築城障列亭至盧朐。」〔註49〕師古曰：盧朐，山名也。《漢書補注》曰：「《正義》引《括地志》云：『五原郡稒陽縣，北出石門障，得光祿城；又西北得支就縣；又西北得頭曼城；又西北得牢城河；又西北得窳渾城，即築城障列亭至盧朐也。』」〔註50〕唐曉峰先生對徐自爲所築的外長城作了多次實地考察〔註51〕，探明其乃南北兩道近乎平行的長城，其間間隔兩公里到二十公里不等。徐自爲長城大大加強了既有陰山長城的地緣形勢，但是，這一行動很快遭到了匈奴的破壞：「其秋，匈奴大入雲中、定襄、五原、朔方，殺略數千人，敗數二千石而去，行壞光祿所築亭障。」〔註52〕但是其後漢軍當又有修復。於西疆觀之，西北漢長城始於令居塞的修建，如前揭，令居塞修於元鼎二年，令居以西之長城的修建當始於元鼎六年。元封四年，王恢虜樓蘭王後，「封恢爲浩侯。於是酒泉列亭鄣至玉門矣。」〔註53〕河西長城乃是漢廷在西疆進行戰略拓展而經略河西的副產品，雖則長城的本質是防守，然則漢長城則更多具有寓防守於戰略進攻的性質。除卻河西長城之外，漢廷還將近於長城地緣功能的烽燧亭障等防務體系一再向西延伸，天漢元年，「漢已伐宛，……歲餘，……漢因使使略賜以鎮撫之。而漢發使十餘輩至宛西諸外國，求奇物，因風覽以伐宛之威德。而敦煌置酒泉都尉；西至鹽水，往往有亭。」〔註54〕考古發現，庫魯克塔格山南麓亦有漢代的亭障遺址，當是爲保護樓蘭道所築，張維華先生推測「輪臺一帶亭燧之建置，當在昭、宣間也。」〔註55〕

　　宣帝時期，趙充國上書言及北疆長城的地緣功能時曰：「竊見北邊自敦煌至遼東萬一千五百餘里，乘塞列隧有吏卒數千人，虜數大眾攻之而不能害。」

〔註49〕《漢書‧匈奴傳上》，北京：中華書局，1962年，第3776頁。

〔註50〕〔清〕王先謙：《漢書補注‧匈奴傳》，北京：商務印書館，1959年，第5336頁。

〔註51〕唐曉峰：「內蒙古西北部秦漢長城調查論」，《文物》，1977年第5期。

〔註52〕《漢書‧匈奴傳上》，北京：中華書局，1962年，第3776頁。

〔註53〕《史記‧大宛列傳》，北京：中華書局，1959年，第3172頁。

〔註54〕《史記‧大宛列傳》，北京：中華書局，1959年，第3179頁。

〔註55〕張維華：「漢邊塞」，《中國長城建置考（上編）》，北京：中華書局，1979年，第154頁。

〔註 56〕足見漢廷以長城為核心的邊防系統發揮著重要的地緣功能。郅支誅後，呼韓邪單于上書「請罷邊備塞吏卒，以休天子人民」〔註 57〕，習於邊事的郎中侯應盛言罷邊之「十不可」而斥此舉為「非所以永持至安，威制百蠻之長策也。」〔註 58〕

3、扶鐵犁以墾新疆

西漢屯田發端於始皇北逐匈奴後的屯田，然則斯時屬於草創時期，未暇而秦亡。文帝時期，晁錯在分析邊塞形勢與總結秦代屯田的基礎上上募民徙塞下策，「上從其言，募民徙塞下。」文景之世，屯田塞下當為漢廷防禦匈奴的定策。大規模的屯田自武帝始，元狩四年的漠北之戰後，「漢度河自朔方以西至令居，往往通渠置田官，吏卒五六萬人，稍蠶食，地接匈奴以北。」元鼎六年，「初置張掖、酒泉郡、而上郡朔方、西河、河西開田官，斥塞卒六十萬人戍田之。」皆是在邊地大規模的屯田的記錄。在西域地區，不僅如前揭談到了輪臺與渠犁地區之屯田、樓蘭屯田、伊循屯田，而隨著西域都護是設立與漢廷在西域控制力的加強，屯田經歷了一個日趨擴大的歷程，茲後漸次擴展到交河、焉耆、姑墨、北胥健等眾多地區，甚至在北疆常惠亦屯田於烏孫國都赤谷城：「辛慶忌字子真，少以父任為右校丞，隨長羅侯常惠屯田烏孫赤谷城」。〔註 59〕而元狩四年的大移民中可能也是實行屯田的方式進行的：「四年冬，有司言關東貧民徙隴西、北地、西河、上郡、會稽凡七十二萬五千口。」關於民屯之說，劉光華有不同的意見〔註 60〕，他認為徙民實邊並不等於民屯，但是邊郡軍事性質所在，邊郡之徙民墾殖定然是不同於內郡農夫之耕作性質的，關於此點晁錯募民徙塞下策說得至為明白。

武、昭、宣三世漢廷的屯田地域主要集中在新秦中、河西與西域三大地帶，論其屯田的地緣意義及特點則各有不同。前揭，拉鐵摩爾談到了這三個地區不同的地理性質，新秦中地區雖然也屬於半乾旱地區，理論上應當與代北一樣而呈現出游牧經濟的性質逐漸加強而農業文明的性質漸次削弱的特徵，但是，由於黃河的緣故而呈現出完全不同的情形。新秦中地區土壤肥沃，

〔註 56〕《漢書・趙充國辛慶忌傳》，北京：中華書局，1962 年，第 2989 頁。
〔註 57〕《漢書・匈奴傳下》，北京：中華書局，1962 年，第 3803 頁。
〔註 58〕《漢書・匈奴傳下》，北京：中華書局，1962 年，第 3803～3804 頁。
〔註 59〕《漢書・趙充國辛慶忌傳》，北京：中華書局，1962 年，第 2996 頁。
〔註 60〕劉光華：「論西漢『徙民實邊』不是屯田」，《秦漢西北史地叢稿》，蘭州：甘肅文化出版社，2007 年，第 245～257 頁。

加之黃河水量大，引水屯田規模較大，其間修建了大量的水利工程，當與這一地區的擴大屯田有關，前章已論，不具。這一地區屯田的地緣意義主父偃在首倡屯田於是即說得明白：「偃盛言朔方地肥饒，外阻河，蒙恬城以逐匈奴，內省轉輸戍漕，廣中國，滅胡之本也。」這一地區位於北向地軸之內即外圍地區，而北向地軸則是出擊匈奴的重要前進基地，屯田於是即是爲了爲這一基地提供必要的經濟支持，同時又有加強邊疆形勢的意味。而河西地區則被拉鐵摩爾稱之爲「次綠洲」地帶〔註61〕，這裡也是依賴河水發展灌溉農業，但是這裡的河水乃是仰仗祁連山夏季融雪所形成的內流河道，水量有限流程短促，而河西的北端更是直接處於乾旱地區，水源成爲限制這一地區農業發展的重要原因。河西南段的情況則相對較好，一則其降水較之北端多而灌溉水源也較爲豐富。因河西地區具有經略西域的戰略通道與前出基地的功能，後期也是打擊匈奴的前進基地，同時還有隔斷羌胡的功能，因而河西屯田的意義也較爲豐富，具有控馭羌人、補給西域（尤其是早期）、爲出擊匈奴提供必要物質支持的作用，而關於控馭羌人一點，趙充國上屯田策說得極爲清楚〔註62〕。西域地區的地理條件則有很大的不同，極端乾旱的自然條件使得塔里木盆地沙漠、戈壁遍佈，其間短促的河道之處形成一個個彼此分割的綠洲，松田壽男稱之爲「沙漠島」〔註63〕，形勢使然，西域的屯田必然較之於河西更爲分散。拉鐵摩爾深刻地指出：「這些區域可以控制、同化，而不能完全結爲一體的事實，使中華帝國的這一翼不能完全穩定。」〔註64〕也就是說若要有效控制西域地區完全取決於屯田的狀況，否則千里轉輸與大軍掃蕩都無法將軍事成果轉化爲地緣成果而穩定下來。正因爲如此，如前揭，漢廷屯田龜茲未暇而賴丹被殺，鄭吉屯田車師而匈奴志在必爭，而常惠得以屯田赤谷城乃是漢廷控制烏孫之深入的成果，也是重要的基礎之一。

揚雄在談到武帝昔日之武功時曰：「往時嘗屠大宛之城，蹈烏桓之壘，探姑繒之壁，藉蕩姐之場，艾朝鮮之旃，拔兩越之旗，近不過旬月之役，遠不離二時之勞，固已犁其庭，掃其閭，郡縣而置之，雲徹席卷，後無餘災。」

〔註61〕〔美〕拉鐵摩爾：《中國的亞洲內陸邊疆》，唐曉峰譯，南京：江蘇人民出版社，2008年，第113頁。
〔註62〕《漢書・趙充國辛慶忌傳》，北京：中華書局，1962年，第2981～2990頁。
〔註63〕〔日〕松田壽男：《古代天山歷史地理學研究》，陳俊謀譯，北京：中央民族學院出版社，1987年，第4頁。
〔註64〕〔美〕拉鐵摩爾：《中國的亞洲內陸邊疆》，唐曉峰譯，南京：江蘇人民出版社，2008年，第117頁。

〔註65〕「犁其庭，掃其閭」固然是指漢廷斯時徹底掃蕩四夷之巢穴之意，但是放在漢廷的屯田的意義上講，「犁其庭」乃是「掃其閭」的重要前提。

（三）漢廷的國營經濟與鹽鐵控制

漢初在經濟上實行放任的態度，無論鹽鐵，乃至於貨幣亦可聽任諸侯自鑄，「至孝文時，……令民縱得自鑄錢。故吳諸侯也，以即山鑄錢，富埒天子，其後卒以叛逆。鄧通，大夫也，以鑄錢財過王者。」〔註66〕到惠帝、高后時期，「復弛商賈之律。」〔註67〕高帝時期的賤商政策日漸突破，「漢興，海內為一，開關梁，弛山澤之禁，是以富商大賈周流天下，交易之物莫不通，得其所欲。」〔註68〕正是在這樣的社會背景下，商人勢力得以顯著上昇，並且商人憑藉著雄厚的經濟實力而在地方上擁有著現實勢力，「凡編戶之民，富相什則卑下之，伯則畏憚之，千則役，萬則僕，物之理也。」以至於太史公將其與貴族和官僚並稱：「今有無秩祿之奉，爵邑之入，而樂與之比者。命曰『素封』。」而與此同時，鹽鐵等經濟資源為諸侯國所控制而成為威脅中央統一的經濟基礎，吳王劉濞之所以驕奢跋扈與吳國在蒸山煮海中所形成的強大經濟實力是密不可分的。

文帝時期在晁錯的建議下，漢廷已經開始制定新的政策而力圖將商人社會地位的提高同漢廷的國防進行結合。「於是文帝從錯之言，令民入粟邊，六百石爵上造，稍增至四千石為五大夫，萬二千石為大庶長，各以多少級數為差。」〔註69〕武帝時期，隨著外事四夷的事業的展開，出擊匈奴、經略西域、犒賞將士、安頓移民、修建邊塞等一系列事業造成了驚人的耗費，國家經濟日益不堪重負。一方面是「財賂衰耗而不贍」、「府庫益虛」的嚴重經濟狀況，為安頓來降之胡，「天子乃損膳，解乘輿駟，出御府禁藏以贍之。」〔註70〕而另一方面則是商人奢靡的生活與置之度外的態度：「而富商大賈或蹛財役貧，轉轂百數，廢居居邑，封君皆低首仰給。冶鑄煮鹽，財或累萬金，而不佐國家之急，黎民重困。」〔註71〕而在武帝改革幣制的

〔註65〕《漢書·匈奴傳下》，北京：中華書局，1962年，第3814～3815頁。
〔註66〕《史記·平準書》，北京：中華書局，1959年，第1419頁。
〔註67〕《史記·平準書》，北京：中華書局，1959年，第1418頁。
〔註68〕《史記·貨殖列傳》，北京：中華書局，1959年，第3260頁。
〔註69〕《漢書·食貨志》，北京：中華書局，1962年，第1133頁。
〔註70〕《史記·平準書》，北京：中華書局，1959年，第1425頁。
〔註71〕《史記·平準書》，北京：中華書局，1959年，第1425頁。

過程中，「商賈以幣之變，多積貨逐利。」﹝註72﹞爲了保證漢廷經營邊疆、打擊匈奴的戰略得以順利進行，打擊商人階層並將關乎國計民生的重要物資納入國家的控制之下成爲武帝當時不得不行的一個選擇。武帝首先通過算緡而對商人徵收重稅，繼之以「告緡」而實行直接的掠奪，商人受到沉重的打擊而大傷元氣。幣制改革也最終因取締了郡國民間鑄錢的權力（「於是悉禁郡國無鑄錢，專令上林三官鑄。」﹝註73﹞）並改進了鑄造工藝而確立了五銖錢地位。除此之外，漢廷還將造就商人財富的主要來源的鹽鐵經營收歸國家官營，國家還介入商業經營，以進一步削奪商人的商業利潤。桑弘羊主管大農後，改革官營政策，「置平準於京師，都受天下委輸。召工官治車諸器，皆仰給大農。大農之諸官盡籠天下之貨物，貴即賣之，賤則買之。如此，富商大賈無所牟大利，則反本，而萬物不得騰踴。故抑天下物，名曰『平準』。」﹝註74﹞與此同時，武帝通過水衡都尉與大農等等機構統籌管理國營經濟的等相關事務，「水衡都尉，武帝元鼎二年初置，掌上林苑，有五丞。屬官有上林、均輸、御羞、禁圃、輯濯、鍾官、技巧、六廄、辯銅九官令丞。又衡官、水司空、都水、農倉，又甘泉上林、都水七官長丞皆屬焉。上林有八丞十二尉，均輸四丞，御羞兩丞，都水三丞。禁圃兩尉，甘泉上林四丞。」﹝註75﹞「治粟內史，……武帝太初元年更名大司農。屬官有太倉、均輸、平準、都內、籍田五令丞，斡官、鐵市兩長丞。又郡國諸倉農監、都水六十五官長丞皆屬焉。」﹝註76﹞通過武帝的改革，漢廷迅速積累的大量的財富：「初，大農筦鹽鐵官布多，置水衡，欲以主鹽鐵；及楊可告緡錢，上林財物眾，乃令水衡主上林。上林既充滿，益廣。……乃分緡錢諸官，而水衡、少府、大農、太僕各置農官，往往即郡縣比沒入田田之。其沒入奴婢，分諸苑養狗馬禽獸，及與諸官。」﹝註77﹞豐富的物質基礎成爲武帝一系列功利事業的有力保障，對外戰爭的諸多耗費「大農以均輸調鹽鐵助賦，故能贍之。」﹝註78﹞

﹝註72﹞《史記・平準書》，北京：中華書局，1959 年，第 1430 頁。
﹝註73﹞《史記・平準書》，北京：中華書局，1959 年，第 1434 頁。
﹝註74﹞《史記・平準書》，北京：中華書局，1959 年，第 1440 頁。
﹝註75﹞《漢書・百官公卿表》，北京：中華書局，1962 年，第 735 頁。
﹝註76﹞《漢書・百官公卿表》，北京：中華書局，1962 年，第 731 頁。
﹝註77﹞《史記・平準書》，北京：中華書局，1959 年，第 1436 頁。
﹝註78﹞《史記・平準書》，北京：中華書局，1959 年，第 1440 頁。

關於武帝時期實行的國家管制經濟措施的意義，桑弘羊有很多的論述，對於國防的意義，其曰：「先帝哀邊人之久患，苦爲虜所繫獲也，故修障塞，飭烽燧，屯戍以備之。邊用度不足，故興鹽、鐵，設酒榷，置均輸，蓄貨長財，以佐助邊費。」〔註79〕對於打擊潛在割據勢力，加強對地方的地緣控制，其曰：「令意總一鹽、鐵，非獨爲利入也，將以建本抑末，離朋黨，禁淫侈，絕併兼之路也。」〔註80〕對於招誘四夷、削弱敵國的意義則是：「汝、漢之金，纖微之貢，所以誘外國而釣胡、羌之寶也。夫中國一端之縵，得匈奴累金之物，而損敵國之用。」〔註81〕總體言之，從對內而言，武帝時期的國家管制經濟是地緣控制向經濟領域的滲透，以起到從根本上削弱地方潛在分裂勢力的功能；而從對外戰爭方面來看，這種管制經濟乃是武帝得以從事長期大規模的對外戰爭的重要經濟保障。從這種意義上看，漢廷得以戰勝匈奴的基本經濟基礎已經不再僅僅是昔日的以農業爲基礎的耕戰模式，而是農業經濟、工商經濟乃至兼容了部分的游牧經濟的混合經濟模式。

觀乎漢帝國地緣政治諸要素，在血緣淡化、地緣意味日濃的轉換過程之中，漢廷通過血緣的方式而得以實現以封建去封建，最終消解掉王國的威脅；隨著四夷來附，其又將封建的制度嫁接到邊疆民族地區的管理上，從而建立起藩屬體系；而爲了有效地管理遼闊的疆域，武帝創設了刺史制度，以起到強化地緣控制的作用。長城本是地緣防守的工具，而在武帝時期其寓防守於戰略進攻之中，成爲實現戰略拓展的有力輔助；騎兵乃是冷兵器時代實現地緣衝擊的代表性的力量，漢廷大力強化馬政、加強騎兵，實行主動出擊的戰術徹底扭轉了漢初被動挨打的局面；屯田對於加強邊疆防守、實現控制西域具有重要的意義。而漢廷的國家管制經濟的舉措既有抑制分裂勢力、強化中央集權的意義，同時又是戰勝匈奴的重要經濟保障。除此之外，如前所論，發達的交通系統宛如帝國的血脈神經而成爲維繫帝國遼闊疆域的重要保證。凡此種種既是西漢帝國地緣政治的基本要素，而它們又在不同程度上實現了對於傳統地緣政治模式的歷史性超越，可謂源於地緣而超越地緣。

〔註79〕 王利器：《鹽鐵論校注・本議第一》，北京：中華書局，1992年，第2頁。
〔註80〕 王利器：《鹽鐵論校注・復古第六》，北京：中華書局，1992年，第78頁。
〔註81〕 王利器：《鹽鐵論校注・力耕第二》，北京：中華書局，1992年，第28頁。

參考文獻

壹、英文文獻部分

一、地緣政治學類

1、Samuel Van Valkenburg：*Elements of Political Geography*，London Sir Isaac Pitman & Sons，LTD.1940.

2、Harm J. de Blij：*Systematic political geography*，John Wiley & Sons，New York，USA.1980.

3、Isaiah Bowman，Ph. D：*The new world：problems in political geography*，World Book Company,Yonkers-on-Hudson, New York and Chicago, Illinois.1928.

4、R. J. Jonhnston：*Geography and the State*, St. Martin』s Press, New York. 1982.

5、Derwent Whittlesey：*The Earth and the State*，Henry Holt and Company，Washington.1944.

6、Nicholas John Spykman：*America's Strategy in World Politics*, Harcourt, Brace and Company, New York.1942.

7、S. B. Cohen：*Geography and politics in a world divided*，Random House, New York.1963.

8、T. Holdich：*Political frontiers and boundary making*，Macmillan and Co., Limited ST. Martin's Street, London.1916.

9、Thomas J. Barfield：*The Perilous Frontier：Nomadic Empires and China*，Basil Blackwell Led,UK.1989.

10、Jed C. Snyder：After Empire：*The Emerging Geopolitics of Central Asia*, National Defense University Press Ft.Mcnair,Washington,Dc,USA.1995.

11、Milan Hauner： *What Is Asia To Us* 敘 *Russia's Asian Heartland Yesterday and Today*, Unwin Hyman,Ltd,London,UK.1990.

二、歷史學類

12、Parnk L. Holt： *Alexander the Great and Bactria： The Formation of Greek Frontier in Central Asia*, E.J.Brill, Leiden, The Netherlands.1989.

13、Morris Rossabi： *Governing China』s Multiethnic Frontiers*, University of Washington Press,London.2004.

14、Beatrice F.Manz： *Central Asia in Historical Perspective* ,Westview Press, Oxford,USA.1994.

15、Edwin G.Pulleyblank： *Central Asia and Non-Chinese People of Ancient China* ,St Edmundsbury Press,Bury St Edmunds,Suffolk..2002.

16、Nicola Di Cosmo： *Ancient China and Its Enemies： The Rise of Nomadic Power in East Asian History* ,Cambridge University Press,London,UK.2002.

17、Chun-shu Chang： *The Rise of Chinese Empire* ,The University of Michigan press,USA,2006.

貳、中文文獻部分

一、地緣政治學及其他主要國際關係理論類〔註1〕

（一）中外論著

18、〔英〕哈・麥金德：《歷史的地理樞紐》，林爾蔚、陳江譯，北京：商務印書館，1985 年。

19、〔英〕麥金德：《民主的理想與現實》，武原譯，北京：商務印書館，1965 年。

20、〔英〕傑弗里・帕克：《二十世紀的西方地理政治思想》，李亦鳴、徐小傑、張榮忠譯，李亦鳴校，北京：解放軍出版社，1992 年。

21、〔英〕傑弗里・帕克：《地緣政治學：過去、現在和未來》，劉從德譯，北京：新華出版社，2003 年。

22、〔美〕A.T.馬漢：《海權對歷史的影響》，安常容、成忠勤譯，張志雲、卜允德校，北京：解放軍出版社，1998 年。

23、〔美〕馬漢：《海權論》，蕭偉中、梅然譯，北京：中國言實出版社，1997 年。

24、〔美〕阿爾弗雷德・塞爾・馬漢：《亞洲問題及其對國際政治的影響》，范祥濤譯，北京：三聯書店，2007 年。

〔註 1〕 所有題爲政治地理學的相關論著、論文暫歸於此類。

25、〔美〕艾・塞・馬漢：《海軍戰略》，蔡鴻幹、田常吉譯，北京：商務印書館，1996 年。

26、〔美〕斯皮克曼：《和平地理學》，劉愈之譯，北京：商務印書館，1965 年。

27、〔美〕拉鐵摩爾：《中國的亞洲內陸邊疆》，唐曉峰譯，南京：江蘇人民出版社，2008 年。

28、〔美〕茲比格紐・布熱津斯基：《大棋局：美國的首要地位及其地緣戰略》，中國國際問題研究所譯，上海：上海世紀出版集團，2007 年。

29、〔美〕茲比格紐・布熱津斯基：《大失控與大混亂》，潘佳玢、劉瑞祥譯，朱樹颺校，北京：中國社會科學出版社，1994 年。

30、〔美〕茲比格紐・布熱津斯基：《競賽方案：進行美蘇競爭的地緣戰略綱領》，劉曉明、陳京華、趙濱譯，張毅君校，北京：中國對外翻譯出版公司，1988 年。

31、〔美〕查爾斯・庫普乾：《美國時代的終結：美國外交政策與 21 世紀地緣政治》，潘忠岐譯，上海：上海世紀出版集團，2004 年。

32、〔意〕朱里奧・杜黑：《制空權》，曹毅風、華人傑譯，北京：解放軍出版社，2005 年。

33、〔美〕Colin S. Gray：《核子時代的地緣政治》，王正己譯，臺北：國防部史政編譯局，1981 年。

34、〔美〕塞繆爾・亨廷頓：《文明的衝突與世界秩序的重建》，周琪、劉緋、張立平、王圓譯，北京：新華出版社，2005 年。

35、〔俄〕瓦列里・列昂尼多維奇・彼得羅夫：《俄羅斯地緣政治——復興還是滅亡》，於寶林、楊冰皓譯，張賢芳、趙旭俊審校，北京：中國社會科學出版社，2008 年。

36、〔俄〕謝明諾夫：《法西斯地緣政治學與美帝國主義》，允白譯，北京：中華書局，1950 年。

37、〔英〕斐格萊：《地理與世界霸權》，張富康譯，上海：商務印書館，1937 年。

38、〔蘇聯〕K・N・斯皮琴科主編：《政治和軍事地理學》，何希泉譯，袁堅校，北京：解放軍出版社，1984 年。

39、〔澳〕J.R.V.普雷斯科特：《海洋政治地理》，王鐵崖、邵津譯，北京：商務印書館，1978 年。

40、〔美〕約翰・H・帕金斯：《地緣政治與綠色革命：小麥、基因與冷戰》，王兆飛、郭曉斌譯，北京：華夏出版社，2001 年。

41、國玉奇、〔俄〕B.H.丘德諾夫：《地緣政治學與世界秩序》，重慶：重慶出版社，2007 年。

42、〔保〕亞歷山大·利洛夫：《文明的對話：世界地緣政治大趨勢》，馬細譜、葛志強、余志和、趙雪林選譯，北京：社會科學文獻出版社，2007年。

43、〔法〕菲利普·賽比耶──洛佩茲：《石油地緣政治》，潘革平譯，北京：社會科學文獻出版社，2008年。

44、〔美〕伊曼紐爾·沃勒斯坦：《現代世界體系》，尤來寅等譯，羅榮渠審校，北京：高等教育出版社，1998年。

45、〔美〕漢斯·摩根索：《國家間政治：權力鬥爭與和平》，〔美〕肯尼思·湯普森、戴維·克林頓修訂，徐昕等譯，王緝思校，北京：北京大學出版社，2006年。

46、〔美〕詹姆斯·多爾蒂、小羅伯特·普法爾茨格拉夫：《爭論中的國際關係理論》，邵文光譯，北京：世界知識出版社，1987年。

47、〔法〕蒂埃里·德·蒙布里亞爾：《行動與世界體系》，莊晨燕譯，北京：北京大學出版社，2007年。

48、〔美〕郝思悌：《國際政治分析架構》，李偉成、譚溯澄合譯，臺北：幼獅文化事業公司，1988年。

49、王恩湧等編：《政治地理學：時空中的政治格局》，北京：高等教育出版社，2003年。

50、王恩湧主編：《中國政治地理》，北京：科學出版社，2004年。

51、陳民耿：《地緣政治學》，臺北：華岡出版有限公司，1976年。

52、張其昀：《政治地理學》，臺北：華岡出版部，1970年。

53、李旭旦編：《世界政治地理》，北京：中華書局，1948年。

54、蔣君章：《政治地理學原理》，臺北：三民書局，1983年。

55、沙學濬：《地理學論文集》，臺北：商務印書館有限公司，1994年。

56、丁建偉：《地緣政治中的西北邊疆安全》，北京：民族出版社，2004年。

57、潘志平主編：《中亞的地緣政治文化》，烏魯木齊：新疆人民出版社，2003年。

58、許勤華：《新地緣政治：中亞能源與中國》，北京：當代世界出版社，2007年。

59、程廣中：《地緣戰略論》，北京：國防大學出版社，1999年。

60、張文奎、劉繼生、閆越：《政治地理學》，南京：江蘇教育出版社，1991年。

61、孫相東：《地緣政治學：思想史上的不同視角》，北京：中共中央黨校出版社，2005年。

62、張文木：《世界地緣政治的中國國家安全利益分析》，濟南：山東人民出版社，2004年。

63、吳松弟：《無所不在的偉力──地理環境與中國政治》，長春：吉林加油出版社，1989 年。

64、葉自成：《陸權發展與大國興衰：地緣政治環境與中國和平發展的地緣戰略選擇》，北京：新星出版社，2007 年。

65、葉自成主編：《地緣政治與中國外交》，北京：北京出版社，1998 年。

66、李義虎：《地緣政治學：二分論及其超越兼論地緣整合中的中國選擇》，北京：北京大學出版社，2007 年。

67、陸俊元：《地緣政治的本質與規律》，北京：時事出版社，2005 年。

68、武曉迪：《中國地緣政治的轉型》，北京：中國大百科全書出版社，2006 年。

69、劉清才、高科：《東北亞地緣政治與中國地緣戰略》，天津：天津人民出版社，2007 年。

70、王桂芳：《中亞戰略格局與中國安全》，北京：軍事科學出版社，2004 年。

71、張新平：《地緣政治視野下的中亞民族關係》，北京：民族出版社，2006 年。

72、楊恕：《轉型中的中亞和中國》，北京：北京大學出版社，2006 年。

73、任洪生：《霸權之間：世界體系與亞歐大陸腹地的發展》，北京：北京大學出版社，2006 年。

74、石家鑄：《海權與中國》，北京：三聯書店，2008 年。

75、王生榮主編：《金黃與蔚藍的支點：中國地緣戰略論》，北京：國防大學出版社，2001 年。

76、樓耀亮：《地緣政治與中國國防戰略》，天津：天津人民出版社，2002 年。

77、王正毅：《邊緣地帶發展論──世界體系與東南亞的發展》，上海：上海人民出版社，1997 年。

78、李明春：《海權論衡》，北京：海洋出版社，2004 年。

79、徐建平：《政治地理視角下的省界變遷》，上海：上海世紀出版集團，2009 年。

80、阮煒：《地緣文明》，北京：三聯書店，2006 年。

81、蕭星編：《政治地理學概論》，北京：測繪出版社，1995 年。

82、鞠海龍：《亞洲海權：地緣格局論》，北京：中國社會科學出版社，2007 年。

83、徐小傑：《新世紀的油氣地緣政治：中國面臨的機遇與挑戰》，北京：社會科學文獻出版社，1998 年。

84、郭淵：《南海地緣政治研究》，哈爾濱：黑龍江大學出版社，2007 年。

85、張炳清、韓永學編：《大賭局：冷戰後地緣政治格局》，北京：中國社會科學出版社，1999 年。

（二）期刊論文

86、〔俄〕齊甘科夫班，李國海譯：「地緣政治學理性的最後避難所（上）」，《理代外國哲學社會科學文摘》，1995 年第 4 期。

87、〔俄〕齊甘科夫班，李國海譯：「地緣政治學理性的最後避難所（下）」，《理代外國哲學社會科學文摘》，1995 年第 5 期。

88、〔俄〕K. C.哈吉耶夫：「地緣政治學：學科的歷史和現代內容」，《國外社會科學》，1997 年第 2 期。

89、〔俄〕拉祖瓦耶夫：「論『地緣政治學』概念」，《國外社會科學文摘》，1994 年第 10 期。

90、〔俄〕П. Я. 巴克拉諾夫：「論當代地緣政治範疇」，《俄羅斯中亞東歐研究》，2004 年第 6 期。

91、馬國林、韓春霞：「從地緣政治學的定義看地緣政治分析的層次」，《黑龍江史志》，2008 年 14 期。

92、尹朝暉：「地緣文化——當代國際政治理論研究的新視角」，《理論導刊》，2009 年第 1 期。

93、尹朝暉：「論管子的地緣政治思想」，《管子學刊》，2005 年第 2 期。

94、尹朝暉：「西方傳統地緣政治理論評析」，《世界經濟與政治》，2006 年第 10 期。

95、張江河：「地緣政治理論與戰略的學理辨析和歷史定位」，《吉林大學社會科學學報》，2007 年第 6 期。

96、張江河：「對地緣政治三大常混問題的辨析」，《東南亞研究》，2009 年第 4 期。

97、丁凱：「地緣政治學概念及其特點意義」，《法制與社會》，2009 年 19 期。

98、孫相東：「地緣政治學概念與地理學的整體性方法」，《東方論壇》，2006 年第 4 期。

99、孫相東：「『地緣政治學』概念研究」，《東方論壇》，2008 年第 6 期。

100、劉芳怡：「俄羅斯地緣政治及戰略」，《才智》，2008 年第 22 期。

101、金燦榮：「國際地緣政治格局變化及其對中國的影響」，《現代國際關係》，2008 年第 5 期。

102、吳徵宇：「結構理論、地理政治與大戰略」，《國際觀察》，2007 年第 5 期。

103、周驍男、陳才：「論地緣政治與地緣經濟的研究範式」，《東北師大學報（哲學社會科學版）》，2007 年第 2 期。

104、潘志平：「新疆的地緣政治與國家安全——歷史與現狀的考察」，《中國邊疆史地研究》，2003 年第 3 期。

105、潘志平、胡紅萍：「歐亞腹地的地緣政治——以美國的地區戰略為視

角」，《俄羅斯中亞東歐研究》，2009 年第 1 期。

106、奧利格・西多羅夫：「上海合作組織成員國的地緣政治利益與前景」，《國際問題研究》，2006 年第 3 期。

107、劉妙龍：「蘇聯的政治地理學研究」，《人文地理》，1990 年第 4 期。

108、劉妙龍、孔愛莉、張偉：「地緣政治歷史、現狀與中國的地緣戰略」，《地理研究》，1994 年第 3 期。

109、黃成林：「西方政治地理學的歷史和現狀」，《人文地理》，1989 年第 1 期。

110、鮑覺民：「再論政治地理學的幾個問理論問題」，《人文地理》，1988 年第 1 期。

111、劉雲剛：「中國政治地理學研究展望」，《人文地理》，2009 年第 2 期。

112、向冬梅、徐德榮：「中美日三邊關係中的臺灣問題」，《思想理論教育導刊》，2005 年第 6 期。

113、梅然：「中心──側翼理論：解釋大國興衰的新地緣政治模式」，《國際政治研究》，2007 年第 1 期。

114、楊恕：「中亞的地緣政治──歷史和現實」，《中國邊疆史地研究》，2003 年第 3 期。

115、許濤：「中亞：走向成熟的地緣政治板塊」，《瞭望》，2007 年第 7 期。

116、許勤華：「中亞地緣政治的歷史演變」，《亞非縱橫》，2005 年第 3 期。

117、曹緒飛：「重振與重塑地緣政治」，《世界經濟與政治》，1999 年第 2 期。

118、「我國的地緣政治及其戰略研究」課題組：「『我國的地緣政治及其戰略研究』研討會綜述」，《現代國際關係》，2008 年第 1 期。

119、張繼平、王渝：「K・豪斯霍夫的地緣政治論與希特勒的向外侵略擴張」，《武漢大學學報（哲學社會科學版)》，1991 年第 6 期。

120、葉自成：「中國春秋戰國時期外交思想研究的幾點想法──《中國外交思想史》（第一卷）序言」，《國際政治研究》，2001 年第 4 期。

121、葉自成：「中國外交的起源──試論春秋時期周王室和諸侯國的性質」，《國際政治研究》，2005 年第 1 期。

122、葉自成：「從大歷史觀看地緣政治」，《現代國際關係》，2007 年第 6 期。

123、葉自成：「試析中國地緣政治理論和實踐的特色」，《世界經濟與政治》，1997 年第 11 期。

124、葉自成、陸昕：「葉自成──中國傳統與現實外交思想的發掘者」，《世界經濟與政治》，2006 年第 2 期。

125、葉自成、龐珣：「中國春秋戰國時期的外交思想流派及其與西方的比較」，《世界經濟與政治》，2001 年第 12 期。

126、葉自成、王日華：「春秋戰國時期外交思想流派」，《國際政治科學》，2006

年第 2 期。

127、王日華：「古代中國的政治霸權論──兼評《〈戰國策〉的霸權思想及啓示》」，《國際政治科學》，2009 年第 3 期。

128、王日華：「古代中國體系的基本單位、結構及其特徵」，《國際政治研究》，2009 年第 2 期。

129、王日華：「國際體系與中國古代國家間關係研究」，《國際政治研究》，2009 年第 12 期。

130、王日華：「《管子》的霸權思想及其現代化──兼與西方霸權理論比較」，《世界經濟與政治》，2007 年第 3 期。

131、王日華：「春秋時期的國家間干涉及其合法性──與陳琪、黃宇興商榷」，《國際政治科學》，2009 年第 1 期。

132、王日華：「道義觀念與國際體系的變遷──以春秋戰國時期爲例」，《國際觀察》，2009 年第 1 期。

133、王樹連：「地緣謀略的絕唱──合縱與連橫」，《中國測繪》，2007 年第 1 期。

134、〔美〕S.B.科恩：「地緣戰略區與地緣政治區」，《人文地理》，1991 年第 1 期。

135、車轔：「地緣政治格局與清末滇軍實力的變遷」，《雲南民族大學學報（哲學社會科學版）》，2009 年第 2 期。

136、高永久、徐亞清：「地緣政治格局中的平衡與不平衡」，《西南民族大學學報（人文社科版）》，2005 年第 10 期。

137、湯奪先：「地緣政治格局中伊斯蘭教的群體整合功能論析──以新疆地區爲例」，《江南社會學院學報》，2007 年第 4 期。

138、沈偉烈：「地緣政治關係簡析」，《人文地理》，1991 年第 1 期。

139、沈偉烈：「關於地緣政治學研究內容的思考」，《現代國際關係》，2001 年第 7 期。

140、沈偉烈：「中國歷史上的地理戰略觀」，《人文地理》，1990 年第 1 期。

141、陸俊元：「地緣政治規律再探」，《現代國際關係》，2006 年第 7 期。

142、陸俊元：「地緣政治形態概念及其方法論意義」，《世界經濟與政治論壇》，2007 年第 3 期。

143、陸俊元：「論地緣政治中的技術因素」，《國際關係學院學報》，2005 年第 6 期。

144、陸俊元：「新地緣政治結構理論探索」，《國際關係學院學報》，2008 年第 5 期。

145、馬曉雲：「地緣政治理論的演變及其影響」，《科教文匯（上旬刊）》，2007

年第 6 期。

146、忻華：「地緣政治論——世紀末的再思考」,《國際觀察》, 1999 年第 4
期。

147、謝益顯：「地緣政治論的確切含義及其有關問題」,《外交評論——外交
學院學報》, 1989 年第 1 期。

148、葛瑞明：「地緣政治研究中的幾個爭議問題」,《解放軍外國語學院學報》,
2003 年第 2 期。

149、李義虎：「地緣政治在整體上發生變化」,《現代國際關係》, 2008 年第 5
期。

150、馬曼麗、艾買提：「關於邊疆跨國民族地緣衝突的動因與和平跨居條件
的思索」,《中國邊疆史地研究》, 2003 年第 2 期。

151、文雲朝：「關於地緣研究的理論探討」,《地理科學進展》, 1999 年第 2
期。

152、宋偉：「關於地緣政治結構的理論：批判與建設」,《世界經濟與政治》,
2002 年第 2 期。

153、程廣中：「論地緣環境與地緣戰略對軍事戰略的影響」,《軍事歷史研究》,
2000 年第 2 期。

154、鞠海龍：「論地緣政治的『對抗性』思維」,《世界經濟與政治論壇》, 2009
年第 5 期。

155、吳映梅：「論地緣政治思想的演變」,《雲南教育學院學報》, 1995 年第 1
期。

156、劉新華：「論地緣政治學的核心——地理要素」,《世界地理研究》, 2009
年第 1 期。

157、李華鋒：「論西方地緣政治思想演變的進程和特點」,《南華大學學報（社
會科學版）》, 2006 年第 5 期。

158、姚曉瑞：「中國古代地緣政治空間結構過程及模式研究」,《人文地理》,
2008 年第 1 期。

159、姚曉瑞：「中國古代王朝戰爭的地緣模式探討」,《人文地理》, 2007 年第
1 期。

160、黃平：「戰後西方地緣政治學的發展與特徵」,《人文地理》, 1996 年第 2
期。

161、王恩湧：「政治地理學近來在我國的發展與成就」,《人文地理》, 1996 年
第 S1 期。

162、王恩湧、曹詩圖：「魏、蜀、吳三國時代的政治地理戰略分析」,《人文
地理》, 1996 年第 3 期。

163、卓傑、李青、羅雲平：「政治地理學與地緣政治學的發展」，《前沿》，2005年第 6 期。

164、歐陽國華：「中國陸權與新屯田制」，《軍事經濟研究》，2004 年第 5 期。

165、閻學通、黃宇興 ：「《戰國策》的霸權思想及啓示」，《國際政治科學》，2008 年第 4 期。

166、劉軍：「地緣政治視野下的隋唐征高句麗之戰」，《黑龍江史志》，2009 年第 2 期。

167、伍玉西：「地緣政治與明朝對外政策」，《求索》，2009 年第 3 期。

168、李智君：「漢晉河西地緣政治與漢譯佛經中心的轉移」，《學術月刊》，2008 年第 12 期。

169、鄭維寬：「歷史地緣政治背景下廣西政治中心的選擇與分省設想」，《蘭州學刊》，2009 年第 4 期。

170、吳曉萍：「略論地緣政治與北宋外交」，《安徽大學學報》，2004 年第 3 期。

171、於愛華：「論北宋王朝的地緣政治形勢及其西南應對方略」，《思想戰線》，2009 年第 1 期。

172、尹海全：「論晚清地緣政治困局」，《史學月刊》，2005 年第 7 期。

173、林珍珠、林紀燾：「清代東北沿岸在地緣政治概念中的演變」，《東南學術》，2002 年第 1 期。

174、楊秋梅：「三晉地緣政治特色之解析」，《山西師大學報 （社會科學版）》，2005 年第 6 期。

175、吉家友：「魏惠王以後地緣政治變化與魏國戰略策略得失之探析」，《軍事歷史研究》，2006 年第 1 期。

176、孫力舟：「西漢時期東亞國際體系的兩極格局分析──基於漢朝與匈奴兩大政治行爲體的考察」，《世界經濟與政治》，2007 年第 8 期。

177、趙世超：「西周政治關係、地緣關係與血緣關係並存現象剖析」，《河南大學學報（哲學社會科學版） 》，1988 年第 4 期。

178、李冬君：「徐繼畬的地緣政治新世界」，《時代教育（先鋒國家歷史)》，2007 年第 24 期。

179、向靜林：「血緣地緣政治：從東周戰爭到儒法國家」，《科教文匯（下旬刊)》，2009 年第 5 期。

180、劉剛：「血緣與地緣：孔、墨倫理思維之別及其意義」，《中華文化論壇》，2008 年第 1 期。

181、朱中博：「中國古代國際政治思想資源──評《中國先秦國家間政治思想選讀》」，《國際觀察》，2009 年第 3 期。

182、朱中博、周雲亨：「老子的大戰略思想研究」,《國際政治研究（季刊）》,2010 年第 2 期。

183、柳豐華：「新『絲綢之路』與當代中亞的地緣政治」,《國際論壇》,2007 年第 6 期。

184、余蔚：「兩宋政治地理格局比較研究」,《中國社會科學》,2006 年第 6 期。

185、周德鈞：「合縱：中國古代地緣政治論」,《湖北大學學報（哲學社會科學版）》,1998 年第 1 期。

186、張植榮：「淺析傳統疆國理念的演變及其遺產」,《太平洋學報》,2006 年第 1 期。

187、韋福安：「清末民初廣西的地緣政治形態及其成因」,《廣西師範大學學報（哲學社會科學版）》,2008 年第 4 期。

（三）學位論文

188、孟娜：「帝國觀念下的權力平衡──解析馬漢的地緣政治思想」,華東師範大學碩士學位論文,2008 年。

二、歷史學類

（一）古籍文獻〔註2〕

189、《十三經注疏》,上海：上海古籍出版社,2007 年。

190、李學勤主編：《十三經注疏》,北京：北京大學出版社,1999 年。

191、〔清〕孫詒讓：《周禮正義》,北京：中華書局,2008 年。

192、《國語》,上海：上海古籍出版社,1995 年。

193、楊伯峻：《春秋左傳注》,北京：中華書局,2000 年。

194、劉向集錄：《戰國策》,上海：上海古籍出版社,1995 年。

195、諸祖耿：《戰國策集注彙考》,南京：鳳凰出版社,2008 年。

196、方詩銘、王修齡：《古本竹書紀年輯證》,上海：上海古籍出版社,2008 年。

197、秦嘉謨等輯：《世本八種》,宋衷注,北京：中華書局,2008 年。

198、黃懷信、張懋鎔、田旭東：《逸周書彙校集注》,黃懷信修訂,李學勤審定,上海：上海古籍出版社,2008 年。

199、袁珂校注：《山海經校注》,成都：巴蜀書社,1996 年。

200、王琯：《公孫龍子懸解》,北京：中華書局,2007 年。

201、譚戒甫：《公孫龍子形名發微》,北京：中華書局,2008 年。

〔註 2〕 本類包含古代學者的論著及與基本史料直接相關的今人注釋、輯校等部分。

202、朱海雷：《尸子譯注》，上海：上海古籍出版社，2006 年。

203、樓宇烈：《老子道德經注校釋》，北京：中華書局，2009 年。

204、陳鼓應：《老子注釋及評介》，北京：中華書局，2003 年。

205、郭慶藩：《莊子集釋》，北京：中華書局，2004 年。

206、程樹德：《論語集釋》，北京：中華書局，2008 年。

207、焦循：《孟子正義》，北京：中華書局，1996 年。

208、王先謙：《荀子集解》，北京：中華書局，2008 年。

209、吳毓江：《墨子校注》，北京：中華書局，2006 年。

210、黎翔鳳：《管子校注》，北京：中華書局，2006 年。

211、蔣禮鴻：《商君書錐指》，北京：中華書局，2001 年。

212、王先慎：《韓非子集解》，北京：中華書局，2007 年。

213、張震澤：《孫臏兵法校理》，北京：中華書局，2007 年。

214、楊丙安：《十一家注孫子校理》，北京：中華書局，2008 年。

215、許富宏：《鬼谷子集校集注》，北京：中華書局，2009 年。

216、許維遹：《呂氏春秋集釋》，北京：中華書局，2009 年。

217、吳則虞：《晏子春秋集釋》，北京：中華書局，1982 年。

218、黃靈庚：《楚辭章句疏證》，北京：中華書局，2007 年。

219、閻振益、鍾夏：《新書校注》，北京：中華書局，2000 年。

220、何寧：《淮南子集釋》，北京：中華書局，1998 年。

221、黃暉：《論衡校釋》，北京：中華書局，2006 年。

222、王利器：《新語校注》，北京：中華書局，1986 年。

223、王利器：《鹽鐵論校注》，北京：中華書局，2006 年。

224、王利器：《新語校注》，北京：中華書局，1997 年。

225、蘇輿：《春秋繁露》，北京：中華書局，2002 年。

226、汪榮寶：《法言義疏》，北京：中華書局，1997 年。

227、〔漢〕揚雄：《太玄集注》，〔宋〕司馬光集注，北京：中華書局，2005 年。

228、陳立：《白虎通疏證》，北京：中華書局，1997 年。

229、〔漢〕王符：《潛夫論箋校正》，汪繼培箋，北京：中華書局，1997 年。

230、〔漢〕嚴遵：《老子指歸譯注》，王德有譯注，北京：商務印書館，2004 年。

231、〔漢〕劉向：《說苑校證》，向宗魯校證，北京：中華書局，2000 年。

232、〔漢〕劉向：《新序校釋》，石光瑛校釋、陳新整理，北京：中華書局，
2001 年。

233、〔漢〕韓嬰：《韓詩外傳集釋》，許維遹校釋，北京：中華書局，2005 年。

234、黃懷信：《鶡冠子彙校集注》，北京：中華書局，2004 年。

235、高流水、林恒森譯注：《慎子、尹文子、公孫龍子全譯》，貴陽：貴州人民出版社，1996 年。

236、〔漢〕應劭：《風俗通義校注》，吳樹平校注，天津：天津人民出版社，1980 年。

237、〔漢〕司馬遷：《史記》，北京：中華書局，1959 年。

238、〔漢〕班固：《漢書》，北京：中華書局，1962 年。

239、〔南朝宋〕范曄：《後漢書》，北京：中華書局，1965 年。

240、〔晉〕陳壽：《三國志》，北京：中華書局，1982 年。

241、劉珍等：《東觀漢紀校注》，吳樹平校注，鄭州：中州古籍出版社，1987 年。

242、〔漢〕荀悅：《兩漢紀》，張烈點校，北京：中華書局，2002 年。

243、〔清〕汪文臺：《七家後漢書》，周天遊點校，石家莊：河北人民出版社，1987 年。

244、〔宋〕司馬光：《資治通鑒》，〔元〕胡三省音注，北京：中華書局，1995 年。

245、〔宋〕李昉等：《太平御覽》，北京：中華書局，1995 年。

246、《二十五史補編》，北京：中華書局，1955 年。

247、費振剛、胡雙寶、宗明華輯校：《全漢賦》，北京：北京大學出版社，1997 年。

248、〔梁〕蕭統編：《文選》，〔唐〕李善注，上海：上海古籍出版社，1996 年。

249、〔北魏〕酈道元：《水經注校證》，陳橋驛校證，北京：中華書局，2007 年。

250、〔漢〕趙曄：《吳越春秋全譯》，張覺譯注，貴陽：貴州人民出版社，1990 年。

251、張仲清：《越絕書校注》，北京：國家圖書館出版社，2009 年。

252、〔清〕胡渭：《禹貢錐指》，鄒逸麟整理，上海：上海古籍出版社，2006 年。

253、何清谷：《三輔皇圖校釋》，北京：中華書局，2005 年。

254、〔唐〕李吉甫：《元和郡縣圖志》，北京：中華書局，2005 年。

255、〔清〕顧祖禹：《讀史方輿紀要》，賀次君、施和金點校，北京：中華書局，2008 年。

256、〔唐〕李泰等：《括地志輯校》，賀次君輯校，北京：中華書局，2005 年。

257、〔元〕駱天驤：《類編長安志》，黃永年點校，西安：三秦出版社，2006

年。

258、〔東漢〕趙岐：《三輔決錄・三輔故事・三輔舊事》，〔清〕張澎輯，陳曉捷注，西安：三秦出版社，2006 年。

259、〔漢〕王襃等：《關中佚志輯注》，陳曉捷輯注，西安：三秦出版社，2006 年。

260、劉慶柱：《三秦記輯注・關中記輯注》，西安：三秦出版社，2006 年。

261、〔晉〕常璩：《華陽國志校注》，劉琳校注，成都：巴蜀出版社，1984 年。

262、〔清〕孫星衍等：《漢官六種》，周天遊點校，北京：中華書局，1990 年。

263、王貴民、楊志清：《春秋會要》，北京：中華書局，2009 年。

264、楊寬、吳浩坤主編：《戰國會要》，上海：上海古籍出版社，2005 年。

265、〔清〕孫楷、徐復訂補：《秦會要訂補》，北京：中華書局，1998 年。

266、〔宋〕徐天麟：《西漢會要》，北京：中華書局，1955 年。

267、〔宋〕徐天麟：《西漢會要》，上海：上海古籍出版社，1978 年。

268、〔清〕楊晨：《三國會要》，北京：中華書局，1998 年。

269、〔唐〕杜佑：《通典》，王文錦、王永興、劉俊文、徐庭運、謝方點校，北京：中華書局，2003 年。

270、〔宋〕鄭樵：《通志二十略》，王樹民點校，北京：中華書局，2009 年。

271、〔元〕馬端臨：《文獻通考》，北京：中華書局，1986 年。

272、〔日〕瀧川資言：《史記會注考證》，太原：北嶽文藝出版社，1999 年。

273、〔清〕梁玉繩：《史記志疑》，北京：中華書局，1981 年。

274、〔清〕王先謙：《漢書補注》，北京：商務印書館，1959 年。

275、〔清〕嚴可均輯：《全上古三代秦漢三國六朝文・全漢文》，任雪芳審訂，北京：商務印書館，2006 年。

276、〔清〕嚴可均輯：《全上古三代秦漢三國六朝文・全三國文》，馬志偉審訂，北京：商務印書館，2006 年。

277、〔清〕嚴可均輯：《全上古三代秦漢三國六朝文・全後漢文》，許振生審訂，北京：商務印書館，2006 年。

278、〔清〕嚴可均輯：《全上古三代秦漢三國六朝文・全上古三代文》，許少峰審訂，北京：商務印書館，2006 年。

279、〔清〕嚴可均輯：《全上古三代秦漢三國六朝文・全秦文》，苑育新審訂，北京：商務印書館，2006 年。

280、陳世明、吳福環主編：《二十四史兩漢時期西域史料校注》，烏魯木齊：新疆大學出版社，2003 年。

281、余太山：《兩漢魏晉南北朝正史西域傳要注》，北京：中華書局，2005

年。

282、〔清〕徐松：《漢書西域傳補注》，王雲五主編：《叢書集成初編》，上海：
　　　商務印書館，1939 年。

283、周振鶴編：《漢書地理志彙釋》，合肥：安徽教育出版社，2006 年。

284、鍾興麒、王豪、韓慧：《西域圖志校注》，烏魯木齊：新疆人民出版社，
　　　2002 年。

285、〔清〕錢大昕：《廿二史考異》，方詩銘、周殿傑校點，上海：上海古籍
　　　出版社，2006 年。

286、〔清〕錢大昕：《潛研堂集》，呂友仁標校，上海：上海古籍出版社，1989
　　　年。

287、〔清〕高士奇：《左傳紀事本末（全三冊）》，北京：中華書局，1979 年。

288、〔唐〕徐堅等：《初學記》，北京：中華書局，2004 年。

289、〔清〕王鳴盛：《十七史商榷》，黃曙輝點校，上海：上海書店出版社，
　　　2005 年。

290、〔清〕趙翼：《廿十二史札記校證》，王樹民校證，北京：中華書局，2001
　　　年。

291、〔清〕趙翼：《陔餘叢考》，欒保群、呂宗力校點，石家莊：河北人民出
　　　版社，2003 年。

292、〔清〕王夫之：《讀通鑒論》，舒士彥點校，北京：中華書局，1975 年。

293、〔清〕王念孫：《讀書雜志》，南京：江蘇古籍出版社，2000 年。

294、〔清〕顧炎武：《日知錄》，黃汝成集釋，欒保群、呂宗力點校，石家莊：
　　　花山文藝出版社，1990 年。

295、〔清〕李慈銘：《越縵堂讀史札記全編》，北京：北京圖書館出版社，2003
　　　年。

296、〔清〕何焯：《義門讀書記》，崔高維點校，北京：中華書局，2006 年。

297、〔清〕皮錫瑞：《經學通論》，北京：中華書局，2008 年。

298、〔清〕皮錫瑞：《經學歷史》，周予同注釋，北京：中華書局，2008 年。

299、岑仲勉：《漢書西域傳地裏校釋》，北京：中華書局，2004 年。

300、〔清〕江永：《春秋地理考實》，〔清〕阮元：《皇清經解》第二冊，第二
　　　百五十二至二百五十五卷，上海：上海書店，1988 年。

301、〔明〕董説：《七國考》，北京：中華書局，1956 年。

302、陳文和主編：《嘉定錢大昕全集》，南京：江蘇古籍出版社，1997 年。

303、〔清〕崔述：《考信錄》，王雲五主編：《叢書集成初編》，上海：商務印
　　　書館，1939 年。

304、〔清〕沈欽韓：《漢書疏證（外二種）》，上海：上海古籍出版社，2006 年。

305、〔宋〕陳亮：《陳亮集（全二冊）》，北京：中華書局，1974 年。

306、〔清〕楊守敬：《楊守敬集》，武漢：謝承仁主編，湖北人民出版社，1988 年。

307、〔清〕姚鼐：《惜抱軒全集》，北京：中國書店，1991 年。

308、〔清〕洪亮吉：《洪亮吉集》，劉德權點校，北京：中華書局，2001 年。

309、曾棗莊、舒大剛主編：《三蘇全書》，北京：語文出版社，2001 年。

310、譚其驤主編：《清人文集地理類彙編》，杭州：浙江人民出版社，1986 年。

311、〔宋〕陳克、吳若：《東南防守利便・邊紀略》，王雲五主編：《叢書集成初編》，上海：商務印書館，1939 年。

312、〔清〕趙紹祖：《讀書偶記》，道光甲申年古墨齋藏本。

313、〔清〕顧棟高：《春秋大事表》，吳樹平、李解民點校，北京：中華書局，1993 年。

314、〔清〕陳芳績：《歷代地理沿革表》，南京：江蘇廣陵古籍刻印社，1991 年。

315、〔宋〕郭允蹈：《蜀鑒》，王雲五主編：《叢書集成初編》，上海：商務印書館，1939 年。

316、〔清〕朱右曾：《詩地理徵》，《續修四庫全書提要・經部・彙編類》，臺北：商務印書館，1972 年。

317、〔宋〕王應麟：《詩地理考校注》，張保見校注，成都：四川大學出版社，2009 年。

318、〔宋〕王應麟：《通鑒地理校注》，張保見校注，成都：四川大學出版社，2009 年。

319、〔宋〕王應麟：《困學紀聞》，〔清〕翁元圻等注，欒保群、田送青、呂宗力校點，上海：上海古籍出版社，2008 年。

320、楊樹達：《漢書窺管》，上海：上海古籍出版社，1981 年。

321、〔清〕程恩澤：《國策地名考》，狄子奇箋，北京：中華書局，1991 年。

（二）出土文物資料

322、胡厚宣主編：《甲骨文合集釋文》（1～4 冊），北京：中國社會科學出版社，1999 年。

323、郭沫若：《兩周金文辭大系考釋》，上海：商務印書館，1935 年。

324、中國社會科學院考古研究所編：《殷周金文集成釋文》（1～6 卷），香港：香港中文大學出版。

325、《張家山漢墓竹簡》，北京：文物出版社，2006 年。

326、《睡虎地秦墓竹簡》，北京：文物出版社，1990 年。

327、謝桂華、李均明、朱國炤合校：《居延漢簡釋文合較》，北京：文物出版社，1987 年。

328、胡平生、張德芳編：《敦煌懸泉漢簡釋粹》，上海：上海古籍出版社，2001 年。

329、張維編：《隴右金石錄》，蘭州：甘肅省文獻征集委員會，1933 年。

330、高文：《漢碑集釋》，開封：河南大學出版社，2008 年。

331、甘肅文物考古研究所等編：《居延新簡》，北京：文物出版社，1990 年。

332、朱一石編：《古印集萃》，北京：榮寶齋出版社，2000 年。

333、陳直：《關中秦漢陶錄》，北京：中華書局，2006 年。

334、孫慰祖、徐谷富：《秦漢金文匯編》，上海：上海書店出版社，1997 年。

335、馬王堆漢墓帛書整理小組編：《戰國縱橫家書》，《馬王堆漢墓帛書》，北京：文物出版社，1976 年。

336、林梅村：《樓蘭尼雅出土文書》，北京：文物出版社，1985 年。

（三）中外論著

337、〔日〕藤田豐八：《西北古地研究》，楊鍊譯，上海：商務印書館，1935 年。

338、〔日〕藤田豐八：《西域研究》，楊鍊譯，上海：商務印書館，1937 年。

339、〔日〕白鳥庫吉：《塞外史地論文譯叢》第二輯，王古魯譯，上海：商務印書館，1940 年。

340、〔日〕白鳥庫吉：《康居粟特考》，傅勤家譯，上海：商務印書館，1935 年。

341、〔日〕羽田亨：《西域文明史概論》，耿世民譯，北京：中華書局，2006 年。

342、〔日〕松田壽男：《古代天山歷史地理研究》，陳俊謀譯，北京：中央民族學院出版社。

343、〔日〕內藤湖南：《中國史通論》，北京：社會科學文獻出版社，2004 年。

344、〔日〕西嶋定生：《中國古代帝國的形成與結構——二十等爵制研究》，北京：中華書局，2004 年。

345、〔日〕佐竹靖彥主編：《殷周秦漢史學的基本問題》，北京：中華書局，2008 年。

346、〔日〕前田正名：《河西歷史地理學研究》，陳俊謀譯，拉巴平措顧問，陳家璡主編：《西藏學參考叢書》第二輯之六，北京：中國藏學出版社，1993 年。

347、〔日〕石井宏明：《東周王朝研究》，北京：中央民族大學出版社，1999年。

348、〔日〕白川靜：《金文的世界：殷周社會史》，溫天河、蔡哲茂合譯，臺北：聯經出版事業公司，1989年。

349、〔日〕白川靜：《西周史略》，袁林譯，西安：三秦出版社，1992年。

350、〔日〕長澤和俊：《絲綢之路史研究》，鍾美珠譯，天津：天津古籍出版社，1990年。

351、〔日〕桑原騭藏：《張騫西征考》，楊鍊譯，上海：商務印書館，1935年。

352、〔日〕渡邊信一郎：《中國古代的王權與天下秩序：從日中比較史的視角出發》，北京：中華書局，2008年。

353、〔美〕狄宇宙：《古代中國與其強鄰：東亞歷史上游牧力量的興起》，賀嚴、高書文譯，北京：中國社會科學出版社，2010年。

354、〔美〕朱學淵：《中國北方諸族的源流》，北京：中華書局，2004年。

355、〔美〕夏含夷：《古史異觀》，上海：上海古籍出版社，2005年。

356、〔美〕夏含夷：《遠方的時習：古代中國精選集》，上海：上海古籍出版社，2008年。

357、〔美〕許田波：《戰爭與國家形成：春秋戰國與近代早期歐洲之比較》，徐進譯，上海：上海世紀出版集團，2009年。

358、〔美〕阿瑟‧沃爾德隆：《長城：從歷史到神話》，石雲龍、金鑫榮譯，南京：江蘇教育出版社，2008年。

359、〔法〕勒内‧格魯塞：《草原帝國》，藍琪譯，項英傑校，北京：商務印書館，2003年。

360、〔英〕崔瑞德、魯惟一主編：《劍橋中國秦漢史》，北京：中國社會科學出版社，1992年。

361、〔英〕邁克爾‧魯惟一：《漢代行政記錄》，于振波、車今花譯，桂林：廣西師範大學出版社，2006年。

662、王國維：《觀堂集林》，石家莊：河北教育出版社，2002年。

363、王國維：《王國維遺書》，上海：上海古籍出版社，1983年。

364、郭沫若：《中國古代社會研究（外二種）》，石家莊：河北教育出版社，2004年。

365、羅振玉、王國維：《流沙墜簡》，北京：中華書局，1993年。

366、余嘉錫：《余嘉錫文史論集》，長沙：嶽麓書社，1997年。

367、劉斌：《臨淄與齊國》，濟南：山東大學出版社，1995年。

368、童書業：《童書業作集》第一卷、第二卷，童教英整理，北京：中華書局，2008年。

369、童書業：《中國疆域地理講義》，天津：天津古籍出版社，2008 年。

370、杜正勝：《編戶齊民——傳統政治社會結構之形成》，臺北：聯經事業出版公司，1990 年。

371、杜正勝編：《中國上古史論文選集》，臺北：華世出版社，1979 年。

372、杜正勝：《周代城邦》，臺北：聯經出版事業公司，1979 年。

373、杜正勝：《中國文化新論·社會篇：吾土與吾民》，臺北：聯經出版事業公司，1983 年。

374、胡厚宣、胡振宇：《殷商史》，上海：上海人民出版社，2003 年。

375、蒙文通：《越史叢考》，北京：人民出版社，1983 年。

376、蒙文通：《巴蜀古史論述》，成都：四川人民出版社，1981 年。

377、蒙文通：《周秦少數民族研究》，上海：龍門聯合書局，1958 年。

378、張維華：《漢史論集》，濟南：齊魯書社，1980 年。

379、張維華：《中國長城建置考（上編）》，北京：中華書局，1979 年。

380、徐中舒：《徐中舒歷史論文選輯》，北京：中華書局，1998 年。

381、徐中舒：《川大史學·徐中舒卷》，徐亮工編，成都：四川大學出版社，2006 年。

382、唐曉峰：《從混沌到秩序：中國上古地理思想史述論》，北京：中華書局，2010 年。

383、辛德勇：《歷史的空間與空間的歷史》，北京：北京師範大學出版社，2005 年。

384、辛德勇：《秦漢政區與邊界地理研究》，北京：中華書局，2009 年。

385、侯甬堅主編：《鄂爾多斯高原及其鄰區歷史地理研究》，西安：三秦出版社，2008 年。

386、侯甬堅：《區域歷史地理的空間發展過程》，西安：陝西人民教育出版社，1995 年。

387、鄒逸麟主編：《黃淮海平原歷史地理》，合肥：安徽教育出版社，1997 年。

388、黃盛璋：《歷史地理論集》，北京：人民出版社，1982 年。

389、錢穆：《國史大綱》，北京：商務印書館，1996 年。

390、錢穆：《古史地理論叢》，北京：三聯書店，2005 年。

391、錢穆：《先秦諸子繫年》，北京：商務印書館，2001 年。

392、錢穆：《史記地名考》，北京：商務印書館，2001 年。

393、李學勤：《殷代地理簡論》，北京：科學出版社，1959 年。

394、李學勤：《走出疑古時代》，瀋陽：遼寧大學出版社，1994 年。

395、李學勤主編：《中國古代文明與國家形成研究》，北京：中國社會科學出版社，2007 年。

396、李學勤：《中國古代文明研究》，上海：華東師範大學出版社，2005 年。

397、李學勤：《東周與秦代文明》，上海：上海人民出版社，2007 年。

398、瞿同祖：《漢代社會結構》，上海：上海世紀出版集團，2007 年。

399、瞿同祖：《中國法律與中國社會》，北京：中華書局，2005 年。

400、瞿同祖：《中國封建社會》，上海：上海人民出版社，2003 年。

401、陳直：《摹廬叢著・兩漢經濟史料論叢》，北京：中華書局，2008 年。

402、陳直：《摹廬叢著・史記新證》，北京：中華書局，2006 年。

403、陳直：《摹廬叢著・漢書新證》，北京：中華書局，2008 年。

404、陳直：《摹廬叢著七種》，濟南：齊魯書社，1981 年。

405、程樹德：《九朝律考》，北京：中華書局，2003 年。

406、楊鴻年：《漢魏制度叢考》，武漢：武漢大學出版社，2005 年。

407、勞榦：《古代中國的歷史與文化》，北京：中華書局，2007 年。

408、勞榦：《漢代政治論文集》，臺北：藝文印書館，1976 年。

409、許倬雲：《中國古代社會史論——春秋戰國時期的社會流動》，桂林：廣西師範大學出版社，2006 年。

410、許倬雲：《求古編》，北京：新星出版社，2007 年。

411、許倬雲等：《中國歷史論文集》，臺北：商務印書館，1986 年。

412、許倬雲：《西周史（增訂本）》，北京：三聯書店，1994 年。

413、劉俊文主編：《日本學者研究中國史論選譯》上古秦漢卷，黃金山、孔繁敏等譯，北京：中華書局，1993 年。

414、劉俊文主編，辛德勇、黃舒眉、劉韶軍等譯：《日本學者研究中國史論選譯》民族交通卷，北京：中華書局，1993 年。

415、田餘慶：《秦漢魏晉史探微》，北京：中華書局，2004 年。

416、高敏：《秦漢魏晉南北朝史論考》，北京：中國社會科學出版社，2004 年。

417、高敏：《秦漢史論集》，鄭州：中州書畫社，1982 年。

418、漆俠等：《秦漢農民戰爭史》，北京：三聯書店，1962 年。

419、朱紹侯：《雛飛集》，開封：河南大學出版社，1988 年。

420、朱紹侯：《軍功爵制試探》，上海：上海人民出版社，1980 年。

421、朱紹侯：《軍功爵制考論》，北京：商務印書館，2008 年。

422、嚴耕望：《中國地方行政制度史・秦漢地方行政制度》，上海：上海古籍出版社，2007 年。

423、嚴耕望：《嚴耕望史學論文選集》，北京：中華書局，2007 年。

424、傅斯年：《傅斯年全集》，歐陽哲生主編，長沙：湖南教育出版社，2000年。

425、李衡眉：《先秦史論集》，濟南：齊魯書社，1999 年。

426、傅樂成：《漢唐史論集》，臺北：聯經出版事業公司，1977 年。

427、吳榮曾：《先秦兩漢史研究》，北京：中華書局，1995 年。

428、吳宗國主編：《中國古代官僚政治制度研究》，北京：北京大學出版社，2005 年。

429、呂思勉：《呂思勉讀史札記》，上海：上海古籍出版社，2005 年。

430、呂思勉：《中國民族史兩種》，上海：上海古籍出版社，2008 年。

431、呂思勉：《秦漢史》，上海：上海古籍出版社，2005 年。

432、李開元：《漢帝國的建立與劉邦集團》，北京：三聯書店 2000 年。

433、李開元：《復活的歷史：秦帝國的崩潰》，北京：中華書局，2007 年。

434、陳夢家：《漢簡綴述》，北京：中華書局，1980 年。

435、陳夢家：《西周銅器斷代（全二冊）》，北京：中華書局，2004 年。

436、陳夢家：《尚書通論》，北京：商務印書館，1957 年。

437、陳夢家：《西週年代考・六國紀年》，北京：中華書局，2005 年。

438、唐蘭：《唐蘭先生金文論集》，北京：紫禁城出版社，1995 年。

439、邢義田：《秦漢史論稿》，臺北：東大圖書公司，1987 年。

440、閻步克：《察舉制度變遷史稿》，瀋陽：遼寧大學出版社，1997 年。

441、閻步克：《士大夫演生史稿》，北京：北京大學出版社，1996 年。

442、余英時：《士與中國文化》，上海：上海人民出版社，2003 年。

443、余英時：《漢代貿易與擴張》，上海：上海古籍出版社，2005 年。

444、顧頡剛：《秦漢的方士與儒生》，上海：上海古籍出版社，2005 年。

445、顧頡剛：《漢代學術思想史略》，北京：東方出版社，2005 年。

446、顧頡剛：《史林雜識初編》，北京：中華書局，1963 年。

447、顧頡剛：《西北考察日記》，蘭州：甘肅人民出版社，2000 年。

448、顧頡剛：《論巴蜀與中原的關係》，成都：四川人民出版社，1981 年。

449、顧頡剛編著：《古史辨》，海口：海南出版社，2003 年。

450、顧頡剛、史念海：《中國疆域沿革史》，北京：商務印書館，2000 年。

451、史念海：《河山集》，北京：三聯書店，1978 年。

452、史念海：《河山集》二集，北京：三聯出版社，1981 年。

453、史念海：《河山集》三集，北京：人民出版社，1988 年。

454、史念海：《河山集》四集，西安：陝西師範大學出版社，1991 年。

455、史念海：《河山集》五集，太原：山西人民出版社，1991 年。

456、史念海：《河山集》六集，太原：山西人民出版社，1997 年。

457、史念海：《河山集》七集，西安：陝西師範大學出版社，1999 年。

458、史念海：《河山集》九集，西安：陝西師範大學出版社，2006 年。

459、史念海：《黃土高原歷史地理研究》，鄭州：黃河水利出版社，2001 年。

460、譚其驤：《長水集》（上、下、續編），北京：人民出版社，2009 年。

461、侯仁之：《歷史地理學的視野》，北京：三聯書店，2009 年。

462、周振鶴：《中國地方行政制度史》，上海：上海人民出版社，2005 年。

463、周振鶴：《學臘一十九》，王元華主編，濟南：山東教育出版社，1999 年。

464、周振鶴：《西漢政區地理》，北京：人民出版社，1987 年。

465、周振鶴：《中人白話》，上海：華東師範大學出版社，2001 年。

466、周振鶴：《中國歷史文化區域研究》，上海：復旦大學出版社，1997 年。

467、周振鶴、李曉傑：《中國行政區劃通史‧總論‧先秦卷》，上海：復旦大學出版社，2009 年。

468、李曉傑：《東漢政區地理》，濟南：山東教育出版社，1999 年。

469、葛劍雄主編、李曉傑：《體國經野──歷代行政區劃》，長春：長春出版社，2004 年。

470、葛劍雄：《西漢人口地理》，北京：人民出版社，1986 年。

471、葛劍雄：《統一與分裂：中國歷史的啟示》，北京：中華書局，2008 年。

472、葛劍雄、華林甫編：《歷史地理研究》，武漢：湖北教育出版社，2004 年。

473、陳可畏主編：《長江三峽地區歷史地理之研究》，北京：北京大學出版社，2002 年。

474、魯西奇：《區域歷史地理研究：對象與方法──漢水流域的個案考察》，南寧：廣西人民出版社，1999 年。

475、鄭傑祥：《商代地理概論》，鄭州：中州古籍出版社，1994 年。

476、盧雲：《漢晉文化地理》，太原：山西人民教育出版社，1991 年。

477、王子今：《秦漢區域文化研究》，成都：四川人民出版社，1998 年。

478、王子今：《秦漢社會史論考》，北京：商務印書館，2007 年。

479、王子今：《秦漢交通史稿》，北京：中共中央黨校出版社，1994 年。

480、李孝聰：《中國區域歷史地理》，北京：北京大學出版社，2005 年。

481、李孝聰主編：《唐代地域結構與空間運作》，上海：上海辭書出版社，2003 年。

482、施和金：《中國歷史地理研究》，南京：南京師範大學出版社，2000 年。

483、施和金：《中國歷史地理研究（續集）》，北京：中華書局，2009 年。

484、王健：《西周政治地理結構研究》，鄭州：中州古籍出版社，2004 年。

485、薛正昌：《固原歷史地理與文化》，蘭州：甘肅文化出版社，1998 年。

486、雷虹霽：《秦漢歷史地理與文化研究》，北京：中央民族大學出版社，2007 年。

487、后曉榮：《秦代政區地理》，北京：社會科學文獻出版社，2009 年。

488、趙汝清：《從亞洲腹地到歐洲：絲綢之路歷史研究》，蘭州：甘肅人民出版社，2007 年。

489、劉慶柱、李毓芳：《漢長安城》，北京：文物出版社，2005 年。

490、辛樹幟：《禹貢新解》，北京：農業出版社，1964 年。

491、王珽：《西域南海史地考論》，上海：上海人民出版社，2008 年。

492、馬長壽：《北狄與匈奴》，北京：三聯書店，1962 年。

493、馬長壽：《馬長壽民族學論集》，周偉洲編，北京：人民出版社，2003 年。

494、馬長壽：《烏桓與鮮卑》，桂林：廣西師範大學出版社，2006 年。

495、余太山：《兩漢魏晉南北朝與西域關係史研究》，北京：中國社會科學出版社，1995 年。

496、余太山：《兩漢魏晉南北朝正史西域傳研究》，北京：中華書局，2003 年。

497、余太山主編：《內陸歐亞古代史研究》，福州：福建人民出版社，2006 年。

498、余太山：《塞種史研究》，北京：中國社會科學出版社，1992 年。

499、呂一燃：《中國北部邊疆史研究》，哈爾濱：黑龍江教育出版社，1998 年。

500、呂一燃主編，馬大正、邢玉林副主編：《中國邊疆史論集》，哈爾濱：黑龍江教育出版社，1988 年。

501、馬大正：《新疆史鑑》，烏魯木齊：新疆人民出版社，2007 年。

502、馬大正主編：《中國邊疆經略史》，鄭州：中州古籍出版社，2003 年。

503、馬大正等主編：《西域考察與研究》，烏魯木齊：新疆人民出版社，1994 年。

504、馬大正等主編：《西域考察與研究續編》，烏魯木齊：新疆人民出版社，1998 年。

505、馬大正、劉逖：《二十世紀的中國邊疆研究》，哈爾濱：黑龍江教育出版社，1997 年。

506、馬大正：《中國邊疆史地論集續編》，哈爾濱：黑龍江教育出版社，2003 年。

507、馬大正：《中國邊疆研究論稿》，哈爾濱：黑龍江教育出版社，2002 年。

508、林幹：《中國古代北方民族通史》，廈門：鷺江出版社，2006 年。

509、林幹：《中國古代北方民族通論》，呼和浩特：內蒙古人民出版社，2007年。

510、林幹、再思：《東胡烏桓鮮卑研究與附論》，呼和浩特：內蒙古大學出版社，1995年。

511、林幹：《東胡史》，呼和浩特：內蒙古人民出版社，1989年。

512、林幹：《匈奴通史》，北京：人民出版社，1986年。

513、宋傑：《先秦戰略地理研究》，北京：首都師範大學出版社，1999年。

514、宋傑：《中國古代戰爭的地理樞紐》，北京：中國社會科學出版社，2009年。

515、宋傑：《兩魏周齊戰爭中的河東》，北京：中國社會科學出版社，2006年。

516、饒勝文：《布局天下》，北京：解放軍出版社，2006年。

517、李建超：《漢唐兩京及絲綢之路歷史地理論集》，西安：三秦出版社，2007年。

518、張曉虹：《文化區域的分異與整合》，上海：上海書店出版社，2004年。

519、郭麗萍：《絕域與絕學》，北京：三聯書店，2007年。

520、黃麟書：《邊塞研究》，臺北：造陽文學社，1979年。

521、黃麟書：《邊塞研究續集》，臺北：東明文化基金會，1986年。

522、齊陳駿：《河西史研究》，蘭州：甘肅教育出版社，1989年。

523、李並成：《河西走廊歷史地理》，蘭州：甘肅人民出版社，1995年。

524、張廣達：《文書、典籍與西域史地》，桂林：廣西師範大學出版社，2008年。

525、蕭愛民：《中國古代北方游牧民族兩翼制度研究》，北京：人民出版社，2007年。

526、陳竺同：《兩漢和西域等地的經濟文化交流》，上海：上海人民出版社，1957年。

527、王明哲、王炳華：《烏孫研究》，烏魯木齊：新疆人民出版社，1983年。

528、孫修身：《敦煌與中西交通研究》，蘭州：甘肅教育出版社，2002年。

529、王建革：《農牧生態與傳統蒙古社會》，濟南：山東人民出版社，2006年。

530、武沐：《匈奴史研究》，北京：民族出版社，2005年。

531、馬曼麗主編：《中國西北邊疆發展史研究》，哈爾濱：黑龍江教育出版社，2001年。

532、苗普生、田衛疆主編：《新疆史綱》，烏魯木齊：新疆人民出版社，2004年。

533、薛宗正：《中亞內陸大唐帝國》，烏魯木齊：新疆人民出版社，2005年。

534、柯蘭、谷嵐、李國強主編：《邊臣與疆吏》，北京：中華書局，2007年。

535、孟憲實：《漢唐文化與高昌歷史》，濟南：齊魯書社，2008 年。

536、趙雲田：《中國治邊機構史》，北京：中國藏學出版社，2002 年。

537、趙雲田主編：《北疆通史》，鄭州：中州古籍出版社，2003 年。

538、方英凱主編：《中國歷代治理新疆國策研究》，烏魯木齊：新疆人民出版社，2006 年。

539、江天蔚：《兩漢與匈奴關係》，西安：陝西人民出版社，1991 年。

540、紀庸編：《漢代對匈奴的防禦戰爭》，上海：新知識出版社，1955 年。

541、段連勤：《北狄族與中山國》，桂林：廣西師範大學出版社，2007 年。

542、雅諾什・哈爾馬塔主編：《中亞文明史》第二卷，B.N.普里、G.F.埃特馬迪副主編，徐文堪、芮傳明翻譯，余太山審訂，北京：中國對外翻譯出版公司，2002 年。

543、張植榮：《中國邊疆與民族問題：當代中國的挑戰及其歷史由來》，北京：北京大學出版社，2005 年。

544、方豪：《中西交通史》，上海：上海人民出版社，2008 年。

545、劉光華：《秦漢西北史地叢稿》，蘭州：甘肅文化出版社，2007 年。

546、劉光華：《漢代西北屯田研究》，蘭州：蘭州大學出版社，1988 年。

547、王北辰：《王北辰西北歷史地理論文集》，北京：學苑出版社，2003 年。

548、黃文弼：《西北史地論叢》，上海：上海人民出版社，1981 年。

549、蘇北海：《西域歷史地理（第一卷）》，烏魯木齊：新疆大學出版社，1988 年。

550、蘇北海：《西域歷史地理（第二卷）》，烏魯木齊：新疆大學出版社，2000 年。

551、劉滿：《河隴歷史地理研究》，蘭州：甘肅文化出版社，2009 年。

552、陳守忠：《河隴史地考述》，蘭州：甘肅人民出版社，2007 年。

553、侯丕勳、劉再聰主編：《西北邊疆歷史地理概論》，蘭州：甘肅人民出版社，2008 年。

554、王宗維：《漢代絲綢之路的咽喉——河西路》，北京：崑崙出版社，2001 年。

555、邵臺新：《漢代河西四郡的拓展》，臺北：商務印書館，1989 年。

556、高榮：《先秦漢魏河西史略》，天津：天津古籍出版社，2007 年。

557、曾問吾：《中國經營西域史》，臺北：文海出版社有限公司，1978 年。

558、劉義棠編：《中國西域研究》，臺北：正中書局，1997 年。

559、李大龍：《漢唐藩屬體制研究》，北京：中國社會科學出版社，2006 年。

560、李大龍：《兩漢的邊政與邊吏》，哈爾濱：黑龍江教育出版社，1998 年。

561、張春樹：《漢代邊疆史論集》，臺北：食貨出版社有限公司，1977 年。

562、箚奇斯欽：《北亞游牧民族與中原農業民族間的和平戰爭與貿易之關係》，臺北：正中書局，1972 年。

563、黃留珠：《秦漢仕進制度》，西安：西北大學出版社，1985 年。

564、黃留珠：《秦漢歷史文化論稿》，西安：三秦出版社，2002 年。

565、陳蘇鎮：《漢代政治與春秋學》，北京：中國廣播電視出版社，2001 年。

566、宋昌斌：《中國古代戶籍制度史稿》，西安：三秦出版社，1991 年。

567、王威海：《中國戶籍制度──歷史與政治的分析》，上海：上海文化出版社，2006 年。

568、湯志鈞、華友根、承載、錢杭：《兩漢經學與政治》，上海：上海古籍出版社，1994 年。

569、孫筱：《兩漢經學與政治》，北京：中國社會科學出版社，2002 年。

570、雷戈：《秦漢之際的政治思想與皇權主義》，上海：上海古籍出版社，2006 年。

571、趙沛：《兩漢宗族研究》，濟南：山東大學出版社，2002 年。

572、李劍農：《中國古代經濟史稿·先秦兩漢部分》，武漢：武漢大學出版社，2005 年。

573、蔡萬進：《張家山漢簡〈奏讞書〉研究》，桂林：廣西師範大學出版社，2006 年。

574、李振宏：《居延漢簡與漢代社會》，北京：中華書局，2003 年。

575、馬彪：《秦漢豪族社會研究》，北京：中國書店，2002 年。

576、曹旅寧：《張家山漢律研究》，北京：中華書局，2005 年。

577、崔向東：《漢代豪族研究》，武漢：崇文書局，2002 年。

578、柳春藩：《秦漢封國食邑賜爵制》，瀋陽：遼寧人民出版社，1984 年。

579、安作璋、熊鐵基：《秦漢官制史稿》，濟南：齊魯書社，1984 年。

580、黃今言：《秦漢賦役制度研究》，南昌：江西教育出版社，1998 年。

581、黃今言：《秦漢軍制史論》，南昌：江西人民出版社，1993 年。

582、卜憲群：《秦漢官僚制度》，北京：社會科學文獻出版社，2002 年。

583、劉澤華：《先秦士人與社會》，天津：天津人民出版社，2004 年。

584、栗勁：《秦律通論》，濟南：山東人民出版社，1985 年。

585、李德龍：《漢初軍事史研究》，北京：北京民族出版社，2002 年。

586、張弘：《戰國秦漢時期商人與商業資本研究》，濟南：齊魯書社，2006 年。

587、楊師群：《東周秦漢社會轉型研究》，上海：上海古籍出版社，2003 年。

588、王紹東：《秦朝興亡的文化探討》，呼和浩特：內蒙古大學出版社，2004年。

589、李玉福：《秦漢制度史論》，濟南：山東大學出版社，2003年。

590、朱紅林：《張家山漢簡〈二年律令〉集釋》，北京：社會科學文獻出版社，2005年。

591、高明士：《天下秩序與文化圈的探索：以東亞古代的政治與教育爲中心》，上海：上海古籍出版社，2008年。

592、陳廷湘、周鼎：《天下‧世界‧國家：近代中國對外觀念演變史》，北京：三聯書店，2008年。

593、周長山：《漢代地方政治史論：對軍銜制度若干問題的考察》，北京：中國社會科學出版社，2006年。

594、黃樸民、孫建民：《中華統一大略：歷代名統一方略透析》，北京：解放軍出版社，2002年。

595、王天順：《河套史》，北京：人民出版社，2006年。

596、閻學通、徐進等：《王霸天下思想及啓迪》，北京：世界知識出版社，2009年。

597、趙鼎新：《東周戰爭與儒法國家的誕生》，夏江旗譯，上海：華東師範大學出版社、北京：三聯書店，2006年。

598、徐復觀：《兩漢思想史》，上海：華東師範大學出版社，2004年。

599、龔鵬程：《漢代思潮》，北京：商務印書館，2005年。

600、金春峰：《漢代思想史》，北京：中國社會科學出版社，2006年。

601、馮友蘭：《中國哲學史》，上海：華東師範大學出版社，2003年。

602、勞思光：《新編中國哲學史》，桂林：廣西師範大學出版社，2005年。

603、蕭公權：《中國政治思想史》，北京：新星出版社，2005年。

604、薩孟武：《中國政治思想史》，北京：東方出版社，2008年。

605、羅運環：《楚國八百年》，武漢：武漢大學出版社，1992年。

606、李玉潔：《楚國史》，開封：河南大學出版社，2001年。

607、魏昌：《楚國史》，武漢：武漢出版社，2002年。

608、祝中熹：《早期秦史》，蘭州：敦煌文藝出版社，2004年。

609、顧久幸：《楚制典章：楚國的政治經濟制度》，武漢：湖北教育出版社，2001年。

610、晁福林：《夏商西周的社會變遷》，北京：北京師範大學出版社，1996年。

611、朱鳳瀚、徐勇：《先秦史研究概要》，天津：天津教育出版社，1996年。

612、胡阿祥主編：《兵家必爭之地：中國歷史軍事地理要覽》，海口：海南出

版社，2008年。

613、徐勇、張秉倫：《齊國軍事史‧齊國科技史》，戴吾三主編：《齊文化叢書》第15卷，濟南：齊魯書社，1997年。

614、葛志毅：《周代分封制度研究（修訂本）》，哈爾濱：黑龍江人民出版社，2004年。

615、趙伯雄：《周代國家形態研究》，長沙：湖南教育出版社，1990年。

616、徐傑令：《春秋邦交研究》，北京：中國社會科學出版社，2004年。

617、沈長雲等：《趙國史稿》，北京：中華書局，2000年。

618、方傑：《越國文化》，上海：上海社會科學院出版社，1998年。

619、徐少華：《周代南土歷史地理與文化》，武漢：武漢大學出版社，1994年。

620、羅世烈等：《先秦史與巴蜀文化論集》，天津：歷史教學社出版，1995年。

621、任偉：《西周封國考疑》，北京：社會科學文獻出版社，2004年。

622、楊寬：《西周史》，上海：上海人民出版社，2003年。

623、楊寬：《戰國史》，上海：上海人民出版社，2003年。

624、顧德融、朱順龍：《春秋史》，上海：上海人民出版社，2003年。

625、郭克煜等：《魯國史》，北京：人民出版社，1994年。

627、李夢存、常金倉：《晉國史綱要》，太原：山西人民出版社，1988年。

628、馬非百：《秦集史（全二冊）》，北京：中華書局，1982年。

629、郭淑珍、王關成：《秦軍事史》，西安：陝西人民教育出版社，2000年。

630、王勇：《東周秦漢關中農業變遷研究》，長沙：嶽麓書社，2004年。

631、陳長琦：《戰國秦漢六朝史研究》，廣州：廣東人民出版社，1997年。

632、林劍鳴：《秦國發展史》，西安：陝西人民出版社，1981年。

633、王綿厚：《秦漢東北史》，瀋陽：遼寧人民出版社，1994年。

634、于振波：《秦漢法律與社會》，長沙：湖南人民出版社，2000年。

635、錢劍夫：《秦漢賦役制度考略》，武漢：湖北人民出版社，1984年。

636、《秦漢簡牘論文集》，蘭州：甘肅人民出版社，1989年。

637、孟祥才：《中國政治制度通史‧秦漢》第三卷，白鋼主編，北京：人民出版社，1996年。

638、孟祥才：《秦漢人物散論》，上海：上海古籍出版社，2005年。

639、羅二虎：《秦漢時代的中國西南》，成都：天地出版社，2000年。

640、廖伯源：《秦漢史論叢》，臺北：五南圖書出版股份有限公司，2003年。

641、韓養民：《秦漢文化史》，西安：陝西人民教育出版社，1986年。

642、張傳璽：《秦漢問題研究（增訂本）》，北京：北京大學出版社，1995年。

643、馬勇：《秦漢學術社會轉型期的思想探索》，西安：陝西人民教育出版社，1998年。

644、彭年：《秦漢中國民族凝聚力研究》，廣州：廣東人民出版社，1999年。

645、韓星：《儒法整合：秦漢政治文化論》，北京：中國社會科學出版社，2005年。

646、蕭國鈞：《春秋至秦漢之都市發展》，臺北：商務印書館，1984年。

647、張榮芳：《秦漢史論集（外三篇）》，廣州：中山大學出版社，1995年。

648、彭衛、楊振紅：《中國風俗通史・秦漢卷》，陳高華、徐吉軍主編，上海：上海文藝出版社，2002年。

649、林甘泉主編：《中國經濟通史・秦漢經濟卷》，北京：經濟日報出版社，1999年。

650、李景明：《中國儒學史・秦漢卷》，廣州：廣東教育出版社，1998年。

651、臧知非等：《周秦漢魏吳地社會發展研究》，王衛平、王國平主編，北京：群言出版社，2007年。

652、彭曦：《戰國秦長城考察與研究》，西安：西北大學出版社，1990年。

653、孫繼民、郝良眞等：《先秦兩漢趙文化研究》，北京：方志出版社，2003年。

654、侯廷生、劉東光主編：《趙文化論集》，武漢：崇文書局，2006年。

655、張志堯主編：《草原絲綢之路與中亞文明》，烏魯木齊：新疆美術攝影出版社，1994年。

656、侯燦：《高昌樓蘭研究論集》，烏魯木齊：新疆人民出版社，1990年。

657、林梅村：《漢唐西域與中國文明》，北京：文物出版社，1998年。

658、孟凡人：《樓蘭新史》，北京：光明日報出版社，1990年。

659、黃榮春：《閩越源流考略》，福州：海潮攝影藝術出版社，2002年。

660、蔡克驕：《甌越文化史》，杭州：浙江人民出版社，1987年。

661、王國良：《中國長城沿革考》，上海：商務印書館，1931年。

662、劉建國：《先秦僞書辨正》，西安：陝西人民出版社，2004年。

663、李峰：《西周的滅亡：中國早期國家的地理和政治危機》，徐峰譯，湯惠生校，上海：上海古籍出版社，2007年。

664、李峰：《西周的政體：中國早期的官僚制度和國家》，北京：三聯書店，2010年。

665、蕭璠：《春秋至兩漢時期中國向南方發展》，臺北：精華印書館，1973年。

666、陳槃：《春秋大事表列國爵姓及存滅表撰異》，上海：上海古籍出版社，

2009 年。

667、陳槃：《不見於春秋大事表之春秋方國稿》，上海：上海古籍出版社，
2009 年。

668、李新霖：《從左傳論春秋時代之政治倫理》，臺北：文津出版社，1991
年。

669、徐俊鳴：《中國歷代統一之地理觀》，臺北：學海出版社，1980 年。

670、冀朝鼎：《中國歷史上的基本經濟區與水利事業的發展》，朱詩鼇譯，北
京：中國社會科學出版社，1981 年。

671、景愛：《中國長城史》，上海：上海人民出版社，2006 年。

672、石泉：《古代荊楚地理新探》，武漢：武漢大學出版社，1988 年。

673、石泉：《古代荊楚地理新探·續集》，武漢：武漢大學出版社，2004 年。

674、何光岳：《楚滅國考》，上海：上海人民出版社，1990 年。

675、何光岳：《氐羌源流史》，南昌：江西教育出版社，2000 年。

676、何浩：《楚滅國研究》，武漢：武漢出版社，1989 年。

677、陳世材：《兩漢監察制度研究》，上海：商務印書館，1944 年。

678、魯人勇、吳忠禮、徐莊：《寧夏歷史地理考》，銀川：寧夏人民出版社，
1993 年。

（四）期刊論文

679、后曉榮：「秦統一初年置三十六郡考」，《殷都學刊》，2006 年第 1 期。

680、王開：「『秦直道』新探」，《成都大學學報（社科版）》，1989 年第 1 期。

681、史念海：「論秦九原郡始置的年代」，《中國歷史地理論叢》，1993 年第 2
期 。

682、史念海：「論我國歷史上東西對立的局面和南北對立的局面」，《中國歷
史地理論叢》，1992 年第 1 期。

683、史念海：「論西北地區諸長城的分佈及其歷史軍事地理（上篇）」，《中國
歷史地理論叢》，1994 年第 2 期。

684、史念海：「論西北地區諸長城的分佈及其歷史軍事地理（下篇）」，《中國
歷史地理論叢》，1994 年第 3 期。

685、史念海：「隋唐時期農牧地區的變遷及其對王朝盛衰的影響」，《中國歷
史地理論叢》，1991 年第 4 期。

686、史念海：「戰國時期的交通道路」，《中國歷史地理論叢》，1991 年第 1 期。

687、唐曉峰：「內蒙古西北部秦漢長城調查記」，《內蒙古大學學報（哲學社
會科學版）》，1977 年第 3 期。

688、唐曉峰：「人文疆界」，《讀書》，2001 年第 7 期。

689、唐曉峰：「商代外服與『地方』權力」，《江漢論壇》，2006 年第 1 期。

690、徐衛民：「秦立國關中的歷史地理考察」，《文博》，1998 年第 5 期。

691、徐衛民、方原：「項羽定都彭城的原因及利弊」，《湖南行政學院學報》，
　　　2010 年第 6 期。

692、譚其驤：「陳勝鄉里陽城考」，《社會科學戰線》，1981 年第 2 期。

693、顧頡剛、譚其驤：「關於漢武帝的十三州問題討論」，《復旦學報（社會
　　　科學版）》，1980 年第 3 期。

694、呂卓民：「再論秦直道」，《文博》，1994 年第 2 期。

695、姚生民：「秦直道與甘泉宮」，《文博》，1997 年第 5 期。

696、李仲立：「秦直道新論」，《西北史地》，1997 年第 4 期。

697、陳靜、文啓：「秦直道不經上郡的證據」，《中國歷史地理論叢》，1998 年
　　　第 1 期。

698、辛德勇：「秦漢直道研究與直道遺迹的歷史價值」，《中國歷史地理論叢》，
　　　2006 年第 1 期。

699、辛德勇：「漢武帝『廣關』與西漢前期地域控制的變遷」，《中國歷史地
　　　理論叢》，2008 年第 2 期。

700、辛德勇：「漢武帝徙民會稽史事證釋」，《歷史研究》，2005 年第 1 期。

701、辛德勇：「西漢至北周時期長安附近的陸路交通——漢唐長安交通地理
　　　研究之一」，《中國歷史地理論叢》，1988 年第 3 期。

702、辛德勇　：「張家山漢簡所示漢初西北隅邊境解析——附論秦昭襄王長城
　　　北端走向與九原雲中兩郡戰略地位」，《歷史研究》，2006 年第 1 期。

703、海野一隆、辛德勇：「釋漢代的翰海」，《中國歷史地理論叢》，1991 年第
　　　1 期。

704、鄒逸麟：「我國早期經濟區的形成——春秋戰國至漢武帝時期」，《歷史
　　　地理》，第十八輯，第 23 頁，上海：上海人民出版社，2002 年。

705、鄒逸麟　：「開發西部的歷史反思」，《探索與爭鳴》，2000 年第 6 期。

706、鄒逸麟：「試論鄴都興起的歷史地理背景及其在古都史上的地位」，《中
　　　國歷史地理論叢》，1995 年第 1 期。

707、周振鶴：「中國歷史上自然區域、行政區劃與文化區域相互關係管窺」，
　　　《歷史地理》，第十九輯，第 1 頁，上海：上海人民出版社，2003 年。

708、周振鶴：「西漢西域都護所轄諸國考」，《新疆大學學報（哲學人文社會
　　　科學版）》，1985 年第 2 期。

709、周振鶴：「秦代洞庭、蒼梧兩郡懸想」，《復旦學報（社會科學版）》，2005
　　　年第 5 期。

710、周振鶴：「《二年律令‧秩律》的歷史地理意義」，《學術月刊》，2003 年

第 1 期。

711、周振鶴 ：「東西徘徊與南北往復──中國歷史上五大都城定位的政治地理因素」，《華東師範大學學報（哲學社會科學版）》，2009 年第 1 期。

712、周振鶴：「漢武帝十三刺史部所屬郡國考」，《復旦學報（社會科學版）》，1993 年第 5 期。

713、陳偉：「秦蒼梧、洞庭二郡芻論」，《歷史研究》，2003 年第 5 期。

714、陳偉：「張家山漢簡《津關令》涉馬諸令研究」，《考古學報》，2003 年第 1 期。

715、陳偉：「春秋時期的附庸」，《武漢大學學報（哲學社會科學版）》，1996 年第 2 期。

716、任偉：「西周金文與齊國始封問題」，《中原文物》，2002 年第 4 期。

717、趙娜：「戰國時期的齊楚關係」，《管子學刊》，2004 年第 3 期。

718、李曉傑：「戰國時期齊國疆域變遷考述」，《史林》2008 年第 4 期。

719、李曉傑：「春秋晉縣考」，《歷史地理》，第十六輯，第 111 頁，上海：上海人民出版社，2000 年。

720、李曉傑：「戰國時期魏國疆域變遷考」，《歷史地理》，第十九輯，第 74 頁，上海：上海人民出版社，2003 年。

721、李曉傑：「新莽東漢易代之際更始政權勢力範圍考述」，《復旦學報（社會科學版）》，1996 年第 4 期。

722、王健：「道家與徐州考論──兼論漢初黃老政治與劉邦集團之文化地緣背景的關係」，《江蘇社會科學》，2001 年第 4 期。

723、王健：「試論夏商周三代政治疆域的主要特徵」，《殷都學刊》，2002 年第 4 期。

724、王健：「西周『王畿』考辨」，《歷史地理》，第十九輯，第 59 頁，上海：上海人民出版社，2003 年。

725、李殿元：「秦漢之際的兩次分封──應當重新評價項羽『分封十八王』」，《天府新論》，1998 年第 4 期。

726、張文華：「秦漢之際淮河流域戰地的分佈及其兵爭路線」，《求索》，2009 年第 11 期。

727、苗潤蓮：「秦國連橫外交的衍變及其作用」，《咸陽師範學院學報》，2007 年第 10 期。

728、錢林書：「春秋戰國時期齊國的疆域及政區」，《復旦學報（社會科學版）》，1993 年第 6 期。

729、曹爾琴：「漢代州郡的設置及其分佈」，《中國歷史地理論叢》，1991 年第 4 期。

730、曹爾琴：「秦漢時期的關中」，《西北大學學報（哲學社會科學版）》，1977年第 4 期。

731、趙慶淼：「齊國置『五都』說芻議」，《中國歷史地理論叢》，2009 年第 10 期。

732、孫敬明：「齊長城在齊國軍事防禦戰略中的地位」，《泰山學院學報》，2005年第 7 期。

733、宋傑：「春秋時期中國政治力量的分佈態勢和列強興起的地理原因（上）」，《首都師範大學學報（社會科學版）》2000 年第 3 期。

734、宋傑：「春秋時期中國政治力量的分佈態勢和列強興起的地理原因（下）」，《首都師範大學學報（社會科學版）》2000 年第 4 期。

735、宋傑：「地理樞紐與中國古代的戰爭」，《史學月刊》，2005 年第 11 期。

736、宋傑：「魏在戰國前期的地理特徵與作戰方略」，《首都師範大學學報（社會科學版）》，2002 年第 1 期。

737、楊朝明：「爭衡齊魯，雄踞東夷——莒國」，《文史知識》，2008 年第 9 期。

738、陳朝雲：「盤龍城與早商政權在長江流域的勢力擴張」，《史學月刊》，2003年第 11 期。

739、蔡萬進、陳朝雲：「里耶秦簡秦令三則探析」，《許昌學院學報》，2004 年第 6 期。

740、蔡萬進：「里耶秦簡研讀三題」，《湖南大學學報（社會科學版）》，2007年第 1 期。

741、洪石、蔡萬進、楊勇：「『中國里耶古城・秦簡與秦文化國際學術研討會』紀要」，《考古》，2008 年第 10 期。

742、劉玉堂：「夏商王朝對江漢地區的鎮撫」，《江漢考古》，2001 年第 1 期。

743、劉滿：「秦漢隴山道考述」，《敦煌學輯刊》，2005 年第 2 期。

744、周書燦：「晚商時期對東方地區的軍事經略和主權管轄」，《東方論壇》，2008 年第 2 期。

745、周書燦：「西周王朝國家結構探論」，《社會科學輯刊》2001 年第 2 期。

746、周書燦：「東周、秦漢南陽並非一地」，《中國歷史地理論叢》，1997 年第 2 期。

747、周書燦：「九州與畿服之制起源新研」，《貴州師範大學學報（社會科學版）》，2008 年第 6 期。

748、周書燦：「商代對晉南地區的經營」，《晉陽學刊》，2008 年第 6 期。

749、周書燦：「先秦儒家的國家結構觀」，《河北師範大學學報（哲學社會科學版）》，2004 年第 1 期。

750、周書燦：「殷都安陽興衰的地理因素探析」，《人文地理》，2006 年第 5

期。

751、周書燦：「殷商時期的天下格局」，《殷都學刊》，1999 年第 1 期。

752、周書燦：「中國早期四土經營與民族整合論綱」，《貴州大學學報（社會科學版）》，2009 年第 2 期。

753、周書燦、牛林豪：「西周王朝的國土結構及其特點」，《南都學刊》2002 年第 3 期。

754、周書燦、郭文佳、張秀蘭：「西周王朝的天下格局與國家結構」，《河北師範大學學報（社會科學版）》，2000 年第 1 期。

755、洪濤：「漢代西域都護府研究述評」，《新疆師範大學學報（哲學社會科學版）》，2007 年第 2 期。

756、洪濤：「漢西域都護府的設立及其歷史地位」，《西域研究》1999 年第 3 期。

757、洪濤：「關於烏孫研究的幾個問題」，《中央民族大學學報》，1994 年第 2 期。

758、馬國榮：「論西域都護府」，《新疆社科論壇》1991 年第 2 期。

759、薛宗正：「西漢的使者校尉與屯田校尉」，《新疆社會科學》2007 年第 5 期。

760、李大龍：「西漢西域都護略論」，《中國邊疆史地研究》1991 年第 2 期。

761、李大龍：「邊吏與古代中國疆域的形成──以兩漢為中心」，《雲南師範大學學報（哲學社會科學版）》，2008 年第 6 期。

762、李大龍：「關於藩屬體制的幾個理論問題──對中國古代疆域理論發展的理論闡釋」，《學習與探索》，2007 年第 4 期。

763、宋公文：「論楚漢戰爭時期項羽和劉邦的分封」，《秦漢史論叢》（第一輯），第 83 頁，陝西人民出版社，1981 年。

764、韓養民：「略論項羽的分封」，《秦漢史論叢》（第一輯），第 97 頁，陝西人民出版社，1981 年。

765、陳慧生：「兩漢屯田和統一新疆的關係」，《秦漢史論叢》（第三輯），第 182 頁，陝西人民出版社，1986 年。

766、余行邁：「漢代以『部』為稱諸官概說──多部位的地方監察、警察制度」，《秦漢史論叢》（第五輯），第 214 頁，法律出版社 1992 年。

767、岡安勇：「關於匈奴呼韓邪單于對漢『稱臣』的年代」，《秦漢史論叢》（第五輯），第 312 頁，法律出版社 1992 年。

768、謝桂華：「漢簡與漢代西北屯戍鹽政考述」，《秦漢史論叢》（第六輯），第 71 頁，江西教育出版社 1994 年。

769、李均明：「漢簡薄籍與經濟管理述要」，《秦漢史論叢》（第六輯），第 86

頁，江西教育出版社 1994 年。

770、李均明：「漢簡所反映的關津制度」，《歷史研究》，2002 年第 3 期。

771、葛劍雄：「論秦漢統一的地理基礎」，《秦漢史論叢》（第六輯），第 127 頁，江西教育出版社 1994 年。

772、葛劍雄：「唐代以前我國疆域的演變——中國疆域變遷問題初探（上）」，《秘書工作》，2008 年第 3 期。

773、朱紹侯：「淺議司隸校尉初設之謎」，《秦漢史論叢》（第六輯），第 177 頁，江西教育出版社 1994 年。

774、朱紹侯：「西漢司隸校尉職務及地位的變化」，《史學月刊》，1994 年第 4 期。

775、陳曉鳴：「漢代『將屯』考略」，《秦漢史論叢》（第六輯），第 186 頁，江西教育出版社 1994 年。

776、黃今言、陳曉鳴：「漢朝邊防軍養兵費用之考察——以西、北邊境爲研究中心」，《秦漢史論叢》（第七輯），第 180 頁，北京：中國社會科學出版社，1998 年。

777、黃留珠：「秦漢對粵戰爭與嶺南開發」，《秦漢史論叢》（第七輯），第 39 頁，北京：中國社會科學出版社，1998 年。

778、黃留珠：「項羽封王是『權宜之計』嗎？——與熊鐵基同志商榷」，《華中師院學報》1980 第 2 期。

779、王子今：「秦漢時期『中土』與『南邊』的關係及南越文化的個性」，《秦漢史論叢》（第七輯），第 54 頁，北京：中國社會科學出版社，1998 年。

780、王子今：「論西楚霸王項羽『都彭城』」，《湖湘論壇》2010 年第 5 期。

781、王子今：「秦漢時期河套地區的歷史文化地位」，《寧夏社會科學》2006 年第 2 期。

782、王子今：「秦直道的歷史文化觀照」，《人文雜誌》，2005 年第 5 期。

783、王子今：「秦漢區域地理學的『大關中』概念」，《人文雜誌》，2003 年第 1 期。

784、王子今：「秦漢時期湘江洞庭水路郵驛的初步考察——以里耶秦簡和張家山漢簡爲視窗」，《湖南社會科學》，2004 年第 5 期。

785、王子今：「中國古代交通系統的特徵——以秦漢文物資料爲中心」，《社會科學》，2009 年第 7 期。

786、王子今、劉華祝：「說張家山漢簡《二年律令·津關令》所見五關」，《中國歷史文物》，2003 年第 1 期。

787、王子今、馬振智：「張家山漢簡《二年律令·秩律》所見巴蜀縣道設置」，《四川文物》，2002 年第 5 期。

788、李慶新：「秦漢時期謫戍、徙遷的實施及其對嶺南開發的影響」,《秦漢史論叢》（第七輯）,第 83 頁,北京：中國社會科學出版社,1998 年。

789、彭年：「南越國新論」,《秦漢史論叢》（第七輯）,第 96 頁,北京：中國社會科學出版社,1998 年。

790、彭曦：「從長安看南越」,《秦漢史論叢》（第七輯）,第 100 頁,北京：中國社會科學出版社,1998 年。

791、袁祖亮：「略述秦漢時期大月氏人的遷徙」,《秦漢史論叢》（第七輯）,第 387 頁,北京：中國社會科學出版社,1998 年。

792、張德芳：「從懸泉漢簡看兩漢西域屯田及其意義」,《敦煌研究》,2001 年第 3 期。

793、張德芳：「從懸泉漢簡看樓蘭（鄯善）同漢朝的關係」,《西域研究》,2009 年第 4 期。

794、何海龍：「從懸泉漢簡談西漢與烏孫的關係」,《求索》,2006 年第 3 期。

795、余太山：「大宛和康居綜考」,《西北民族研究》1991 年第 1 期。

796、蘇北海：「大月氏的西遷及其活動」,《新疆大學學報（哲學人文社會科學版）》,1989 年第 2 期。

797、蘇北海：「樓蘭古道對漢朝統一西域及絲路的重大貢獻」,《西北史地》,1996 年第 4 期。

798、蘇北海：「兩漢在西域崑崙山、喀喇崑崙山及帕米爾高原的統治疆域」,《新疆師範大學學報（社會科學版）》,1982 年第 1 期。

799、黃靖：「大月氏的西遷及其影響」,《新疆社會科學》,1985 年第 2 期。

800、劉高潮、姚東玉：「東胡之疆域及其與匈奴之關係」,《內蒙古社會科學（文史哲版）》,1989 年第 2 期。

801、王北辰：「古代西域南道上的若干歷史地理問題」,《地理研究》,1983 年第 3 期。

802、楊建新：「關於漢代烏孫的幾個問題」,《新疆大學學報（哲學人文社會科學版）》,1980 年第 2 期。

803、賈文麗：「漢朝在河西的防禦與戰略演變」,《南都學壇（人文社會科學學報）》,2010 年第 4 期。

804、郝樹聲：「漢初的河西匈奴」,《甘肅社會科學》,1997 年第 6 期。

805、郝樹聲：「漢河西四郡設置年代考辨」,《開發研究》,1996 年第 6 期。

806、郝樹聲：「漢河西四郡設置年代考辨（續）」,《開發研究》,1997 年第 3 期。

807、郝樹聲：「論月氏在河西的幾個問題」,《甘肅社會科學》,1994 年第 6 期。

808、郝樹聲：「略論秦漢時期鹽鐵專營與中央集權的鞏固」，《甘肅社會科學》，1998 年第 3 期。

809、王宗維：「漢代河西與西域之間的相互關係」，《新疆社會科學》，1985 年第 3 期。

810、王宗維：「論霍去病在祁連山之戰」，《西北大學學報（哲學社會科學版）》，1982 年第 3 期。

811、王宗維：「秦漢時期匈奴與西羌的關係」，《秦文化論叢》（第一集），西安：西北大學出版社，1993 年，第 316 頁。

812、安忠義：「漢代馬種的引進與改良」，《中國農史》，2005 年第 2 期。

813、殷晴：「漢代絲路南北道研究」，《新疆社會科學》，2010 年第 1 期。

814、殷晴：「懸泉漢簡與西域史事」，《西域研究》，2002 年第 3 期。

815、江海雲：「漢簡中所見的河西開發及啓示」，《敦煌學輯刊》，2007 年第 4 期。

816、劉國防：「漢西域都護的始置及其年代」，《西域研究》，2002 年第 3 期。

817、武志寧：「建郡前的河西走廊」，《甘肅社會科學》，1984 年第 2 期。

818、黎虎：「解憂公主出塞的歷史貢獻」，《北京師範大學學報（社會科學版）》，1979 年第 4 期。

819、李正周：「兩漢王朝對羌族的管理」，《魯東大學學報（哲學社會科學版）》，2007 年第 2 期。

820、張莉：「樓蘭古綠洲的河道變遷及其原因探討」，《中國歷史地理論叢》，2001 年第 1 期。

821、蕭小勇：「樓蘭鄯善與周邊民族關係史述論」，《新疆社會科學》，2008 年第 4 期。

822、鈕仲勳：「論漢代經營西域之戰略形勢」，《山西大學師範學院學報》，1989 年第 1 期。

823、高榮：「論漢武帝『圖制匈奴』戰略與征伐大宛」，《西域研究》2009 年第 2 期。

824、高榮：「月氏、烏孫和匈奴在河西的活動」，《西北民族研究》2004 年第 3 期。

825、高榮：「漢代河西的行政區劃、職官建置及其特點」，《西北史地》，1997 年第 1 期。

826、李開元：「論漢伐大宛和漢朝的西方政策」，《西北史地》，1985 年第 1 期。

827、劉錫淦、陳良偉、尚衍斌：「試論漢匈之爭的初期戰略及在西域的對抗」，《新疆大學學報（哲學人文社會科學版）》，1985 年第 4 期。

828、石少穎：「烏孫歸漢與西漢外交」，《湖北大學學報（哲學社會科學版）》，

2006 年第 3 期。

829、孫家洲：「論漢代的『區域』概念」，《北京社會科學》1999 年第 2 期。

830、岳慶平：「論漢武帝伐宛的原因及目的」，《社會科學輯刊》，1987 年第 1 期。

831、岳慶平：「西楚的歷史沿革」，《湖湘論壇》，2010 年第 5 期。

832、岳慶平：「主父偃獻策推恩後『王子畢侯』質疑」，《齊魯學刊》第 1985 年第 5 期。

833、岳慶平：「漢高帝分封同姓王辨析」，《東北師大學報》，1990 年第 6 期。

834、岳慶平：「西漢景武時期的削藩及其後果」，《社會科學輯刊》，1993 年第 6 期。

835、岳慶平：「主父偃獻策推恩與漢武帝下推恩令應爲元朔二年辨」，《北京大學學報（哲學社會科學版）》，1985 年第 2 期。

836、岳慶平：「西漢削藩的兩個問題」，《山西大學學報（哲學社會科學版）》，1989 年第 1 期。

837、趙炳清：「秦代無長沙、黔中二郡略論──兼與陳偉、王煥林先生商榷」，《中國歷史地理論叢》2005 年第 4 期。

838、趙炳清：「秦洞庭郡略論」，《江漢考古》2005 年第 2 期。

839、李瑞、吳宏岐：「秦始皇巡遊的時空特徵及其原因分析」，《中國歷史地理論叢》，2003 年第 3 期。

840、張華松：「試探秦始皇東巡的原因與動機」，《東嶽論叢》，2002 年第 1 期。

841、王懷讓：「談劉邦、項羽的分封問題」，《齊魯學刊》，1986 年第 6 期。

842、董平均：「西漢分封制度研究──西漢諸侯王的隆替興衰考略」，首都師範大學博士學位論文，2002 年。

843、董平均：「《津關令》與漢初關禁制度論考」，《中華文化論壇》，2007 年第 3 期。

844、董平均：「文景時期的分國與削藩探微」，《天中學刊》，2003 年第 1 期。

845、吳榮曾：「西漢王國官制考實」，《北京大學學報（哲學社會科學版）》，1990 年第 3 期。

846、李興斌：「項羽敗亡的軍事地理原因」，《歷史教學》，1993 年第 2 期。

847、葉永新：「項羽所立西魏國封域考辨」，《中國歷史地理論叢》，2004 年第 3 期。

848、葉永新：「漢與匈奴第一次、第二次和親考略──兼與葛亮先生商榷」，《中國邊疆史地研究》，1998 年第 4 期。

849、蔣非非：「最後的武士貴族楚霸王──項羽『負約』及劉邦病死眞相」，《湖南行政學院學報（雙月刊）》，2010 年 5 月。

850、蔣非非：「漢初蕭曹相位之爭」，《北京師範大學學報（社會科學版）》，
　　　2003 年第 5 期。

851、李軍平：「論秦直道」，《草原》，2009 年第 7 期。

852、陳直：「秦始皇六大統一政策的考古資料」，《秦文化論叢》（第一集），
　　　西安：西北大學出版社，1993 年，第 202 頁。

853、陳直：「漢代的馬政」，《 西北師大學報（社會科學版）》，2004 年第 6
　　　期。

854、余華青、張廷皓：「秦漢時期的畜牧業」，《秦文化論叢》（第一集），西
　　　安：西北大學出版社，1993 年，第 377 頁。

855、任昭坤：「巴蜀歷代戰爭的基本特點及歷史作用」，《中華文化論壇》，2008
　　　年第 4 期。

856、李安民：「巴蜀文化結構初論——巴蜀文化的文化學研究」，《四川文物》，
　　　2007 年第 5 期。

857、楊光華：「楚國設置巴郡考」，《中國歷史地理論叢》，2007 年第 4 期。

858、趙國華：「東漢統一戰爭的戰略考察」，《華中師範大學學報（哲學社會
　　　科學版）》，1995 年第 3 期。

859、李桂芳：「漢代巴蜀地區的教育」，《中華文化論壇》，2008 年第 2 期 。

860、李桂芳：「試論兩漢時期巴蜀人才的地域差異及影響」，《中華文化論
　　　壇 》，2005 年第 4 期。

861、楊更興：「兩漢巴蜀經學略論」，《青島大學師範學院學報》，2006 年第 2
　　　期。

862、邱劍敏：「劉秀地緣戰略思想述論」，《軍事歷史研究》，2000 年第 4 期。

863、段渝：「論戰國末秦漢之際巴蜀文化轉型的機制」，《中華文化論壇》，
　　　2005 年第 3 期。

864、賴華明：「秦漢移民與巴蜀文化的變遷」，《西南民族學院學報（哲學社
　　　會科學版）》，2002 年第 11 期。

865、於秀情：「秦統一巴蜀前後與兩地民族關係之比較研究」，《內蒙古社會
　　　科學》，2002 年第 1 期。

866、羅開玉：「秦在巴蜀地區的民族政策試析——從雲夢秦簡中得到的啟
　　　示」，《民族研究》，1982 年第 4 期。

867、曾建忠：「三國時期荊襄地區軍事地理研究」，《湘潭師範學院學報（社
　　　會科學版）》，2009 年第 3 期。

868、張軍：「試論戰國後期秦對巴蜀的統一及社會經濟改革」，《西北農林科
　　　技大學學報（社會科學版）》，2008 年第 5 期。

869、胡克森：「孔子泛血緣化理論在五緣文化形成中的作用」，《史學月刊》，

2007 年第 6 期。

870、馬雪芹：「東漢長安與關中平原」，《中國歷史地理論叢》，2000 年第 2 期。

871、姚有志、毛振發：「古長城的國防價值再評估」，《中國邊疆史地研究》，1994 年第 3 期。

872、韋毅：「論項羽分封」，《南京高師學報》，1995 年第 2 期。

873、陳友興：「論長城之地理背景」，《揚州教育學院學報》，2002 年第 3 期。

874、劉雯芳：「三十年來戰國縱橫家研究綜述」，《山西大學學報（哲學社會科學版）》，2004 年第 7 期。

875、丁光勳：「對趙充國屯田業績的評價不宜過高一與陳直先生商榷」，《上海師範大學學報》，1989 年第 3 期。

876、劉光華：「關於漢代屯田的幾個問題」，《蘭州大學學報（社會科學版）》，1988 年第 3 期。

877、劉光華：「論『徙民實邊』不是屯田」，《蘭州大學學報（社會科學版）》，1987 年第 1 期。

878、劉光華：「西漢邊郡屯田的管理系統及其有關問題」，《敦煌學輯刊》，1988 年第 1、2 期。

879、武守志：「漢代河西屯田簡論」，《社會科學》，1981 年第 2 期。

880、劉漢東：「漢代西北屯田及其土地形態演化探論」，《鄭州大學學報（哲學社會科學版）》，1985 年第 5 期。

881、宋治民：「居延漢簡中所見西漢屯田二、三事」，《四川大學學報（哲學社會科學版）》，1981 年第 2 期。

882、彭慧敏：「兩漢在西域屯田論述」，《新疆大學學報（哲學人文社會科學版）》，1985 年第 1 期。

883、羅軍：「論西漢屯田的歷史背景及社會影響」，《青海社會科學》，1992 年第 1 期。

884、范永賢：「淺析中國古代的屯田戍邊」，《軍事經濟研究》，1989 年第 8 期。

885、陳默：「屯田的歷史發展及思考」，《軍事歷史》，2000 年第 1 期。

886、楊際平：「西漢屯田的幾個問題」，《中國社會經濟史研究》，1991 年第 4 期。

887、張安福、英寶軍：「西漢屯田西域的戰略考量分析」，《臨沂師範學院學報》，2010 年 2 月。

888、李炳泉：「西漢西域渠犂屯田考論」，《西域研究》，2002 年第 1 期。

889、李炳泉：「西漢西域伊循屯田考論」，《西域研究》，2003 年第 2 期。

890、董建勇：「中國古代屯田起源探析」，《石河子大學學報（哲學社會科學版）》，2007 年第 2 期。

891、劉軍平：「『天下』宇宙觀的衍變及其哲學意蘊」，《文史哲》，2004 年第 6 期。

892、杜永吉、徐長安：「『天下觀』與『文化中國』的歷史建構」，《河北學刊》，2002 年第 6 期。

893、安樹彬：「從傳統天下觀到近代國家觀」，《華夏文化》，2004 年第 1 期。

894、楊德山：「關於傳統『夷夏』觀的分析」，《徐州師範學院學報（哲學社會科學版）》，1995 年第 1 期。

895、韓毓海、陳曉明：「何爲帝國，帝國何爲——關於《帝國》的一次座談」，《文藝理論與批評》，2004 年第 6 期。

896、單純：「略論中華民族的『天下』觀」，《東方論壇》，2001 年第 3 期。

897、徐興祥：「先秦時期的民族思想」，《民族研究》，1999 年第 2 期。

898、權赫秀：「中國古代朝貢關係研究評述」，《中國邊疆史地研究》，2005 年第 3 期。

899、葛紅兵：「中國思想的一個原初立場——公元 3 世紀前中國思想中『身』的觀念」，《探索與爭鳴》，2004 年第 12 期。

900、張博泉：「漢玄菟郡考」，《吉林大學社會科學學報》，1980 年第 6 期。

901、張博泉：「眞番郡考」，《北方文物》，1985 年第 4 期。

902、孫進己、干志耿：「漢眞番郡考」，《黑龍江文物叢刊》，1984 年第 3 期。

903、苗威：「樂浪郡研究綜述」，《中國邊疆史地研究》，2006 年第 3 期。

904、何天明：「兩漢皇朝解決北方民族事務的統治機構——『護烏桓校尉』」，《內蒙古師大學報（哲學社會科學版）》，1987 年第 1 期。

905、林幹：「兩漢時期『護烏桓校尉』略考」，《內蒙古社會科學》，1987 年第 1 期。

906、成永娜：「略論烏桓與中原王朝的關係」，《煙臺大學學報（哲學社會科學版）》，2008 年第 4 期。

907、王慶憲：「淺談兩漢時期烏桓史中的幾個問題」，《內蒙古夫學學報（哲學社會科學版）》，1989 年第 1 期。

908、龔蔭：「烏桓、鮮卑、丁零諸王述略」，《文史雜誌》，1999 年第 3 期。

909、李春梅：「匈奴四大王制度探析」，《內蒙古社會科學（漢文版）》，2009 年第 3 期。

910、李春梅：「匈奴政權中『二十四長』和『四角』、『六角』探析」，《內蒙古社會科學（漢文版）》，2006 年第 2 期。

911、李春梅：「匈奴政權左賢王若干問題探析」，《內蒙古社會科學（漢文版）》，2008 年第 3 期。

912、趙紅梅：「眞番郡考疑」，《社會科學戰線》，2004 年第 6 期。

913、陸精康：「『王咸陽』、『王關中』辨」，《文教資料》，1997 年第 1 期。

914、閻曉君：「《奏讞書》所反映的漢初政區地理與司法管轄——張家山漢簡研究之三」，《煙臺師範學院學報（哲學社會科學版）》，2004 年第 3 期。

915、石嵩瑜、楊青雲：「古代關中地理環境對中國封建社會影響的啓示一讀《河山集·古代關中》有感」，《殷都學刊》，1998 年第 2 期。

916、高景明、林劍鳴、張文立：「關中與漢中古代交通試探」，《成都大學學報（社會科學版）》，1989 年第 1 期。

917、何柳：「兩漢時期漢中盆地至關中平原交通道路的演變及原因」，《陝西理工學院學報（社會科學版）》，2008 年第 4 期。

918、龔留柱：「論張家山漢簡《津關令》之『禁馬出關』——兼與陳偉先生商榷」，《史學月刊》，2004 年第 11 期。

919、辛夷：「秦漢時期關中的水利事業」，《史學月刊》，1986 年第 1 期。

920、徐少華：「試析楚國衰亡的政治原因」，《中華文化論壇》，1996 年第 4 期。

921、徐少華：「昭陽伐魏及其相關問題辯析」，《江漢論壇》，1993 年第 4 期。

922、李萬生：「說『關中本位政策』」，《清華大學學報（哲學社會科學版）》，2010 年第 4 期。

923、朱紹華、東湖：「司馬遷的三種『關中』概念」，《中國歷史地理論叢》，1999 年第 4 期。

924、晏昌貴：「張家山漢簡釋地六則」，《江漢考古》，2005 年第 2 期。

925、晏昌貴：「楚『東國』的道路——兼談影響先秦交通的社會因素」，《江漢論壇》，1993 年第 10 期。

926、晏昌貴、鍾煒：「里耶秦簡所見的陽陵與遷陵」，《中國歷史地理論叢》，2006 年第 4 期。

927、鍾煒、晏昌貴：「楚秦洞庭蒼梧及源流演變」，《江漢考古》，2008 年第 02 期。

928、張青光：「青川秦牘《更修爲田律》適用範圍管見」，《四川文物》，1993 年第 5 期。

929、袁剛：「漢朝政府馬政管理機構——太僕寺」，《中國公務員》，2003 年第 12 期。

930、袁剛：「漢代的司隸校尉」，《南都學壇》，1990 年第 1 期。

931、黃敬愚：「簡牘所見西漢馬政」，《南都學壇》，2006 年第 3 期。

932、周凱軍：「秦漢時期的馬政」，《軍事經濟研究》，1993 年第 8 期。

933、徐泉：「試論漢武帝經營河西的關鍵措施——馬政建設」，《張掖師專學報（綜合版）》，1992 年第 2 期。

934、趙夢涵：「西漢的養馬業」，《中國社會經濟史研究》，1987 年第 4 期。

935、米壽祺：「先秦至兩漢馬政述略」，《社會科學》，1990 年第 2 期。

936、臧知非：「張家山漢簡所見漢初馬政及相關問題」，《史林》，2004 年第 6 期。

937、馬躍：「中國封建社會前期的馬政和養馬業」，《中國農史》，1990 年第 1 期。

938、李守清：「《秦郡新考》辨正」，《中南民族學院學報（人文社會科學版）》，2002 年第 4 期。

939、馬利軍：「龜茲古城」，《絲綢之路》，2000 年第 6 期。

940、龍顯昭：「漢代西域的族屬及其與周秦「西戎」之關係」，《西南民族學院學報（哲學社會科學版）》，1984 年第 1 期。

941、新疆地方志編輯部：「漢代西域都護府的設置始於神爵二年還是神爵三年？」，《新疆地方志》，1991 年第 3 期。

942、姚景洲、李豔華：「解憂公主與漢代西域初探」，《東南文化》，2000 年第 3 期。

943、施和金：「論《讀史方輿紀要》的軍事價值」，《南京師大學報（社會科學版）》，1990 年第 3 期。

944、朱鄭勇：「西漢初期北部諸郡邊界略考」，《中國歷史地理論叢》，2008 年第 2 期。

945、俞煒華、章自剛：「『華夷關係』的博弈論分析——以與草原民族的關係爲例」，《上海交通大學學報（哲學社會科學版）》，2006 年第 6 期。

946、馬強：「地理環境因素與漢末三國歷史進程」，《成都大學學報（社科版）》，2005 年第 2 期。

947、劉曉滿：「河南兩漢文化區域變遷原因探討」，《南都學壇》，2006 年第 1 期。

948、朱智武、胡阿祥：「建構中國歷史政治地理學的一次有效嘗試——王健著《西周政治地理結構研究》評介」，《江海學刊》，2005 年第 2 期。

949、陳峰：「南匈奴附漢初期單于庭的設立與變遷及其歷史地理考察」，《北方文物》，2006 年第 4 期。

950、黃樸民：「秦漢統一戰略的思維方式與地理因素」，《北方論壇》，2008 年第 1 期。

951、黃樸民：「秦漢統一戰爭中的典型戰略預案評析」，《南都學壇》，2008 年第 4 期。

952、黃樸民、齊鵬飛：「中國『國家統一』的歷史傳統」，《神州》，2004 年第 7 期。

953、張偉然、周鵬：「唐代的南北地理分界線及相關問題」，《中國歷史地理論叢》，2005 年第 2 輯。

954、曹家齊：「劉邦分封與西漢統一政權的建立和鞏固」，《徐州師範學院學報》，1993 年 第 1 期。

955、陳玉屏：「劉邦與異姓諸侯王」，《西南民族學院學報（哲學社會科學版）》，1995 年第 3 期。

956、唐德榮：「論郡國並行體制的特點」，《湖南社會科學》，2004 年第 4 期。

957、唐德榮：「略論劉邦的分封思想」，《求索》，2000 年第 5 期。

958、唐德榮：「略論西漢王國問題」，《求索》，2003 年第 5 期。

959、李桂海：「論兩漢『非劉氏莫王』的社會心理」，《山東社會科學》，1991 年第 6 期。

960、崔向東：「論西漢刺史制度的產生及對郡國的監察」，《錦州師範學院學報（哲學社會科學版）》，1997 年第 4 期。

961、鄧瑞全、張振利：「略論漢武帝對封國的處置」，《浙江師範大學學報（社會科學版）》，2008 年第 2 期。

962、王弨：「齊國初封時的疆域」，《安陽師範學院學報》，2009 年第 6 期。

963、張傑、劉吉美：「齊國軍事盛衰原因探析」，《淄博學院學報（社會科學版）》，2002 年第 2 期。

964、徐勇：「齊國若干軍事問題論略」，《求是學刊》，1998 年第 2 期。

965、張二國：「先秦時期的會盟問題」，《史學集刊》，1995 年第 1 期。

966、陳淑琳：「現階段匈奴研究綜述」，《消費導刊》，2009 年第 13 期。

967、潘志平、石嵐：「新疆和中亞及有關的地理概念」，《中國邊疆史地研究》，2008 年第 3 期。

968、王元林：「戰國縱橫家的軍事地理思想」，《唐都學刊》，1999 年第 3 期。

969、王治國：「從河套地區的建制演變尋找古代文化的淵源」，《河套大學學報（哲學社會科學版）》，2006 年第 2 期。

970、劉磐修：「漢代河套地區的開發」，《中國經濟史研究》，2003 年第 1 期。

971、薛瑞澤：「漢代河套地區開發與環境關係研究」，《農業考古》，2007 年第 1 期。

972、孫周勇：「河套地區史前考古學史初步研究」，《文博》，2002 年第 6 期。

973、蒲濤：「略論明代北方游牧民族對河套地區的爭奪」，《寧夏社會科學》，2003 年第 4 期。

974、蕭瑞玲、于志勇：「秦漢時期人類開發活動對河套地區生態環境的影響」，《內蒙古師範大學學報（哲學社會科學版）》，2005 年第 5 期。

975、嚴賓：「秦統一後在河套地區修築的長城」，《內蒙古師大學報（哲學社

會科學版)》，1985 年第 2 期。

976、陳治國：「從里耶秦簡看秦的公文制度」，《中國歷史文物》，2007 年第 1
期。

977、王煥林：「里耶秦簡叢考」，《吉首大學學報（社會科學版)》，2005 年第
4 期。

978、王煥林：「里耶秦簡釋地」，《社會科學戰線》，2004 年第 3 期。

979、楊宗兵：「里耶秦簡釋義商榷」，《中國歷史文物》，2005 年第 2 期。

980、黃海烈：「里耶秦簡與秦地方官制」，《北方論叢》，2005 年第 6 期。

981、張俊民：「龍山里耶秦簡二題」，《考古與文物》，2004 年第 4 期。

982、張偉權：「屈賦『洞庭』與里耶秦簡『洞庭』的解讀」，《中南民族大學
學報（人文社會科學版)》，2008 年第 5 期。

983、庫曉慧：「從漢初郡國並行制的演變看中央集權的逐步加強」，《瀋陽大
學學報》，2009 年第 6 期。

984、楊芳：「從西漢屬國的設置看漢對匈奴的外交策略」，《和田師範專科學
校學報》，2006 年第 2 期。

985、杜葆仁：「雕陰城位置」，《陝西師大學報（哲學社會科學版)》，1984 年
第 4 期。

986、徐三見：「東甌國疆域北界考」，《東南文化》，1990 年第 5 期。

987、侯毅、張昊：「東周燕國的戰爭及其在歷史進程中的作用」，《晉陽學刊》，
2006 年第 5 期。

988、何清谷：「高闕地望考」，《陝西師大學報（哲學社會科學版)》，1986 年
第 3 期。

989、田澍、楊軍輝：「古代西北疆域研究若干問題的思考」，《中國邊疆史地
研究》，2006 年第 3 期。

990、李鴻賓：「古今中國之銜接──疆域觀察的一個視角」，《中國邊疆史地
研究》，2010 年第 2 期。

991、張榮明：「管仲改革標誌著齊國社會形態的轉折」，《管子學刊》，1994 年
第 3 期。

992、李娜、張敏、李繼紅：「虢國的都城與疆域」，《時代人物》，2008 年第 8
期。

993、張永江：「國家、民族與疆域──如何研究中國古代疆域史」，《中國邊
疆史地研究》，2010 年第 2 期。

994、李孔懷：「漢初『郡國並行』政體芻議」，《復旦學報（社會科學版)》，
1985 年第 2 期。

995、許雲欽：「漢初分封之得失與賈誼的主張」，《福建教育學院學報》，2002

年第 10 期。

996、湯其領：「漢初封國制探析」，《史學月刊》，1998 年第 6 期。

997、湯其領：「西漢郡國並行論」，《史學月刊》，2001 年第 4 期。

998、陳長琦：「漢代刺史制度的演變及特點」，《史學月刊》，1987 年第 4 期。

999、李耀建：「漢代刺史制度研究及其現實意義」，《北京大學學報（哲學社會科學版）》，2006 年第 4 期。

1000、劉欣尚：「漢代的刺史制度」，《北京師範大學學報》，1987 年第 1 期。

1001、王爾春：「漢代國家對司隸校尉的防範和控制」，《社會科學戰線》，2004 年第 4 期。

1002、許樹安：「漢代司隸校尉考」，《文獻》，1980 年第 3 期。

1003、張郁：「漢朔方郡河外五城」，《內蒙古文物考古》，1997 年第 2 期。

1004、崔明德：「漢唐和親簡表」，《歷史教學》，1990 年第 3 期。

1005、汪清：「漢武帝初置刺史部十三州辨析」，《史學月刊》，2000 年第 3 期。

1006、周宏偉：「兩漢時期河湟地理環境探索——兼論漢羌爭戰的主要原因」，《青海社會科學》，1988 年第 2 期。

1007、柯志強：「賈誼、晁錯、主父偃削藩主張之比較」，《滁州學院學報》，2006 年第 5 期。

1008、楊善群：「莒國史諸問題探討」，《學術月刊》，2001 年第 4 期。

1009、翁惠明：「中國封建制度探源——評《秦漢制度史論》」，《走向世界》，2003 年第 4 期。

1010、張玉、楊慶博：「兩漢時期的河間王」，《滄州師範專科學校學報》，2005 年第 2 期。

1011、姚登宇：「兩漢十三州部刺史述論」，《南京師大學報（社會科學版）》，1986 年第 3 期。

1012、閆麗環：「齊國與東周王室關係之我見」，《湖北函授大學學報》，2010 年第 3 期。

1013、邱文山：「齊威王中興齊國的軍事方略」，《山東理工大學學報（社會科學版）》，2005 年第 3 期。

1014、李陽：「淺析西漢封邦建國的原因」，《和田師範專科學校學報》，2007 年第 6 期。

1015、王志民：「秦國滅齊的文化思考」，《社會科學家》，2004 年第 5 期。

1016、馮建勇：「秦漢時期雲南西部疆域的確立」，《大理學院學報》，2007 年第 9 期。

1017、王連升：「秦漢時期中央與地方關係新論」，《歷史教學》，1991 年第 1 期。

1018、李香蓮：「秦統一六國的地理因素分析」，《山西煤炭管理幹部學院學報》，2007 年第 4 期。

1019、李民：「商王朝疆域探索」，《史學月刊》，2004 年第 12 期。

1020、陳國生、羅文：「試論地理環境在魏國興衰中的作用」，《山西大學學報（哲學社會科學版）》，1993 年第 2 期。

1021、葛生華：「試論先秦及秦漢的監察制度」，《蘭州學刊》，1990 年第 4 期。

1022、宸曉紅：「試論戰國前期魏國強大的原因」，《山西師大學報（社會科學版）》，1987 年第 3 期。

1023、王衛平：「壽夢以前吳國史探討」，《蘇州大學學報》，1991 年第 2 期。

1024、吉家友：「魏惠王以後地緣政治變化與魏國戰略策略得失之探析」，《軍事歷史研究》，2006 年第 1 期。

1025、戈春源：「吳國疆域補考」，《蘇州鐵道師範學院學報》，2000 年第 3 期。

1026、劉瑞：「武帝早期的南郡政區」，《中國歷史地理論叢》，2009 年第 1 期。

1027、張帆：「西漢『河東二十八縣』考」，《首都師範大學學報（社會科學版）》，2009 年第 5 期。

1028、崔在容：「西漢京畿制度的特徵」，《歷史研究》，1996 年第 4 期。

1029、史雲貴：「西漢郡國並行制探略」，《廣西社會科學》，2003 年第 4 期。

1030、沈星棣：「西漢郡國制評析」，《南昌大學學報（人文社會科學版）》，1987 年第 3 期。

1031、張號召：「西漢列侯的分封及變遷」，《黑龍江史志》，2008 年第 23 期。

1032、冷鵬飛：「西漢前期的郡國並行制與社會經濟的發展」，《求索》，1988 年第 5 期。

1033、冷鵬飛：「『東南有天子氣』釋——秦漢區域社會史研究」，《學術研究》1997 年第 1 期。

1034、張焯：「西漢三輔建置考述」，《歷史教學》，1987 年第 6 期。

1035、楊德奎：「西漢時的燕國與燕王」，《文史知識》，2000 年第 10 期。

1036、李玉潔：「西漢時期的梁國、梁王考」，《中州學刊》，2008 年第 5 期。

1037、李玉潔：「鄭國的都城與疆域」，《中州學刊》，2005 年第 6 期。

1038、賈叢江：「西漢屬部朝貢制度」，《西域研究》，2003 年第 4 期。

1039、張福運：「西漢吳楚七國之亂原因辨析」，《人文雜誌》，2003 年第 5 期。

1040、楊莉莉：「西周活動地區及疆域」，《西部資源》，2006 年第 5 期。

1041、梁磊：「先秦時期的齊地及其疆域沿革」，《首都師範大學學報（社會科學版）》，2010 年第 S1 期。

1042、閻根齊、劉海燕：「先秦宋國史若干問題初探」，《商丘師範學院學報》，

2004 年第 1 期。

1043、雁俠：「先秦趙國疆域變化」，《鄭州大學學報（哲學社會科學版）》，1991年第 1 期。

1044、屬聲：「先秦國家形態與疆域、四土芻見——以殷商國家敘述爲主」，《中國邊疆史地研究》，2006 年第 3 期。

1045、辛土成：「於越名稱居地和越國疆域變遷考」，《浙江學刊》，1992 年第4 期。

1046、管敏義：「越國疆域考」，《古籍整理研究學刊》，2001 年第 1 期。

1047、趙庭秀：「早期燕國的世系與疆域探幽」，《河北學刊》，1993 年第 4 期。

1048、朱允：「戰國秦長城的地理意義」，《天水師範學院學報》，2006 年第 6 期。

1049、王玉哲：「殷商疆域史中的一個重要問題——『點』和『面』的概念」，《鄭州大學學報（哲學社會科學版）》，1982 年第 2 期。

1050、王保國：「戰國時期秦國統一策略的演變」，《淮陰師範學院學報（哲學社會科學版）》，2006 年第 4 期。

1051、陶芳：「戰國中後期齊國對外策略及其實施失誤述評」，《四川師範學院學報（哲學社會科學版）》，2001 年第 4 期。

1052、阮榮華：「長江三峽軍事地理位置及其戰爭評價」，《三峽大學學報（人文社會科學版）》，2004 年第 1 期。

1053、陳昌遠：「趙國的疆域與地理特徵」，《河北學刊》，1989 年第 5 期。

1054、黃棟法：「綜論秦國秦朝實行郡縣制的原因」，《船山學刊》，2009 年第2 期。

（五）會議論文

1055、胡之德主編：《蘭州大學絲綢之路研究論文集》，蘭州：蘭州大學出版社，1992 年。

1056、河北省邯鄲市歷史學會編：《趙國歷史文化論叢》，石家莊：河北人民出版社，1989 年。

1057、張永山主編：《胡厚宣先生紀念文集》，北京：科學出版社，1998 年。

1058、唐嘉弘主編：《先秦史論集——徐中舒教授九十誕辰紀念文集》，鄭州：中州古籍出版社，1989 年。

1059、王子今等：《紀念林劍鳴教授史學論文集》，北京：中國社會科學出版社，2002 年。

（六）學位論文

1060、蘇勇：「周代鄭國史研究」，吉林大學博士學位論文，2010 年。

1061、徐慕「秦代政區研究」，復旦大學博士學位論文。

1062、苗永立：「周代宋國史研究」，吉林大學博士學位論文，2008 年。

1063、嚴怡文：「齊滅國研究 」，上海師範大學碩士學位論文，2009 年。

1064、王山青：「戰國時期韓國政治的興衰」，河南大學碩士學位論文，2010 年。

1065、孫蘭：「秦及西漢時期的關隘制度」，東北師範大學碩士學位論文，2008 年。

1066、滿曉晶：「漢唐時期安陽地區地緣政治結構演變初探」，山東大學碩士學位論文，2008 年。

1067、袁怡：「秦皇漢武時期有關『新秦』與『新秦中』研究的幾個問題」，內蒙古大學碩士學位論文，2007 年。

1068、林獻忠：「趙國發展戰略研究」，華中師範大學碩士學位論文，2007 年。

1069、宋葉：「殷商疆域研究」，廈門大學碩士學位論文，2007 年。

1070、何海斌：「三晉都城遷徙及其地緣戰略初探」，山西師範大學碩士學位論文，2009 年。

1071、王鐵峰：「秦國富強及東並六國之地理環境條件研究 」，吉林大學碩士學位論文，2004 年。

1072、鍾煒：「里耶秦簡牘所見歷史地理及相關問題」，武漢大學碩士學位論文，2004 年。

1073、陳博：「兩漢京畿地區城址研究」，吉林大學碩士學位論文，2008 年。

（七）網絡資料

1074、姚磊：「項羽分封謀略新證」，出自互聯網：
http://bbs.cqzg.cn/thread-298033-1-1.html

1075、王日華：「中國近十年地緣政治學研究現狀」，出自互聯網：
http://www.china-review.com/gao.asp 敍 id=16934

三、地理學類

（一）中外論著

1076、吳郁文主編：《人文地理學》，廣州：廣東科技出版社，1995 年。

1077、〔美〕威廉·邦奇：《理論地理學》，石高玉、石高俊譯，北京：商務印書館，1991 年。

1078、〔美〕普雷斯頓·詹姆斯：《地理思想史》，李旭旦譯，北京：商務印書館，1982 年。

1079、〔法〕阿·德芒戈：《人文地理學問題》，葛以德譯，北京：商務印書館，2004 年。

1080、〔英〕大衛·哈維：《地理學中的解釋》，高泳源、劉立華、蔡運龍譯，高泳源校，北京：商務印書館，1996 年。

1081、〔美〕理查德・哈特向：《地理學的性質——當前地理學思想述評》，葉光庭譯，北京：商務印書館，1996 年。

1082、〔美〕R.哈特向：《地理學性質的透視》，黎樵譯，北京：商務印書館，1983 年。

1083、〔英〕R.J.約翰斯頓：《哲學與人文地理學》，蔡運龍、江濤譯，北京：商務印書館，2001 年。

1084、〔英〕R.J.約翰斯頓：《地理學與地理學家》，唐曉峰等譯，北京：商務印書館，1999 年。

1085、〔英〕邁克・克朗：《文化地理學》，楊淑華、宋慧敏譯，南京：南京大學出版社，2003 年。

1086、〔法〕安德烈・梅尼埃：《法國地理思想史》，蔡宗夏譯，北京：商務印書館，1999 年。

1087、〔德〕阿爾弗雷德・赫特納：《地理學：它的歷史、性質和方法》，王蘭生譯，張翼翼校，北京：商務印書館，1983 年。

1088、〔蘇聯〕B.A.阿努欽：《地理學的理論問題》，李德美，包森銘譯，北京：商務印書館，1994 年。

1089、盛敘功：《西洋地理學史》，重慶：西南師範大學出版社，1993 年。

1090、趙世瑜、周尚意：《中國文化地理概說》，太原：山西教育出版社，1991 年。

1091、胡欣、江小群：《中國地理學史》，臺北：文津出版社，1995 年。

1092、王庸：《中國地理學史》，上海：上海書店出版社，1984 年。

（二）期刊論文

1093、李旭旦：「人文地理學的理論基礎及其近今趨向」，《南京師院學報（自終科學版）》，1982 年第 2 期。

1094、鄒振環：《戊戌至辛亥時期西方地理學在中國的傳播與影響》，《近代中國》第十輯，上海：上海社會科學院出版社，2000 年。

1095、侯仁之：「敦煌縣南湖綠洲沙漠化蠡測——河西走廊祁連山北麓綠洲的個案調查之一」，《中國沙漠》，1981 年第 1 期。

1096、侯仁之：「在居延及古陽關地區沙漠化過程考察」，《環境研究》，1982 年第 3 期。

1097、楊勝榮：「明末至晚清世界地圖在中國的傳播和影響」，《思想戰線》，2002 年第 6 期。

1098、韓春鮮、謝雪梅：「塔里木河下游政區與交通變化所反映的歷史環境變遷」，《中國沙漠》，2010 年第 5 期。

1099、李並成：「河西走廊歷史時期氣候乾濕狀況變遷考略」，《西北師範大學

學報（自然科學版）》，1996 年第 4 期。

1100、賈文雄、何元慶、李宗省、王旭峰：「祁連山及河西走廊地表乾濕變化的時空分佈」，《中國地質大學學報》，2010 年第 3 期。

1101、馮嘉蘋、程連生、徐振甫：「萬里長城的地理界線意義」，《人文地理》，1995 年第 1 期。

1102、項曉靜：「長城──農耕文明的防衛線」，《安康師專學報》，2003 年第 1 期。

1103、唐曉峰：「先秦時期晉陝北部的戎狄與古代北方的三元人文地理結構」，《地理研究》，2003 年第 5 期。

四、考古學類

（一）中外論著

1104、趙化成、高崇文：《秦漢考古》，北京：文物出版社，2002 年。

1105、黃文弼：《黃文弼蒙新考察日記》，黃烈整理，北京，文物出版社，1990 年。

1106、黃文弼：《塔里木盆地考古記》，北京：科學出版社，1958 年。

1107、王炳華：《西域考古歷史論集》，北京：中國人民大學出版社，2008 年。

1108、王炳華：《精絕春秋：尼雅考古大發現》，杭州：浙江文藝出版社，2003 年。

1109、王炳華：《絲綢之路考古研究》，烏魯木齊：新疆人民出版社，1993 年。

1110、李肖：《交河故城的形制布局》，北京，文物出版社，2003 年。

1111、林梅村：《絲綢之路考古十五講》，北京：北京大學出版社，2006 年。

1112、〔英〕奧里爾‧斯坦因巫新華譯：《沿著中亞的道路前進》，桂林：廣西師範大學出版社，2008 年。

1113、〔瑞典〕斯文‧赫定：《亞洲腹地旅行記》，呼和浩特：遠方出版社，2003 年。

（二）期刊論文

1114、佟柱臣：「考古學上漢代及漢代以前的東北疆域」，《考古學報》，1956 年第 1 期。

五、文化人類學類

1115、謝維揚：《中國早期國家》，杭州：浙江人民出版社，1995 年。

1116、〔英〕羅伯特‧萊頓：《他者的眼光：人類學理論導論》，羅攀、蘇敏譯，華夏出版社，2008 年。

1117、〔法〕葛蘭言：《古代中國的節慶與歌謠》，桂林：廣西師範大學出版社，

2005 年。

1118、王明珂：《游牧者的抉擇：面對漢帝國的北亞游牧部族》，桂林：廣西師範大學出版社，2008 年。

1119、張光直：《中國青銅時代》，北京：三聯書店，1983 年。

六、社會學類

1120、費孝通：《中華民族多元一體格局》，北京：中央民族學院出版社，1989 年。

1121、〔德〕馬克斯・韋伯：《經濟與社會》，北京：商務印書館，1997 年。

1122、〔美〕艾森斯塔得：《帝國的政治體系》，閻步克譯，貴陽：貴州人民出版社，1992 年。

七、軍事學類

1123、鈕先鍾：《中國古代戰略思想新論》，合肥：安徽教育出版社，2005 年。

1124、鈕先鍾：《西方戰略思想史》，桂林：廣西師範大學出版社，2003 年。

1125、陳建安主編：《軍事地理學》，北京：解放軍出版社，1988 年。

1126、韋政福、田昭林、張醒、楊伯時執筆：《中國軍事史》，北京：解放軍出版社，1987 年。

1127、霍印章：《中國軍事通史・秦代軍事史》，北京：軍事科學出版社，1998 年。

1128、臺灣三軍大學編：《中國歷代戰爭史》，北京：軍事譯文出版社，1986 年。

1129、〔英〕利德爾・哈特：《戰略論》，北京：戰士出版社，1981 年。

八、工具書類（含地圖）

1130、《中國地形圖》，北京：中國地圖出版社，1999 年。

1131、《辭海》（歷史地理分冊），上海：上海辭書出版社，1982 年。

1132、《中國歷史大辭典・歷史地理卷》，上海：上海辭書出版社，1996 年。

1132、《中國歷史地名詞典》，南昌：江西教育出版社，1986 年。

1133、《中國軍事百科全書・中國軍事地理分冊》，北京，軍事科學出版社，1997 年。

1134、〔英〕R.J.約翰斯頓主編：《人文地理學詞典》，柴彥威等譯，柴彥威、唐曉峰校，北京：商務出版社，2004 年。

1135、《簡明不列顛百科全書》，北京：中國大百科全書出版社，1988 年。

1136、《布萊克維爾政治學百科全書》，北京：中國政法大學出版社，1992 年。

1137、《中國大百科全書》（地理卷），北京：中國大百科全書出版社，1990 年。

1138、陳垣：《二十史朔閏表》，北京：中華書局，1962 年。

1139、〔漢〕許慎：《說文解字注》，〔清〕段玉裁注，上海：上海古籍出版社，1981 年。

1140、〔東漢〕劉熙：《釋名疏證補》，〔清〕畢沅疏證，〔清〕王先謙補，北京：中華書局，2008 年。

1141、〔宋〕洪适：《隸釋・隸續》，北京：中華書局，1985 年。

1142、〔清〕萬國鼎、〔清〕萬斯年編：《中國歷史紀年表》，陳夢家補訂，中華書局，1978 年。

1143、譚其驤主編：《中國歷史地圖集》，北京：中國地圖出版社，1982 年。

1144、《中國地圖集》，北京：中國地圖出版社，2006 年。